쇼펜하우어 인생론

국립중앙도서관 출판예정도서목록(CIP)

쇼펜하우어 인생론 / 지은이 : 쇼펜하우어 ; 옮긴이 : 최현. -- 개정판. -- 파주 : 범우, 2018
    p. ;   cm

원표제 : Parerga und paralipomena
원저자명 : Arthur Schopenhauer
연보수록
독일어 원작을 한국어로 번역
ISBN 978-89-6365-233-7 03160 : ₩9000

독일 철학[獨逸哲學]

165.47-KDC6
193-DDC23   CIP2018000598

쇼펜하우어 인생론

쇼펜하우어 지음 / 최 현 옮김

차례

▨ 이 책을 읽는 분에게 • 7

1. 삶의 괴로움에 대하여 • 11
2. 삶의 허무에 대하여 • 51
3. 살려는 의지에 대하여 • 63
4. 사랑의 형이상학 • 81
5. 여자에 대하여 • 127
6. 교육에 대하여 • 147
7. 죽음에 대하여 • 157
8. 문예에 대하여(Ⅰ) • 166
9. 문예에 대하여(Ⅱ) • 178
10. 윤리에 대하여 • 190
11. 종교에 대하여 • 217
12. 정치에 대하여 • 224
13. 사회에 대하여 • 228

나의 반생(半生) • 237
해 설 • 256
연 보 • 264

이 책을 읽는 분에게

이 책은 쇼펜하우어의 철학적 에세이집인 《소품(小品) 및 보유집(補遺集)》(Perga und Paralipomena, 1851)을 우리말로 옮긴 것이다.

이 《소품 및 보유집》은 쇼펜하우어가 만년(57세)에 그의 철학의 정수를 요약하고 쉽게 해설하여 일반인에게 소개할 목적으로 쓴 에세이집이다.

쇼펜하우어는 당시까지 철학계와 일반인 모두로부터 그의 철학을 인정받지 못하고 있었다. 이 책은 그러한 그의 철학으로 하여금 비로소 세상의 광범위하고도 깊은 관심을 끌게 한 작품이다. 이 책은 학계와 일반에 커다란 충격을 안겨주었으며 일대 센세이션을 일으켰다. 그것은 충격적인 내용 때문이기도 하지만 한편으로는 일반 철학서가 갖지 못하는 장점을 가지고 있기 때문이기도 하였다. 그는 철학서에서는 쓸 수 없었던 날카로운 풍자, 명쾌한 비유, 비판과 독설을 마음껏 휘둘렀던 것이다.

이 책은 13개의 에세이와 1개의 자전(自傳)으로 되어 있다. 13개의 에세이는 삶의 괴로움·허무·생존의지·사랑·교육·죽음·정치 등의 다양한 주제를 다루고 있다. 〈나의 반생(半生)〉이라는 자전은 그가 32세 때(1820년) 베를린 대학의 사강사(私講師)로 취임하기 위해 제출했던 이력서이다.

인생과 인생에서 만나게 되는 불행이나 고통에 대하여는 여러 가지 입장이 있어 왔다. 그러나 쇼펜하우어만큼 독특한 입장에 서서 그것을 적나라하고 날카롭게 파헤친 사람은 아직 없을 것이다. 그는 인생에 있어서의 고통과 불행을 직시하여 자기 철학의 중심 테마로 삼은 사람 중에서 가장 뛰어난 사람이다.

그에게 있어서 인생이란 맹목적 생존의지(生存意志)의 종족유지를 위한 장난 이외에 다른 것이 아니었다. 인생이란 '아무런 의미도 목적도 없이 다만 생존의지가 시키는 대로 고통에 대하여 벌이는 휴전없는 싸움의 연속'이며, 인간은 그러다가 허무하게 '손에 무기를 든 채 죽어가는 존재'이다.

인생은 고통이며 그 귀결은 허무(虛無)다. '우리가 살아가는 직접적인 목적은 괴로움이다. 그렇지 않다고 하면 우리가 살아가는 이유를 잃고 만다.' '무한한 고통도 영원한 즐거움도 없다. 한결같은 이상도, 지속적인 열성도, 한평생 변치 않는 결의도 없다. 모든 것이 시간의 흐름 속에 녹아 없어진다.'

인생에 있어서의 여러 목표와 가치는 모두 허구이며 다만 살려는 의지의 다양한 위장에 불과하다. 인간은 누구나 생존의지의 노예일 뿐이다. 아름다운 사랑도 숭고한 도덕도 존재하지 않는다. 그것은 다만 생존의지의 이기적이고 간교한 술책일 뿐이다.

삶의 고통에서 벗어나는 길은 생존의지를 기각(棄却)하는 것이다. 의지에 매여 있을 때 인간은 '욕구의 육체화요 그 덩어리에 불과'하기 때문이다.

이 책은 바로 이러한 그의 관점을 극명하고 날카로운 필치로 쓰고 있다. 인생의 어두운 면이 발가벗긴 채 드러나 있어 도덕가나 마음이 온유한 사람은 차마 그대로 볼 수 없을 정도이다. 독자들은 인생의 실상에 접하여 놀라움을 금치 못하고 또 전율하게 될 것이다.

후반부에는 교육·문예·윤리·정치·시회 등 문화비평적인 글이 있다. 그의 시대적 제약이나 개인적 경험의 제약을 감안하면 그의 눈에 비친 문화의 속물화(俗物化) 경향이라든가 문화의 이기적 본성 등은 누구도 간과할 수 없는 교훈이 있다.

쇼펜하우어의 여성론은 특히 유명하다. 여자는 '언제나 후견인이 필요'하며, '선천적인 낭비가요, 빈약한 이성과 강한 허영심의 혼합물'이며, '선천적으로 남자에게 복종하게끔 되어' 있다.

그의 글은 한편으로는 지옥의 사자가 내리는 절망적이고 암담한 선언 같기도 하고, 한편으로는 인생의 낙오자가 내뱉는 무의미한 넋두리 같기도 하다. 어떻게 보면 자본주의의 문제점이 널리 퍼진 사회에서 개인이 느끼는 무력감을 반영하고 있는 것인지도 모른다.

쇼펜하우어는 동양사상에 조예가 깊었다 하는데 이 책에도 그것이 역력히 나타나 있다. 그는 동양학의 권위자 마이어 교수에게서 일찍이 인도사상을 배웠으며, 베다(veda)의 범신론(汎神論)과 불교의 고해사상(苦海思想)에서 많은 영향을 받았다.

그는 5개국어에 능통한 해박한 지식의 소유자였으며, 칸트에게서도 많은 영향을 받았다. 그는 칸트와 관련하여 말하기를 '세계는 나의 표상(表象)이며, 칸트의 물자체(物自體)는 맹목적인 생존의지이다'라고 하였다.

  이 책에는 이와 같은 형이상학에서 바라본 인생의 이모저모가 흥미롭고 리얼하게 남김없이 그려내고 우리가 이 책에서 일종의 카타르시스를 느끼는 것은 그 때문일 것이다. 여성이나 정치에 대한 그의 견해가 보수적으로 보일지도 모르겠으나 그것은 어디까지나 그의 심오한 형이상학(形而上學)에 근거한 것임을 잊지 말아야 할 것이다.

  아무튼 인생을 참으로 긍정적으로 받아들이기 위해서는 일단 쇼펜하우어의 부정(否定)의 논리를 거칠 필요가 있을 것 같다. 이것이 이 책을 펴내는 이유의 하나라 하겠다.

1. 삶의 괴로움에 대하여

1

우리가 살아가는 직접적인 목적은 괴로움이다. 그렇지 않다고 한다면, 우리가 세상을 살아가는 이유를 어디에서도 찾을 수 없다. 왜냐하면, 삶에 수반되는 괴로움이나 세상에 충만한 우환(憂患)이 우연히 일어나는 것이며, 삶의 목적 그 자체가 아니라고 생각하는 것은 이치에 맞지 않기 때문이다. 하기는 특수한 개별적인 불행은 예외로 보일지도 모른다. 그러나 이 세상은 어디에나 불행이 가득 차 있다.

2

가로막는 장애가 없는 한, 강물은 조용히 흘러가게 마련이다. 이와 마찬가지로 인간이나 동물의 세계에서도 의지(意志)라는 장애물이 없다면 삶을 의식하지 못하며, 생명을 느껴보지도 못한 채 그냥 흘러갈 것이다. 우리가 어떤 것에 주목하고 또 그것을 의식하는 것은 우리의 의지가 장애를 받아 충돌이 생겼기 때문이다. 우리는 의지를 훼방하는 것, 의지를 가로막거나 대적하는 것, 다시 말하면 싫증을 일으키거나 고통을 주는 것은 무엇이나 금방, 또 분명히 느낀다. 우리는 몸이 건강할 때에는 몸에 대해 아무것도 느끼지 못 하지만, 가령 구두가 작아 발을 죄든가 하면 그 아픔을 금방 분명히 느낀다. 또 자기가 경영하고 있는 사업이 순조롭게 운영될 경우에는 이것에 대해 특별한 의식(意識)을 갖지 못하지만 사업에 언짢은 일이 생기면 비록 작은 일일지라도 신경을 쓰지 않을 수 없게 된다. 다시 말하면 평안과 행복은 우리에게 소극적인 역할밖에 하지 못하지만 괴로움은 적극적인 역할을 한다.

내가 제일 못마땅하게 생각하는 것은 거의 모든 형이상학(形而上學)이 우리에게 해악(害惡)을 주는 것을 소극적으로 작용하는 양 설명하는 점이다. 사실은 이와 정반대이다. 즉, 우리에게 해롭고 악한 것만이 그대로 실감있게 느껴지는 것이다. 그러므로 이런 것만이 적극성을 띠고 우리에게 작용한다.

이와는 달리 모든 바람직한 일과 행복과 만족은 소극적인 역할밖에 하지 못한다. 그것은 오직 하나의 욕구를 충족시키고, 이제까지 느껴 온 괴로움을 없애는 순간적인 작용을 하는 데 그친다.

그리고 이미 이루어진 기쁨은 우리가 기대한 것보다 못한 것이 상례(常例)이며, 이와 반대로 괴로움은 예상보다 더욱 큰 아픔을 주게 마련이다. 이 점을 확인하고 싶거나, 또는 쾌락이 고통보다 월등하다거나 혹은 쾌락과 고통이 서로 상쇄(相殺)된다고 하는 주장이 옳은가 그른가를 분명히 알고 싶으면, 남을 잡아먹는 동물의 쾌감과 남에게 잡혀먹히는 동물의 불쾌감이 어떻겠는가를 견주어 보면 될 것이다.

3

 모든 불행과 고통에 대해 우리가 느낄 수 있는 가장 효과적인 위안은 자기보다 더욱 비참한 자들을 바라보는 것이다. 이것은 누구나 할 수 있는 방법이다. 그런데 이 경우에 모든 사람들에게 어떤 일이 일어나는가?
 백정이 지금 자기들을 고르고 있는 줄도 모르고 목장에서 즐거운 듯이 뛰노는 양떼들을 생각해 보라. 우리도 이와 마찬가지이다. 우리가 현재의 복된 나날을 즐기고 있더라도 운명이 우리에게 재앙을 내리려고 어떤 준비를 하고 있는지 전혀 알지 못하는 것이다. 병마, 박해, 퇴락, 살상, 실명(失明), 발광 등등.
 우리가 손에 넣으려는 대상은 모두가 우리에게 저항한다. 이와 같이 우리에게 적의(敵意)가 있기 때문에 우리는 먼저 이것을 억제해야 한다. 대중이 살아가는 모습을 보더라도, 역사가 우리에게 보여 주는 바와 같이, 전쟁이나 반란 같은 것이 끊임없이 일어나고 있다. 한때 평화를 누려 본대야 그것은 우연히 한 번 누리게 된 짧은 휴식시간에 지나지 않으며, 또한 하나의 막간극(幕間劇)에 불과하다. 우리 개개인의 생애도 이와 마찬가지로 끊임없는 투쟁으로 일관되어 있다. 즉, 우리는 흔히 볼 수 있는 해악(害惡)이나 곤궁, 권태 등에 도전할 뿐만 아니라 같은 족속인 다른 사람에게도 대항한다. 그리하여 인간은 가는 곳마다 자기의 적을 발견하게 마련이다. 요컨대 인생이란 휴전 없는 싸움의 연속이며 인간은 손에 무기를 든 채 죽게 되어 있다.

4

삶의 괴로움에 더욱 박차를 가하는 것은 시간이다. 그리하여 우리는 얼른 지나가 버리는 시간에 쫓겨 좀처럼 숨을 돌릴 여유를 가질 수 없다. 시간은 형무관처럼 우리의 등뒤에서 회초리를 들고 서 있다. 그리고 시간은 권태라는 이름의 병에 걸린 사람들에게는 고통(苦痛)을 안겨 준다.

5

우리들의 육식이 대기(大氣)의 압력이 없으면 파열해 버리는 것과 같이, 삶은 번민과 실패와 노고의 중압이 없어진다면, 지나친 방종으로 말미암아 송두리째 결단나 버리거나, 아니면 심한 변덕과 사나운 광태(狂態)와 우매에 빠지게 될 것이다. 그러므로 인간은 누구를 막론하고 언제나 다소의 걱정이나 고뇌, 또는 불행을 필요로 하는 것이다. 이것은 마치 배가 물 위에 떠서 안전하게 항해하기 위해서는 배에 무게를 주는 물체가 있어야 하는 것과 마찬가지이다.

노동, 가책(苛責), 괴로움, 궁핍 —— 이것은 거의 누구에게나 평생 따라다니는 운명이다. 그런데 만일 우리의 모든 소원이 마음속에서 생기자마자 금방 충족된다면 대체 인생은 무엇으로 그 공백을 메울 수 있겠는가? 인간은 무엇을 소일거리로 삼고 세월을 보내게 되겠는가? 우리가 머리속에 그리는 천국에 인류를 송두리째 옮겨 놓는다면 어떻게 될까? 모든 생물이 스스로 무럭무럭 자라나고, 종달새가 사람들의 입가를 거리낌없이 날아서 지나가고, 누구나 원하는 여자를 쉽사리 손에 넣을 수 있다면 어떻게 될까? 그렇게 되면 인간은 권태가 지겨워 숫제 죽어 버리든가, 혹은 싸움과 살해를 일삼아, 자연이 오늘날 우리에게 보여주고 있는 것보다 더욱 많은 고통을 맛보게 될 것이다. 그러므로 인류라는 이름의 종족에게는, 위에서 말한 고뇌의 세계가 살기에 적합한 고장이며, 그밖의 어떤 다른 무대나 장소도 적합하지 못하다.

6

장차 자기에게 전개되려는 운명을 목전에 두고 있는 유년시절에의 인간의 모습은 마치 극장에서 아이들이 막을 앞에 놓고 앉아 있는 모습과 비슷하다. 우리는 인생이라는 무대 위에서 앞으로 나타날 일들을 기다리고 있는 것이다. 그런데 우리가 너나없이 기꺼이 기대하며 마지않는 행복은 어떤 성질의 것인지 아무도 미리 알아낼 수 없다. 다만 이 아이들은 삶을 부여받은 죄인으로서, 그 내용이 어떤 것인지 전혀 모르고 있다. 그러나 누구나 오래 살기를 바라고 있는데, 이 장수(長壽)라는 것은 다음과 같이 표현된 상태에 불과하다. 즉, "오늘은 고약하다. 앞으로 점점 더 고약해질 것이다, 마지막 날이 다가올 때까지……."

7

 태양에 반사된 모든 불행과 고뇌의 정체를 될 수 있는 대로 정확하게 생각해 보면, 저 태양이라는 항성(恒星)이 달에 대해서와 마찬가지로 지구에 대해서도 힘을 잃어, 이런 생명현상이 나타날 수 없었던들 얼마나 좋았을까, 지구의 표면도 달의 표면과 마찬가지로 얼어붙어 있다면 얼마나 다행스러웠을까 하는 생각이 들 것이다.

 한편 우리의 생애는, 허무한 축복과 안정을 헛되이 어지럽게 하는 작은 사건의 연속으로 볼 수도 있다. 아무튼 얼마간 안이한 생활을 하고 있는 사람들도 차츰 나이를 먹어갈수록 인간의 생활은 모든 면에서 실망이라기보다는 기만에 불과하다는 것, 바꾸어 말해서 인생이란 규모가 큰 하나의 미궁이라기보다는 하나의 속임수라는 것을 더욱 분명히 느끼게 되는 것이다.

 아들과 손자의 세대까지 오래 살아 남은 사람들은 자기 자신이 연령이라는 시장바닥에 마련된 진열실에 앉아서 미치광이 같은 이야기가 똑같이 반복되는 것을 두 번 세 번 바라보는 구경꾼과 다름없다고 생각하게 될 것이다. 왜냐하면 요컨대 인생도 미치광이 같은 이야기로써 한 번만 상연하게 마련이며, 속임수나 신기함도 한 번 지나가 버리면 벌써 감동을 주지 못하기 때문이다.

방대한 우주의 끝없는 공간에서 무수히 반짝이는 별들을 바라보면서 그 별들이 하는 일이라고는 불행과 비극의 무대인 세계를 비치는 것뿐이며, 이 세계는 적어도 우리에게 알려진 그런 비극으로 충만한 곳이고, 가장 행복한 경우라도 권태를 느낄 뿐임을 생각할 때, 우리는 미칠 듯한 심정을 억제할 수 없다.

세상에는 참으로 부러워할 만한 사람은 하나도 없는 반면에 비참한 사람들은 헤아릴 수 없을 정도이다. 인생이란 하나의 노고(勞苦)로 끝마쳐야 할 부역(賦役)에 불과하다.

잠시나마 이렇게 생각해 보라. 만일 인간의 생식행위가 생리적인 필요나 쾌락에서 비롯되는 것이 아니고, 오직 계획과 사려(思慮)에 의해 이루어진다고 하면 어떻게 될 것인가? 이 경우에도 인류는 무난히 존속될 수 있을까? 그렇게 되면 누구든지 세상에 새로 태어나는 자식을 오히려 가엾게 여겨 그들에게 삶의 무거운 짐을 지우기를 꺼려하지 않을까? 적어도 냉정한 마음으로는 그 짐을 지울 수 없어 많은 사람들이 주저하지 않을까?

세계는 지옥이다. 인간은 각자 공박을 일삼는 망령이 되기도 하고, 비난을 능사로 아는 마귀가 되기도 한다.

나는 또다시 내 철학에서는 위안을 얻을 수 없다는 핀잔을 들을 것 같다. 그러나 이러한 핀잔은 세상 사람들은 "창조주이신 하나님이 세상의 모든 것을 가장 선하고, 가장 아름답게 만들었다"는 의미의 말을 듣기를 원하는데, 내가 진실을 말했기 때문에 듣는 것이다.

교회에 나가는 것은 좋다. 그러나 제발 철학자를 귀찮게 굴지는 말라. 적어도 그들에게 압력을 넣어 억지로 그들의 학설을 당신들의 '신앙문답'에 적응시키려고 하지는 말라. 그와 같은 당신들의 주문에 응하는 자는 사이비 철학자이다. 그런 철학자들에게서는 당신들의 구미에 맞는 학설을 들을 수 있을 것이다. 그러나 철학교수라는 자들이 발표하는 상업적인 낙천설(樂天說)을 뒤엎는 것은 매우 쉬운 일이며, 또 재미있는 일이기도 하다.

하나님의 일종의 죄, 또는 잘못으로 인하여 세계를 창조하고 몸소 그 속죄를 위해 그것이 소멸되기까지 세계에 머물러 있겠다고 한 것은 참으로 훌륭한 가르침이다. 불교에 대해 살펴보면, 세계는 불가사의(不可思議)한 무명(無名)에서 이루어졌으며, 천계(天界)의 정복(淨福), 다시 말해서 열반(涅槃)은 안식을 거쳐서 이루어진다고 하며, 이 안식은 속죄로 얻어질 수 있다는 것이다.

이 가르침은 일종의 숙명론(宿命論)에 가까우며, 근본적으로는 도덕상의 입장에서 해석되어야 하겠지만, 세계의 시원(始源)인 광대한 성운(星雲)이 불가사의하게 나타나는 것을 볼 때, 자연계에는 이 불교의 가르침에 부합되거나 또는 유사한 면이 있다는 것을 부인할 수 없다.

그리고 인간의 마음이 악으로 기울어져 점차 자연계도 악화시켜서 드디어 오늘과 같은 비참한 상태가 되어 버렸다고 하는데, 이것도 훌륭한 가르침이다.

희랍인들의 견해에 의하면 세계와 신들은 일종의 불가사의한 필요에서 이루어졌다고 한다. 이런 견해는 우리에게 잠정적으로 만족을 준다는 견지에서 시인할 수 있다. 한편 페르시아교에서는 선한 신이 악한 신과 싸우고 있다고 한다. 이것도 인정할 만한 가르침이다.

그런데 여호와가 자기 취미대로 이런 비참한 세계를 만들어 놓고 모든 것이 잘 되었다고 하는 유태교에 이르러서는 뭐라고 말을 붙일 도리가 없다*. 그러므로 이런 견지에서 보더라도 유태인의 종교는 다른 문화민족의 종교가 지닌 모든 교리보다 한결 떨어지는 것이다.

라이프니츠**의 주장이 옳다고 하더라도, 즉 세계는 있을 수 있는 가장 이상적인 것으로 만들어졌다고 인정하더라도, 이런 논증에서는 어떤 신정론(神政論)도 나올 수 없다. 왜냐하면 조물주는 단지 이 세계를 창조한 것으로 족하고, 세계를 창조할 수 있는 가능성 자체가 문제되며, 따라서 보다 더 좋은 세계도 만들 수 있었다고 보아야 하기 때문이다.

세상에 충만해 있는 고통은 세계가 전지전능한 신에 의해 창조된 완전한 것이라는 주장이 옳지 않음을 증명하고 있다. 그리고 피조물 중에서 으뜸간다는 인간의 말할 수 없는 불완전성, 아니 우스꽝스러운 열악성(劣惡性)도 충분한 반증이 된다. 따라서 이러한 주장에는 도저히 납득할 수 없는 부조화(不調和)가 깃들어 있다고 하겠다.

---

* 〈창세기〉에 의하면 여호와가 처음 창조한 세계는 우리가 보는 비참한 세계와는 다르다.
** Leibniz Gottfried Wilhelm(1646~1716). 독일의 철학자, 수학자, 물리학자. '세계는 정신적인 단자(單子)의 집합으로 예정조화된 완미(完美)한 최선의 것이며 절묘한 신의 예지의 창조다'라고 주장했다.

이와는 반대로 고뇌와 불행의 세계는 우리들의 죄과로 인하여 이루어진 것이며, 따라서 이 세상은 좋게 될 수 없는 것이라고 하는 견해를 뒷받침하고 있다. 앞에서 말한 가설(假說)을 택하게 되면 세계에 충만한 고뇌가 조물주에게 엄중히 항의함으로써, 비난과 조소의 재료를 제공하지만, 두 번째 주장을 택하게 되면 우리 자신과 우리의 의지(意志)에 대해 규탄하게 되어 우리에게 정당한 제재(制裁)를 가르쳐줌으로써 우리 자신을 깊은 상념 속으로 이끌어 간다. 즉, 우리는 마치 방탕한 생활에 빠져들어간 아버지의 자식처럼 본래 악에 젖어 세상에 태어났으며, 또한 우리의 생존이 이처럼 불행할 뿐더러 끝내는 죽음으로 끝나게 된다는 것도 이 생전의 죄과를 갚을 의무가 있기 때문이라는 것이다.

이 세계에 분명한 것이라고는 하나도 없고 고뇌만이 충만해 있는 것은 세계 자체의 무거운 죄과에서 비롯되는 것이다. 그러나 이 진리는 형이상학적으로 해석해야지 물리적·경험적으로 해석해서도 안 된다. 성경에 나오는 원죄(原罪)의 이야기는 내가 수긍이 가는 유일한 가르침이며, 우화(寓話)로 표현되어 있기도 하지만, 내가 보기에는 구약성경에 나와 있는 유일한 형이상학적인 진리다. 다시 말해서 인간의 존재는 무엇보다도 하나의 죄과로, 다시 말해서 하나의 사악한 욕구의 결과로 보아야 하는 것이다.

우리의 인생에 대해 하나의 나침반(羅針盤)을 가지고 지향할 방향을 정하여 언제나 올바른 방향으로만 가려면, 이 세계를 속죄의 현장, 형벌의 식민지, 하나의 공장으로 보아야 할 것이다. 옛날의 철학자나 교부(敎父)들도 세계를 이렇게 보아 왔으며, 또한 모든 시대의 지혜 —— 예컨대 브라만교(華羅門敎)나 불교, 엠페도클레스[*], 피타고라스[**] 등의 주장을 보면 이와 같은 견해가 옳다는 것을 알 수 있다. 그리고 정통적인 기독교에서는 인간의 삶은 하나의 죄와 타락의 결과라고 올바르게 이해하고 있다.

이런 견해에 동조하면 자기에게 차례차례 다가오는 것만 바라보면서 인생의 크고 작은 모순이나 고뇌, 질병, 그밖의 불행을 상례(常例)에서 벗어난 예외적인 것이라고 보지 않고, 오히려 당연한 일로 생각하게 될 것이다. 그리하여 이 세상에서는 누구나 자기 생활을 꾸려나감에 있어 고뇌를 짊어지고 있다고 볼 수 있을 것이다.

이런 속죄의 마당에는 으레 수많은 해악이 따르게 마련이다. 그리고 거기서 이루어지는 사람들의 교제도 두드러진 해악의 하나이다. 공정히 말해서 더욱더 나은 처지에 있어야 할 사람들은, 내가 새삼스럽게 말할 것도 없이, 인간과 인간 사이에서 어울린다는 것이 얼마나 괴로운 일인가를 잘 알고 있을 것이다. 그래서 덕성이 높은 사람이나 천재는 사람들의 틈바구니에서, 때때로 흡사 유형장(流刑場)에서 비열한 악한들에게 괴로움을 당하는 정치범과 같은 생각이 들어 자기를 고립시키려고 한다.

그러나 세계에 대해 앞에서 말한 바와 같이 생각하는 것은 대다수의 인간이 불완전하다는 것 —— 그들이 지적으로나 도덕적

---

[*] Empedokles(B. C. 595~435). 희랍의 고대 철학자. 우주의 근원으로 흙·물·공기·불의 네 원소를 들고 만물을 종합과 분리의 집산(集散)으로 설명했다.
[**] Pythagoras (B. C. 582?~493?). 희랍의 고대 철학자·수학자. 수를 만물의 근원으로 생각함. 수학에서 '피타고라스의 정리'로 유명함.

으로 가엾은 존재라는 것 —— 을(이것은 그들의 얼굴에도 나타나 있지만) 상기할 때, 별로 놀랄 것도 없고 분개할 것도 없는 것이다.

그리하여 세계와 인간이 본래 그렇게 존재할 수밖에 없다는 인식을 하게 되면, 우리 마음은 상대방에 대한 관용으로 가득 차게 될 것이다.

우리가 사실상 인류에게 무엇을 기대할 수 있단 말인가? 나는 때때로 사람들이 서로 상대방을 부를 때에 "……씨(Monsieur)"라든가 "……선생(sir)"이라고 말하는 대신에 '고뇌의 벗'이라고 부르는 것이 좋겠다고 생각한다. 이렇게 부르면 과장된 것으로 보일지 모르겠으나, 실은 정당한 근거를 갖고 상대방에게 진실한 깨달음을 주며, 관용과 인내와 박애를 느끼게 한다. 그리고 누구를 막론하고 이런 덕(德)을 지니지 않으면 지탱해 나갈 수 없을 것이다. 그러므로 누구나 그것을 실천에 옮길 의무가 있다고 하겠다.

8

인간은 생애의 전반부는 행복에 대한 갈망으로 차 있지만, 후반부에 와서는 일종의 참혹한 공포에 사로잡히게 마련이다. 즉, 이 후반부에 접어들면 정도의 차이는 있으나 모든 행복이 망상의 산물에 불과하며, 괴로움만이 실제로 존재한다는 것을 깨닫게 되는 것이다.

그리하여 현명한 사람들은 누구나 향락이 있기보다는 오히려 고통이 없기를 바라며, 다가오는 재해를 약간이라도 막아보려고 노력한다. 나도 젊었을 때에는 대문에서 벨이 울리기만 하면, "야, 무슨 수가 있으려나보다"하고 기대했었지만, 나이를 먹어 인생의 진상을 알게 된 후로는 똑같은 벨 소리가 두려움을 느끼게 하여, "아, 무슨 골치거리라도 생겼나?"하고 혼잣말을 하게 되었다.

9

그런데 노년기로 접어든 후로는, 정열이나 욕구가 하나하나 차례로 사라지므로, 이런 욕념(慾念)의 대상도 이미 나를 유혹할 수 없게 되었다. 그리고 감각이 둔해지자 상상력이 약해지며 여러 가지 환상은 희미해지고, 인생은 흔적도 없이 사라져 버린다. 뿐만 아니라, 세월은 빨리 달아나고 무슨 일이든지 의미를 상실하고 모든 것이 싱겁게 여겨진다. 그리하여 과거 속에 쇠퇴한 노인은 혼자서 비틀거리며 길을 걸어가거나 한 구석에 드러누워, 지난날의 자기자신에 대해서는 다만 그림자나 꿈을 간직하고 있을 뿐이다. 거기에 죽음이 다가온다. "그러나 아직 죽음의 손에 멸망해 버린 것은 거의 없지 않느냐? 어느 날 설치던 잠이 영면(永眠)으로 화하여, 그 꿈은……" 햄릿이 혼자서 중얼거린 독백이다. 나는 누구나 살아서 그런 꿈을 꾸고 있다고 생각한다.

10

앞길이 양양한 청년시절의 꿈에서 깨어난 사람이나, 자기와 남의 경험을 성찰(省察)한 사람, 그리고 과거와 현재의 역사를 연구한 사람은, 뿌리 깊은 선입관념(先入觀念)에 의해 이성(理性)을 그르치지만 않는다면, 누구나 아래와 같은 결론에 이르게 될 것이다. 즉, 인간세상은 우연과 미혹(迷惑)의 왕국이며, 이 양자는 조금도 온정을 베풀지 않고 세계를 지배하고 통솔한다. 그리고 우매와 죄악을 수단으로 하여 언제나 회초리를 휘두르고 있다.

그러므로 혹시 인간족속들 중에서 선량한 자가 나타나도 많은 위기를 거친 후에야 비로소 빛을 바라볼 수 있으며, 고귀하고 현명한 영감(靈感)은 외부에 작용하려고 하면 무수한 어려움을 겪게 마련이다.

그런데 한편에서는, 사상의 영역에서는 불합리와 오류가, 예술의 영역에서는 평범과 저속이, 실천의 면에서는 사악과 간계가 판을 치면서 위세를 부리는데도 거의 아무런 저항도 받지 않는다. 그리하여 뛰어난 사상과 저작(著作)은 마치 하늘에서 떨어진 별똥이나 되는 것처럼 간주되며, 하나의 예외요, 하나의 뜻밖의 불가사의한 고아로 푸대접을 받게 마련이다.

인간 개개인에 대해 생각해 보면, 한 생애의 역사는 어쩔 수 없이 반드시 패배자로서 낙인이 찍히게 마련이다. 왜냐하면 끝장이 난 모든 생애는 재앙과 실패의 연속에 지나지 않기 때문이다. 누구나 이러한 상처를 숨기려고 하는데 그것은 남에게 말해 보아도, 그들의 동정이나 연민을 일으키기는커녕, 그들로 하여금 남의 재앙을 상기하여 자기의 위안으로 삼는 악마와 같은 만족을 주는 데 불과하다는 것을 알고 있으므로 그럴 수밖에 없다. 정직한 마음씨와 공정한 생각을 잃지 않은 사람이라면 누구를 막론하고 생애의 종말이 가까워짐에 따라 인생이라는 여로를 다시 걷기를 원치 않을 것이며, 오히려 절대적 허무를 그리워하게 될 것이다.

11

 이렇게 무상하게 재빨리 지나가 버리는 삶 속에는 고정된 것이 하나도 없다. 무한한 고통도 영원한 즐거움도 없다. 따라서 한결같은 인상이나 오래 지속되는 열성, 또는 한평생 변치 않는 결의도 있을 수 없으며, 모든 것이 시간의 흐름 속에 녹아 없어지고 만다. 시간의 분초, 작은 물질에 깃들어 있는 무수한 원자, 우리의 단편적인 행동 하나하나는 위대하고 용감한 모든 것을 황폐하게 만드는 치충(齒蟲)들이다.

 세계에는 진지하게 대할 만한 것이 하나도 없다. 숫제 먼지구덩이나 다름없는데, 그럴 가치가 어디 있겠는가? 인생은 크고 작은 일을 막론하고 다만 잠시 존속되는 것으로 보아야 한다. 인생이 우리에게 무엇인가 약속하였다고 하더라도 이루어지지 않는 것이 상례이며, 설사 이루어졌다고 하더라도 우리에게 단지 그 소원의 대상이 얼마나 어처구니없는 것인가를 알려 줄 뿐이다.

 우리를 기만하는 것은 희망이기도 하고 희망한 것이기도 하다. 인생이 우리에게 무엇인가 준 것이 있다면 그것은 도로 찾아갈 수 있기 때문에 잠시 빌려주었을 뿐이다. 먼 곳에 있는 매력은 우리에게 낙원과 같은 그리움을 불러 일으키지만, 막상 거기 이끌려 가보면 환상처럼 사라져 버린다. 다시 말하면, 행복은 언제나 미래가 아니면 과거 속에 있으며, 현재는 마치 햇살을 담뿍 받은 벌판에서 바라보는 한 조각 뜬구름처럼 앞뒤가 환히 비쳐 보이지만, 그 자체는 언제나 그림자를 비치고 있다.

12

그런데 인간은 오로지 현재에만 살고 있다. 그리고 현재는 불가불 과거 속으로 줄달음질쳐 사라지고, 오직 그 결과가 나중의 현재 속에 회상될 뿐이다. 이것은 인간의 행위와 의지의 산물이지만, 어제의 생존은 오늘에 와서는 완전히 소멸되어 있다.

그리하여 정확한 이성(理性)의 눈으로 보면 이 과거가 즐거웠느냐 혹은 괴로웠느냐 하는 것은 전혀 문제가 되지 않는다.

현재는 우리가 그때그때 맞아들이는 동안에 어느 새 도망쳐서 차례로 과거가 된다. 그리고 미래는 정확하지 못하며, 시간선상에 지속되어 있지 않다. 물리학적으로 보행(步行)이란 그때 그때 차단된 몰락이듯이, 육신의 생리적인 생활도 시시각각 연기되고 유예(猶豫)된 죽음이며, 정신 활동도 밤마다 권태를 물리치는 일에 불과한 것이다. 그리고 나중에는 으레 죽음이 승리를 차지하게 마련이다. 왜냐하면 우리는 삶이라는 사실 자체가 죽음의 소유가 되어 있으며, 삶이란 죽음이 삼켜 버리기 전에 노리개로 삼고 있는 순간에 지나지 않기 때문이다. 우리는 비상한 관심을 갖고, 여러 모로 염려하면서 삶을 되도록 연장시키려고 애쓴다. 그러나 그것은 아이들이 공중에 비누방울을 내뿜을 때 그것이 나중에 터질 것을 알면서도 되도록 큼직하게 그리고 오래 가도록 하려고 애쓰는 것과 같다.

13

 삶이란 단지 즐거움을 누리라고 우리에게 보내진 선물이 아니다. 오히려 삶은 우리가 고역(苦役)으로 갚아야 할 의무나 과업인 것이다. 그러므로 크고 작은 일을 막론하고 거기에는 일반적인 불행, 그칠 줄 모르는 노고, 부단한 경쟁, 계속되는 투쟁, 신심을 다 기울이는 긴장 속에서 어쩔 수 없이 수행하는 활동이 있을 뿐이다.

 몇백 만으로 헤아리는 인간들은 국민으로서 뭉쳐서 힘을 모아 공공의 복리(福利)를 누리려고 하는 한편, 각자 자기의 이득을 위해 움직이고 있는데, 공공의 복리를 위해서는 수천의 희생자가 생기기도 한다. 다시 말하면 이치에 맞지 않는 어떤 선입관(先入觀)이나 또한 교활한 전략이 사람들을 싸움터로 몰아넣기도 하는데, 이 경우에 소수의 몇 사람의 터무니없는 발상(發想)을 합리화하거나 또는 그들의 잘못을 은폐하기 위해 많은 사람들이 피땀을 흘려야 하는 것이다.

 그리고 평화시에는 상공업이 발달되고 여러 가지 놀라운 발명을 하여 큰 선박이 해상을 자유로이 내왕하면서 세계의 여러 나라 곳곳에서 맛좋은 식료품을 실어 오는데, 항해하는 동안에 수천 명의 목숨이 풍랑을 만나 사라지기도 한다.

어떤 사람은 머리를 짜내고, 어떤 사람은 수족을 움직인다. 사람들은 각자 일을 하느라고 야단들인데, 참으로 가관이라 하지 않을 수 없다. 한데 이런 노력은 무엇을 위해서인가? 잠시 동안이나마 하루살이 같은 목숨을 위해 허덕이는 생활을 좀더 연장하려는 것이다. 인간의 생애란 제일 행복한 경우라고 해야 단지 견디기 쉬울 정도의 불행과 비교적 가벼운 고통 속에 사는 것뿐이며, 걸핏하면 거기에 권태라는 고통이 대치된다. 그리고 다음에 하는 일은 인간을 생식하며 판에 박힌 생활을 되풀이하는 것이다.

14

우리가 고뇌를 제거하려고 꾸준히 노력해도 얻는 것은 결국 고뇌의 형태를 변경한 데 지나지 않는다. 처음에 고뇌는 결핍과 부족과 물질적인 생활에 대한 염려라는 형태로 나타난다. 우리가 이 고뇌를 애써 쫓아버리려면 그것은 곧 변모하여 여러 가지 형태로 나타난다. 즉, 그것은 연령과 환경에 따라 성욕, 사랑, 질투, 선망(羨望), 증오, 야심, 횡포, 탐욕, 질병 등으로 나타나는 것이다. 그리하여 만일 이것들이 벌써 침범해 들어갈 여지가 없게 되면, 그때에는 권태와 포만(飽滿)이라는 삭막한 회색 외투를 걸치고 나타난다. 그런데 이것을 물리치려면 악착같이 싸워 나가야 한다. 그러나 악전고투한 끝에 이것을 물리쳐도 본래의 여러가지 형태로 변모되어 나타나기 때문에 우리는 일을 처음부터 다시 시작하게 된다.

15

모든 생물들이 숨을 돌이킬 새도 없이 고생하면서 살아가는 것은 삶을 안주시키려고 하기 때문이다. 한데 일단 그것이 이루어지면 벌써 거기에는 할 일이 없게 된다. 그리하여 인간이 다음에 해야 할 노력은, 삶의 무거운 짐을 덜어 그것을 느끼지 않도록 하는 일과 시간을 잡아먹는 일 —— 다시 말해서 권태에서 벗어나는 일이다. 인간은 일단 모든 물질적 및 정신적인 불행에서 벗어나 다른 무거운 짐을 모조리 제거해 버리면, 이번에는 자기 자신이 빈둥거리며 유희나 도락으로 세월을 보낸 과거의 일들을 다행하게 생각한다. 그런데 시간여유란 그들이 악착같이 연장시키려고 노력한 생존에서 얻은 잔액(殘額)이다.

권태라는 해악은 무시할 수 없는 것으로, 여기 사로잡힌 자에게 통탄할 절망을 안겨 준다. 그리고 이 권태 때문에 본래 남을 아끼거나 위하는 마음이 매우 희박한 사람도 서로 이야기를 나누면서 어울리고 싶어한다. 그러므로 권태는 사교적인 본능의 근원이라고 해도 무방하다. 그리고 국가는 이것을 하나의 공적인 재앙으로 보고 신중을 기해 은밀히 억제하려고 한다. 이 매질은 그 적수(敵手)인 기아(飢餓)와 마찬가지로 사람을 분방(奔放)하게 만든다.

대중에게는 빵과 함께 광대의 당나귀가 필요하다. 필다빌피어에는 한거(閑居)와 무위(無爲)를 처벌하는 가벼운 형법이 제정되어 있었는데 죄수에게 형벌로서 주어지던 권태는 참으로 무서운 것으로, 그것을 벗어나기 위해 자살한 죄수도 한두 사람이 아니었다고 한다. 궁핍은 하류층의 끊임없는 채찍이며 권태는 상류층의 채찍이다. 그리고 일상생활에서는 일요일은 권태를 대표하고 나머지 6일은 궁핍을 대표한다.

16

우리의 생활은 마치 시계추처럼 번뇌와 권태 사이를 왔다 갔다 하고 있다. 이 양자는 사실상 인간생활의 최종 요소이다. 그리고 이와 같은 사실은 하나의 묘한 형태로 나타나 있다. 즉, 인간은 지옥에 대해 온갖 형벌과 고통이 가득한 곳이라고 말해 왔는데, 천국에 대해서는 권태 이외의 아무것도 묘사할 수 없었던 것이다.

17

인간은 생물 중에서도 제일 어처구니없는 존재이다. 인간은 의지 이외의 아무것도 아니며 욕구의 육체화요, 그 덩어리에 불과하다. 그러므로 인간은 오직 자기 자신에게 의존하여 지상에서 살아가고 있으며, 자기 자신의 불행과 결핍과 곤궁의 해결 이외에는 아무것도 추구하지 않는다. 인간 생활에는 급한 요구에 시달리며 새로이 전개되는 삶의 고통이 가득 차 있다.

그리고 다른 면에서 인간을 괴롭히고 있는 것은 종족을 보존하기 위한 제2의 본능, 곧 성욕이다. 그리하여 인간은 사랑으로부터 많은 재난의 위협을 받고 있으며, 이것을 피하려고 아무리 조심해도 피할 길이 없다. 불안한 발길을 옮겨 놓으면서 조심스러운 눈으로 주위를 살피며 바람직스럽지 못한 무수한 사건과 적을 앞에 두고 살아가는 것이 비참한 인간이다. 이런 현상은 미개한 야만인 지역이나 개화된 문명인들의 나라나 다를 것이 없다.

인생은 암초와 거센 물결이 굽이치는 바다와 같다. 인간은 여기서 좌우를 두루 살피면서 간신히 몸을 피해 나간다. 자기의 재능과 노력으로 그럭저럭 항로를 개척할 수 있다고 하더라도 앞으로 나갈수록 전혀 피할 수도 밀어낼 수도 없는 죽음이라는 난파 속에 가까이 다가가야 한다. 그리하여 죽음이 자기를 향해 정면으로 달음질쳐오는 줄 알고 있다. 죽음이란 실로 이렇게 노고가 많은 항해의 마지막 기착지로서 인간에게는 지금까지 피해 온 어느 암초보다도 고약한 것이다.

우리는 고통이 있는 것은 느끼지만 고통이 없는 것은 느끼지 못하고, 걱정은 느끼지만 걱정이 없는 것은 느끼지 못하며, 두려움은 느끼지만 안전한 것은 느끼지 못한다.

우리는 욕구와 소망은 갈증의 경우처럼 느끼지만, 바라던 것을 실제로 손에 넣게 되면 그것의 매력은 갑자기 사라져 버린다. 마치 입안에 들어 있는 음식물은 삼키자마자 아무 맛도 느끼지 못하게 되는 것과 같다.

인생의 3대 선(善)인 건강과 청춘과 자유도 그것을 소유하고 있는 동안은 전혀 느끼지 못하고 있다가, 그것을 일단 잃은 후에야 비로소 느끼게 된다. 이 세 가지 것도 소극적인 선이기 때문이다.

행복한 나날을 보낼 때에도 그 행복을 별로 의식하지 못하고 있다가 그것이 과거의 일이 되어 버리고, 대신 불행이 찾아오면 그제서야 그것을 상기하게 되는 것이다.

그리고 향락을 많이 누릴수록 거기에 대한 감각은 감퇴되어, 어떤 쾌락도 습관이 되면 아무것도 아니게 될 뿐더러 오히려 그 쾌락 때문에 고통에 대한 감수성(感受性)이 증대되는 것이다. 그리고 쾌락에 젖어 살던 모든 습관이 제거되면, 거기 남는 것은 괴로움뿐이다.

시간은 즐겁고 재미있게 보낼수록 빨리 지나가 버리고 슬픔에 빠져 있을수록 더디 가는 법이다. 적극적인 것은 환락이 아니라 고통이다. 고통이 생길 때에만 직접적인 실감을 느끼니 말이다.

권태는 우리에게 시간을 의식하게 하고, 유흥은 우리에게서 시간관념을 제거한다. 이것을 보더라도 우리의 삶은 느낌이 적을수록 더욱 행복하다는 것을 알 수 있다. 결국 삶에서 벗어나는 것이 더욱 바람직하다는 것도 입증할 수 있다.

대개 큰 기쁨은 큰 불행에 선행하게 마련이며, 언제까지나 명랑하기만 한 즐거움을 만들어내는 능력은 이 세상의 아무에게도 없다. 인간이 할 수 있는 일이란 다만 자기 기분을 적당히 얼버무리는 것과 허망한 소망에 잠시 만족을 느껴보는 것뿐이다. 그래서 거의 모든 시인들은 우선 그 주인공을 우수와 고뇌에 가득찬 환경에 일단 방임하고 나중에 그들을 거기서 탈출케 하는 것이다. 희곡이나 서사시(敍事詩)에서도 많은 고난을 겪으면서 악착같이 싸워

나가는 인간의 모습을 많이 묘사하고 있으며, 소설에서는 가련한 인간의 심리적인 갈등과 방황이 그려져 있다. 볼테르, 자연의 혜택을 많이 받은 볼테르도 이런 견지에서 다음과 같이 말하고 있다.

"행복은 꿈에 불과하며 고통만이 실제로 존재한다. 나는 팔십 평생을 두고 이 사실을 경험해 왔다. 나는 이제 체념할 따름이다. 나는 나 자신에게 말하련다. '파리가 태어나는 것은 거미에게 잡혀 먹히기 위해서이며, 인간이 태어나는 것은 번뇌의 노예가 되기 위해서이다'라고."

18

개인의 한 생애는 일반적으로 보나 특수한 입장에서 보나 분명히 하나의 비극적인 존재로 생각되지만, 생애의 우여곡절을 세밀히 살펴보면 희극적인 성질도 띠고 있다. 하루의 소란과 곤고, 그때그때 끊임없이 일어나는 불쾌한 일, 거듭되는 소망과 두려움, 수시로 범하는 실수, 우리를 농락하기 위해 언제나 노려보고 있는 우연의 장난 —— 이 모든 것들은 분명히 희극적인 장면이다. 언제나 기만당하기 마련인 소원, 헛된 노력, 운명에 무참히 짓밟히는 희망, 한평생 따라다니는 저주스러운 미혹, 날로 더해 가는 고뇌, 최후의 타격인 죽음 —— 여기서 영원한 비극이 일어난다.

게다가 운명은 우리의 삶에 절망을 안겨 줄 뿐만 아니라 비웃기까지 한다. 그리하여 우리의 생애에 비극적인 모든 불행이 가득차게 할 뿐만 아니라 우리로 하여금 적어도 비극의 주인공으로서의 존엄마저 제대로 유지할 수 없게 한다. 여기에 그치지 않고 우리는 평생의 대부분을 광대의 값싼 구실을 하고 있다.

19

대부분의 인간의 생애가 외면상 얼마나 빈약한 의미를 지니며, 또 얼마나 절망적인 것인가? 그리고 내면적으로 볼 때는 얼마나 둔하고 어리석은가? 이것은 거의 믿을 수 없을 만큼 두려운 일이다. 인간은 다만 수난과 무기력, 그리고 동경과 비틀걸음으로 생애의 네 시기를 통하여 꿈을 되풀이하며 빈약하고 보잘것없는 생각을 갖고 죽음에 이른다. 마치 태엽에 감겨 돌고 도는 시계처럼, 세상에 한 인간이 태어날 적마다 인생의 시계는 태엽에 감겨, 낡은 기계의 가락이 귀에 들리지 않을 정도로 곡조를 달리하면서 돌아가기 시작한다.

20

개인과 그 용모, 그 생애는 오직 자연의 무수한 혼령과 집요(執拗)하고 완고한 살려는 의지의 개별적인 허망한 꿈이요, 이 의지가 시간과 공간이라는 무한한 백지 위에 그려놓고 희롱하는 한때의 그림이다. 그것은 눈이 아플 정도로 짧은 순간에 곧 사라져 버리며, 그 뒤에 또다른 그림이 그려진다.

그런데 이런 인생에, 우리가 잘 생각해 보아야 하는 중대한 다른 일면이 있다. 즉, 줄기차고 맹목적인 삶의 의지는 이 개개의 희롱에 대한 보상으로서 많은 괴로움과 비통한 죽음 —— 오랫동안 두려워하던 끝에 반드시 닥쳐오고야 마는 —— 을 지불해야 한다는 것이다. 우리가 시체를 보고 엄숙해지는 것은 이 때문이다.

21

 단테는 어디서 지옥의 표본과 이미지를 얻게 되었을까? 우리가 살고 있는 이 세계말고는 다른 것이 있을 수 없지 않은가? 그가 그린 지옥은 실로 그럴듯하다. 그런데 그가 천국과 그 즐거움을 그리려고 했을 때, 그는 어떻게 해야 좋을지 알 수 없는 난관에 부딪치고 말았다. 왜냐하면 우리가 살고 있는 세상에는 그곳과 비슷한 것이 전혀 없었기 때문이다. 그래서 단테는 천국의 즐거움을 그리기보다 자기가 거기서 얻어들은 조상이나 애인 베아트리체[*], 그리고 많은 성자(聖者)들의 교훈을 전하는 도리밖에 없었다. 이것으로 미루어보더라도 이 세계가 어떤 종류의 것인지 잘 알 수 있다.

22

 이 세상의 지옥은 단테가 그린 지옥을 능가하며 인간은 각

---

[*] Partinari Beatrice(266~290). 이탈리아 피렌체의 귀부인. 바르디의 아내로 단테의 〈신곡〉에 영원한 마음의 여성으로 묘사되어 있다.

자 자기 이웃에 대해 마귀가 되어 있다. 그리고 거기에는 모든 사람보다 뛰어난 마귀의 두목, 즉 정복자가 있다. 그리하여 수십만의 인간을 두 파로 갈라놓고 서로 싸움을 붙이고는, 적에 대해 악전고투하다가 죽어가는 것이 너희들의 운명이므로 총과 대포를 쏘아대라고 외친다. 그러자 고맙게도 그들은 이에 순종한다.

23

만일 개개인에게, 앞날에 도사리고 있는 수없이 고약한 우환과 고난을 한눈에 보여 준다면 어떻게 될까? 사람들은 그 처참한 광경을 목격하고 놀라 자빠질 것이다. 그리고 아무리 완고한 낙천가(樂天家)라고 하더라도 그를 데리고 다니면서 일반 병원이나 외과 수술실, 노예의 거실, 전쟁터, 중죄재판소 등을 보여 주고, 가난으로 말미암아 세상의 싸늘한 눈을 피해 숨어 사는 음침한 소굴이나 우고란이 굶어 죽었다는 성곽을 보여주면 그는 이른바 세계에 있을 수 있는 가장 바람직한 것이 무엇인지 짐작이 갈 것이다. 우주에는 폭력이 횡행하고 있을 뿐인데, 우리는 일체를 선이라고 주장하는 근대 철학에 잘못 물들어 있다. 사실은 악이 모든 것을 더럽히고 있으며, 바른 대로 말하면 일체가 악이다. 왜냐하면 세상에는 있어야 할 자리에 있는 것이 하나도 없으니 말이다.

24

유혈의 황야인 이 세계는 수백 수천을 헤아리는 동물들의 생생한 무덤이 되었으며, 불안과 괴로움에 시달리는 생물들이 오직 서로 물어뜯기를 일삼으며, 모든 맹수들은 무수한 생명을 삼키면서 연명하고 있다.

그리고 생물들은 이지(理智)가 발달할수록 괴로움에 대한 감각이 증진하며, 따라서 인간은 그 감각이 최고도로 발달되어 있다.

낙천론자들은 이 세계를 자기들의 학설에 적응시켜 선천적(先天的)인 논증으로 가장 살기 좋은 곳이라고 주장하지만 이것은 분명히 이치에 맞지 않는다. 어떤 사람은 나에게 말할 것이다. 눈을 들어 태양이 밝게 비치는 이 세계가 얼마나 아름다운가를 보라. 산과 계곡, 강물, 초목, 동물들을 찬미하라고.

그렇다면 이 세계는 마치 마법사의 초롱불과 같은 것인가? 하긴 그 광경은 보기만 해도 근사하다. 그러나 세상이 산이나 나무나 짐승으로 되어 있는 그 자체는 문제가 되지 않는다. 낙천론자의 주장에 의하면 인간은 세계의 궁극적인 근원에서 창조된 것이라고 한다. 그들은 우주의 정묘한 조직을 찬양한다. 유성(遊星)이 운행하다가 서로 부딪치는 일이 없고, 바다와 육지가 뒤죽박죽이 되지도 않고 서로 분명히 한계를 유지하고 있으며, 지상의 모든 것이 얼어붙지 않고 열에 녹아 버리지도 않으며, 적도(赤道)의 경사면에서 언제나 봄이 지속되는 일도 없이 과일이 잘 익어 간다고 한다.

그러나 이것은 단지 없어서는 안 되는 조건에 불과하다. 다시 말해서 하나의 세계가 존속되려면, 그리고 그 유성이 영원히 존재하려면, 하나의 먼 항성에 빛이 도달할 때까지만이라도 존재하려면, 레싱의 어린이처럼 낳자마자 곧 죽어 버리지 않으려면, 우주는 근본적으로 붕괴되게끔 서투르게 되어 있어서는 안 된다.

그런데 그처럼 찬미하여 마지않는 세공품인 세계에서 어떤 결과를 볼 수 있는가? 그처럼 견고하게 짜여져 있는 무대 위에는 어떤 배역(配役)들이 돌아다니고 있는가? 우리 눈에 띠는 것은 괴로움이 감수성(感受性)에 의존하고, 그것이 이지적일수록 강도가 심하며, 욕구와 고뇌가 동일한 보조를 취하여 한이 없고, 나중에 남는 것은 비극이나 희극의 재료뿐이다. 그러므로 적어도 성실한 사람이라면 아무래도 낙천론의 "할렐루야!"를 합창할 엄두가 나지 않을 것이다.

25

만일 이 세계를 유일한 신이 창조했다면 나는 그런 신이 되라고 해도 되고 싶지 않을 것이다. 세계의 참상이 내 가슴을 찢을 터이니 말이다.

26

가령 마귀와 같은 창조주가 있었다면 우리는 그가 만든 것에 대해 이렇게 항의할 수 있을 것이다.

"그대는 어찌하여 고요하고 성스러운 안정을 세계에서 중단시켰느뇨? 무엇 때문에 그런 무모한 일을 했느냐? 어쩌자고 그토록 많은 불행과 고뇌를 불러일으키려 하였느뇨?"

27

인생의 객관적인 가치를 두고 볼 때, 적어도 허무를 능가할 수 있는 것이 있을지 의문이다. 나는 이렇게 말하고 싶다. 만일 경험과 사려의 소리가 바르게 울려온다면, 허무 쪽이 더 우월하다고 말이다. 나는 이른바 영세(永世)가 무엇인지 모른다. 다만 이 세상에서 영위하는 삶은 값싼 희극이라고 할 수밖에 없다.

28

욕구를 갖는다는 것은 번거로운 일이 아닐 수 없다. 그런데 우리가 세상을 살아간다는 것은 욕구를 갖게 됨을 의미한다. 그러므로 삶은 본질적으로 괴로운 일이다. 고귀한 생물일수록 더욱 불만을 느낀다. 인간의 생애는 삶을 위한 고달픈 투쟁이지만, 끝내 패망하고 만다는 것은 분명한 사실이다. 인생은 끊임없는 사냥이며, 우리는 거기서 포수가 되기도 하고 쫓기는 짐승이 되기도 하면서 서로 고기를 빼앗는다. 세계의 고통스러운 박물지(博物誌) —— 그것을 펼쳐보면 동기가 없는 욕망과 끝없는 고뇌와 투쟁과 죽음이 들어 있다 —— 가 세기에서 세기로 이어져 내려가며, 지구가 금이 가서 가루가 될 때까지 계속되는 것이다.

29

위에서 말한 바와 같이 고통은 적극적으로 우리에게 작용하는데 행복과 쾌락은 소극적으로 작용하므로, 어떤 사람의 한 생애가 행복했다는 것은 기쁨과 즐거움을 얼마나 누렸는가를 계산할 것이 아니라, 적극적인 고통을 얼마나 적게 느꼈느냐 하는 것이 척도가 되어야 할 것이다.

이렇게 볼 때, 동물이 인간보다 숙명적으로 한결 삶의 괴로움을 견디기 쉽도록 되어 있다는 것을 알 수 있다. 이제 우리는 이 양자를 상세히 생각해 보기로 하자. 인간의 행복과 불행은 매우 복잡한 형태로 나타난다. 그리하여 사람으로 하여금 때로는 그것들을 쫓게도 하고 때로는 놓치게도 한다. 그런데 이 여러 가지 행복과 불행은 사실상 육체적인 쾌락과 고통을 토대로 하고 있다.

그리고 이런 행·불행의 근본이 되는 것은 매우 단순하다. 이를테면 건강, 식사, 추위와 습기로부터의 보호, 성욕의 충족, 또는 이 모든 것의 결핍에 불과한 것이다. 그러므로 인간도 육체적인 쾌락에 있어서는 동물보다 더 많이 누리지 못하며, 다만 더욱 고도로 발달된 신경계통이 쾌락이나 고통에 대한 감수성을 강화하고 있는 것이 다를 뿐이다.

그런데 인간의 성욕은 동물에 비해 얼마나 격심한가! 물론 인간의 마음은 동물에 비하면 비교도 되지 않을 만큼 깊고 심한 동요를 가져오지만, 결과적으로 얻는 것이란 방금 말한 바와 같이 건강과 의·식·주 등에 불과한 것이다. 인간은 지나가 버린 일과 앞으로 다가올 일에 대해 생각하기 때문에 마음이 심히 흔들리고 불안과 두려움과 기대로 말미암아 쾌락과 고통이 실제로 줄 수 있는 느낌보다 훨씬 큰 영향을 주게 마련이지만, 동물은 언제나 실제의 쾌락이나 고통을 느낀다. 즉, 동물에게는 사려라는 고통의 축전기(蓄電器)가 없기 때문에 인간의 경우와는 달리 기억이나 예측의 작용으로 위축되거나 하지 않는다. 그러므로 동물은 현재 느끼는 고통이 수백 수천 번 반복되어도 본래의 고통을 그대로 느끼는 데 그치며, 결코 적극적으로 느끼지 않는다. 동물들이 고통에 대해 부러울 정도로 침착한 것은 그 때문이다.

그런데 인간은 사려(思慮)와 여기에 따르는 심리작용으로 말미암아 고락의 원질(原質)에서 행·불행이라는 승화(昇化)된 감정이 나타나며, 그것이 더욱 증진되었을 경우에 분명히 드러나 때로는 미칠 듯한 환희에 사로잡히기도 하고, 반대로 자살에까지 이르는 절망에 빠지기도 한다.

이 점에 대해 더욱 상세히 말하면, 본래 인간이 욕구를 충족시키는 동물의 경우보다 약간의 곤란이 더 따를 뿐인데, 쾌락의 정도를 높이기 위해 일부터 욕구를 증대시켜 사치와 겉치레와 여기 따르는 미식(美食), 담배, 아편, 술 등 많은 것을 만들어낸다.

그리고 이 사려로 말미암아 인간에게서만 찾아볼 수 있는 쾌락과 고통의 샘이 마련되며, 이 때문에 인간은 필요 이상으로, 아니

다른 행동을 거의 망각해서까지 이 샘에서 망상하는 모든 것을 퍼내려고 한다. 즉, 야심, 명예, 또는 치욕에 사로잡히며, 남이 자기를 어떻게 보느냐에 치중해서 행동하게 된다. 그리하여 대개는 기이한 형태로 행동의 목표가 세워지고, 육체적인 쾌락이나 고통을 도외시한 노력을 하게 마련이다.

인간은 물론 동물에게서는 찾아볼 수 없는 순수한 지적(知的) 쾌락을 갖고 있을 것이다(이 쾌락에는 여러 가지 단계가 있어, 가장 단순한 유희나 희화에서부터 최고의 정신활동에 이르기까지 다양하다). 그러나 그 대신 고통으로서 권태라는 균등량(均等量)이 부여되어 있다.

이 권태는 자연이 준 본능에 따라 살고 있는 동물에게서는 찾아볼 수 없으며 —— 인간의 손에 의해 훈련된 가장 영리한 동물들이 약간 경험할 수 있을 정도이다 —— 인간에게는 그 권태가 마치 채찍과 같은 것으로, 그것에 얻어맞는 자들은 두뇌가 아니라 호주머니를 살찌게 하는 데만 골몰하는 속인들이다. 그들은 안락한 삶을 누리게 되면 그 삶 자체가 일종의 형벌이 되어 권태의 채찍에 시달리게 되므로, 여기에 벗어나려고 여기저기 명승지를 찾아 여행이라도 다니면서 세월을 보내는데, 그 모습은 한 곳에서 다른 곳을 찾아 구걸을 다니는 거지와 다를 바 없다.

이와같이 인간의 삶은 궁핍과 권태로 양극(兩極)을 이루고 있다. 그리고 인간의 성적 만족은 다른 동물에게서는 찾아볼 수 없는 특수한 선택에 의해 이루어진다. 그리고 이 선택은 때때로 다채롭고 열렬한 연애에 빠지게 하는데, 이 점에 대해서는 《의지와 표상(表象)으로서의 세계》의 보충설명의 독립된 한 장(章)에서 설명했다. 그리하여 이 선택도 인간에게 긴 고통과 짧은 향락을 안겨 주는 원인이 되는 것이다.

여기서 놀라운 것은 인간이 동물에게서는 볼 수 없는 사고(思考)의 힘을 갖고 있기 때문에 모든 동물에게 공통된 고락이라는 협소한 터전 위에 행·불행이라는 높고 큰 건물을 세운다는 점이다. 이로 말미암아 인간의 마음은 심한 갈등을 일으켜 때로는 망상에 사로잡히기도 하며, 그 흔적이 얼굴에도 나타나게 마련이다. 그러나 나중에 실제로 손에 넣는 것은 동물이 소유하고 있는 것과 동일한 것이다. 동물은 인간과는 비교도 되지 않을 만큼 약간의 노고를 지불하면 쾌락을 얻을 수 있는 것이다.

인간에게는 쾌락보다 고통의 분량이 훨씬 많으며, 더구나 이것은 인간이 죽음을 알고 있기 때문에 몇 갑절 증대된다. 동물은 본능적으로 죽음을 피하려고 할 뿐, 죽음이 무엇인지 모르며, 따라서 마음속에 떠오르지도 않는다. 인간은 항상 죽음을 내다보고 있다.

그리고 동물은 자연사(自然死)를 하는 경우가 매우 드물며, 자연사를 하는 동물이라 하더라도 다만 생식을 하는데 필요한 동안만 살다가 다른 것의 먹이가 되기 마련인데 인간의 경우에는 자연사가 당연시되어 있으며, 또 그러한 예가 허다하다. 이런 점에서는 위에서 말한 이유로 하여 동물이 인간보다 한 걸음 앞섰다고 할 수 있겠다.

인간이 참으로 자연스러운 삶의 목적을 이룬다는 것은 동물의 경우처럼 드문 일이다. 그럴 수밖에 없는 것이, 인간이 살아가는 방식이 반자연적(反自然的)이어서, 이 부자연스러운 노력과 의욕에서 비롯되는 종족 전체의 실질적인 퇴화가 앞에서 말한 목적 달성에 많은 지장을 주기 때문이다.

동물은 인간보다 훨씬 단순한 생활에 만족하고 있다. 그리고 식물의 경우에는 문자 그대로의 만족을 누리고 있다. 그런데 인간은 지적 수준이 얕을수록 삶에 더욱 만족을 느끼고 있다. 그리고 동물의 생존에는 인간보다 훨씬 적은 고통과 즐거움이 따른다. 그 이유는 그들이 한편으로는 불안과 거기에 따르는 괴로움을 모르고 살아가며, 참된 의미의 소망을 지니고 있지 않고, 머리 속에서 즐거운 미래를 예상하거나 거기에 수반되는 상상에서 오는 축복의 환영(幻影) —— 인간의 대부분의 기쁨과 가장 큰 쾌락은 이 두 가지 원천에서 생긴다 —— 에 사로잡히지 않으며, 따라서 이런 의미에서 희망을 갖고 있지 않기 때문이다.

이것은 동물들의 의식(意識)이 직관(直觀)하는 것에 한정되며, 따라서 현재에 국한되어 있기 때문이다. 요컨대 동물도 〈구체화된 현재〉이므로 현재 직관적으로 나타난 사물에 대해서만 극도로 짧게 그리고 재빨리 두려움과 소망을 느낄 뿐이다. 인간의 의식은 생애 전체를 포용할 만큼, 아니 그 이상으로 확대된다.

이런 면에서 동물과 인간을 비교해 보면, 현재를 마음 편히 아무 걱정 없이 즐길 수 있다는 점에서는 동물이 매우 현명하다. 그리하여 우리 인간은 때때로 동물들이 누리고 있는 마음의 평안을 보고 상상이나 불안에 시달리기 쉽고 만족을 누리지 못하는 자기 자신을 부끄럽게 생각할 때도 있는 것이다.

앞에서도 말한 대로 우리가 소망과 기대에 대한 즐거움을 누릴 수 있다는 것은 결코 대가를 지불하지 않고 주어진 것은 아니다. 그러니까 우리가 이 소망이나 기대로 말미암아 어떤 즐거움을 미리 느끼게 되면, 그만큼 나중에 이루어진 즐거움에서 제외되며, 따라서 소망이나 기대 자체가 우리에게 만족을 주는 정도가 훨씬 줄어든다.

그러나 동물은 어떤 즐거움도 앞당겨 느끼는 일이 없고 이런 삭감을 당하지 않기 때문에 현재 나타난 즐거움을 실제 그대로 맛볼 수 있다. 그러므로 해악도 그들에게는 있는 그대로 맛볼 수 있다. 그러므로 해악도 그들에게는 있는 그대로의 비중에 차지하지만, 인간은 공포와 기우, 해악의 예상으로 말미암아 열 갑절의 비중을 차지하기 쉽다.

우리는 자기가 기르고 있는 가축을 바라보고 자기 자신과 그들을 비교하면서 즐거운 관찰을 할 수 있는데, 이것은 대체로 동물이 우리와는 달리 전적으로 현재에만 매여 있기 때문이다. 그러므로 그들은 현재가 구체화된 모습이라고 할 수 있다. 우리는 동물들이 그때그때 아무 걱정 없이 즐겁게 시간을 보내는 것을 보고 그들에게서 배울 점이 있다. 우리가 대체로 자기의 생각에 제약을 받아 이것을 간과해 버리는 것을 감안할 때, 그 존귀한 가치를 더욱 깨닫게 된다.

동물의 이와 같은 특성, 다시 말해서 우리들보다 한층 더 오직 생존에만 만족을 느끼는 것은, 이기적이고 냉정한 인간에게 도용(盜用)되어 하나의 좋은 기화(奇貨)로 이용된다. 그들은 이런 인간으

삶의 괴로움에 대하여

로부터 알몸둥이 외의 아무것도 소유하지 못한 존재로밖에 대접을 받지 못하고 있다. 그리하여 인간은 지구의 절반을 날아다니는 새를 사방 한 자밖에 되지 않는 조롱 속에 가두어 기르고, 자기들의 가장 충실한 벗인 영리한 개를 쇠줄에 얽매여 둔다. 나는 이런 개를 볼 적마다 마음속으로 측은하게 여기면서, 한편 개 주인에게 격한 분노를 느끼게 된다.

내가 지금까지 즐거운 기억으로 머리속에 간직하고 있는 것은 몇 해전에 《타임지》에 게재된 사건으로, 거기에는 커다란 개를 쇠사슬에 매어둔 어떤 귀족이 어느 날 넓은 뜰 안을 거닐다가 문득 그 개를 어루만져 주고 싶은 생각이 일어나 개에게 손을 내밀었더니, 개는 그의 팔을 덥석 물어 버렸다는 것이다. 그럴 만도 하다. 아마도 개는 주인에게 이렇게 말하고 싶었을 것이다. "당신은 나의 주인이 아니라 나의 악마이다. 당신은 내 짧은 생애를 생지옥으로 만들었으니까."

개를 쇠사슬에 매어 두는 자는 이런 봉변을 당해도 싸다.

30

나는 앞에서 인간에게 동물보다 고통이 더 많은 것은 인식(認識)능력이 높기 때문이라는 사실을 살펴보았는데, 여기서는 이 점을 일반적인 법칙으로 삼고 보다 더 광범위한 입장에서 생각해 보겠다.

인식 자체에는 언제나 고통이 있을 수 없다. 고통은 오직 의지에 의존하며, 의지가 저해당하거나 차단될 때 생기는데, 이 경우에 그 장애가 인식되어야 한다. 다시 말해서 햇살이 공간을 비추는 것은 거기 물체가 있어서 햇빛을 반사하기 때문이며, 음향은 전향물(傳響物)을 필요로 하고, 목소리는 진동하는 공기의 파동이 딱딱한 물체와 충돌하여 멀리까지 들린다. 그러므로 주위에 아무 것도 없는 산꼭대기에서는 약하게 들린다. 노래소리도 야외에서는 충분히 고음을 낼 수 없는 것처럼 우리의 의지가 훼방을 받으면 고통스럽게 느끼게 되는 것은 거의 인식이 다르기 때문이다. 다만 방금 말한 대로 인식 자체는 일체의 외로움과 관계가 없다.

그러므로 육체의 고통을 느끼려면 신경이 있어야 한다. 손 끝 하나를 다쳤을 경우에도 그 상처에는 뇌에 이르는 신경이 끊겨 있거나, 또는 뇌가 상하여 기능을 잃으면 고통을 전혀 느끼지 못한다. 그리고 죽어가는 사람이 의식을 상실하면, 그후에 여러 가지 경련(痙攣)을 일으켜도 우리는 그 사람에게 통증이 없는 것으로 알고 있다.

그러니 의식적인 고통은 인식을 근거로 하고 있다는 것을 분명히 알 수 있으며, 전자가 후자의 정도에 따라 느낌이 달라지게 된다는 것도 쉽사리 알 수 있다. 이 점에 대해서는 이미 언급했으며, 또 《의지와 표상의 세계》(56장)에서도 상세히 설명했다. 그러므로 이 점에 대해 아래와 같이 말할 수 있다. 즉, 의지는 거문고 줄(絃)이고, 그 차단은 진동, 인식은 전향반(傳響盤), 고통은 소리이다 라고.

그러므로 무기물(無機物)은 물론이고 식물까지도 고통을 느끼는 일이 거의 없지만, 그 의지가 저해를 받는 경우도 얼마든지 있는 것이다. 이와는 달리 모든 동물들은, 보잘것없는 벌레에 이르기까지 고통을 느낀다. 아무리 미약한 인식이라도 아무튼 인식을 갖고 있다는 것은 동물의 고유한 특징이다. 동물의 유기적인 단계가 높아져서 인식이 발달할수록 고통을 느끼는 정도도 증대하여 간다. 그러므로 최하급의 동물은 고통을 매우 약하게 느낀다. 가령 곤충들은 다리가 떨어지고 내장의 일부가 붙어 있어도 곧잘 끌고 돌아다니면서 먹이를 찾아 먹는다. 고등동물의 경우에도 개념(槪念)과 사례가 결핍되어 있으므로 실제로 느끼는 고통은 인간에 비하면 현저히 약하며, 그것이 최고도에 달하는 것은 이성과 사례에 의해 의지의 기각(棄却)이 이루어지는 경우이다. 만일 이것이 불가능하다면 고통을 느낀다는 것은 말할 수 없이 참혹한 일이다.

31

이 세계에서, 특히 인간사회에서 이루어지는 현상의 특징은 내가 이따금 주장한 바와 같이 불완전하다기보다 오히려 잘못되어 있다는 것 —— 도덕적인 면에서나 지적인 면 또는 형이하학적(形而下學的)인 면에서나 모두가 이즈러지고 비뚤어져 있다는 것 —— 이다.

인간은 때때로 자기의 그릇된 행동에 대하여 그것은 인간에게 자연스러운 일이라는 변명을 하는데, 이것은 충분한 변명이 될 수 없으며, 이에 대해 다음과 같이 반박할 수 있다. 즉, "그 행동은 악하기 때문에 자연스러우며, 자연스럽기 때문에 악하다"고. 이 말을 올바로 이해하려면, 우선 원죄(原罪)에 관한 가르침부터 알아야 한다.

우리가 어떤 개인에게 도덕적인 비판을 하려면, 언제나 다음과 같은 견지에 확고히 서 있어야 한다. 즉, 인간의 근본 소질은 전혀 있을 수 없는 죄많은 일, 흉악하고 도리에 어긋나는 일, 원리라는 가설(假說)에 의해 해석해야 하는 일, 그 때문에 죽음이라는 운명에 떨어진 것으로 인정하는 일이며, 이 악의 기본 성격은 누구나 타인이 세밀히 관찰하는 것을 원치 않는 사실에도 나타나 있다.

이런 인간이라는 족속의 생물에게서 무엇을 기대할 수 있단 말인가. 이런 견지에 서게 되면, 우리는 어떤 사람에 대해서도 좀더 너그럽게 대하게 되고, 그에게 숨어 있는 악마가 언제 깨어나 눈을 비비면서 나타나더라도 조금도 놀라지 않는다. 그리고 그에게 지력(知力)이나 그밖의 것을 원천으로 하여 하나의 선이 나타나면, 그 가치에 대해 더욱더 타당한 평가를 내릴 수 있을 것이다.

다음으로 그의 입장도 고려하여 이 세상은 주로 궁핍하게 살아가게 마련인 곳이며, 또한 때때로 비극과 고뇌로 시달리는 곳이므로, 거기서 각자 삶을 지속하기 위해 바둥대며 싸워 나가기 마련이며, 따라서 웃는 얼굴만 보일 수 만은 없도록 되어 있다는 것도 아울러 계산에 넣어야 할 것이다.

그런데 이와 반대로 낙천적인 종교와 철학이 주장하는 바와 같이 인간은 유일한 신이 창조한 것으로, 모든 의미에서 마땅히 그렇게 존재해야 하고, 또 현재 있는 그대로의 존재여야 한다면 누구든지 잠깐 쳐다보기만 해도 용모부터가 전혀 다르게 보여야 하며, 나아가서는 상대방을 세밀히 관찰해 보거나 계속해서 교체해 보더라도 그는 인간으로서 전혀 다른 존재로 인정되어야 한다.

"용서는 모든 인간에게 해당되는 말이다."* 우리는 인간의 모든 어리석음과 과오와 해악에 대하여 너그러워야 하며, 우리의 눈으로 보고 있는 이런 현상들은 실상 우리 자신이 지니고 있는 우매요, 죄과요, 또한 사악(邪惡)임을 염두에 두어야 한다. 다시 말해서 우리에게 있는 이런 인간적인 결함은 우리가 공유(公有)하고 있으며, 우리가 현재 분개를 금치 못하는 타인의 악 역시 우리 자신 속에 깃들어 있다. 다만 그것이 현재 드러나지 않고 속에 깊숙이 숨어 있을 뿐이다. 그러므로 어떤 유인(誘因)만 생기면 타인이 저지르는 죄악과 마찬가지로 외부에 드러나게 마련이다.

다만 어떤 사람에게는 이 악이 나타나 있고, 다른 사람에게는 저 악이 더 농후하게 나타나는 현상은 있을 수 있으며, 또 고약한 성질이 어떤 사람에게는 남보다 훨씬 많다는 것도 부인할 수 없는 사실이다. 개성의 차이는 헤아릴 수 없이 다양하기 때문이다.

---

* 셰익스피어의 《심벨린》에 나오는 말.

2. 삶의 허무에 대하여

1

삶이 허무하다는 것은 모든 현상에 나타나 있다. 예를 들어 보면 시간과 공간은 무한한데 개체(個體)는 어느 면에서나 유한한 것, 실제로 삶의 유일한 기반이 되어 있는 현재가 언제까지나 개체에게 주어지지 않는 것, 모든 사물이 타자(他者)에 의존해 있으며 상대적인 것, 참된 실재가 없고 무한한 유전(流轉)이 있을 뿐이라는 사실, 만족할 줄 모르는 무한한 욕구, 우리의 노력을 가로막는 무수한 재해 등등에 삶의 허무가 나타나 있다.

인생은 죽음이라는 종말에 이르기까지 노력과 장해의 충돌로 일관되어 있다. 시간과 모든 사물이 그 속에서, 그리고 그것을 통하여 질주하고 소멸되는 사실은 하나의 형상(形相)으로서의 생존의지가 물자체*로서는 불멸인 반면에 그 의지의 현상(現象)인 인간의 노력은 공허하기 짝이 없다는 것을 보여 주고 있다.

---

* Ding an sich. 또는 누메논(Noumenon) 사물을 인식하는 주체인 인간의 주관에 나타나는 현상이 아니라, 그 인식의 근원이 되며 인식주관과는 관계없이 독립하여 존재한다고 생각되는 실재. 칸트는 우리의 감각에 표상을 일으키는 것은 물자체이지만, 물자체에 관해서는 알 수 없다고 했다.

시간으로 말미암아 우리 손 안에 있는 모든 것이 시시각각으로 무(無)로 돌아가고 있기 때문에 현실적인 모든 가치를 잃고 만다.

2

지금까지 있던 것은 이미 현재의 것이 아니라 이미 없어진 것과 마찬가지이며 현재 있는 모든 것은 다음 순간에는 방금 있었던 것으로 되고 만다. 그러므로 아무리 무의미한 현재도 가장 의미심장했던 과거보다 나으며, 전자와 후자의 관계는 무와 존재와의 관계와 같다.

인류는 수만 수천 년이 사라지고 나서 비로소 현재 바로 여기에 존재하며 얼마 후에는 다시 무수한 시간 속에 흡수되어 없어져 버린다는 사실을 생각할 때, 자못 놀라움을 금할 수 없다. 그러나 우리는 이렇게 부르짖는다. "그것은 옳지 못한 생각일 것이다"고. 이렇게 생각해 보면 빈약한 지성(知性)을 갖고 있는 자라도 시간이라는 것이 관념상으로만 존재한다는 것을 어렴풋이라도 느낄 수 있을 것이다. 사실상 시간은 공간과 함께 참된 모든 형이상학의 근거이며, 그 관념성(觀念性)을 인정함으로써 이 자연 그대로의 세계와는 전혀 다른 세계를 설명할 수 있는 것이다. 칸트가 위대한 것도 그 때문이다.

세계에서 일어나는 모든 사건에 대해서는 단지 순간적인 "있다"가 있을 뿐이며, 다음 순간부터 영원히 "있었다"가 된다. 그리하여 우리는 저녁을 맞을 적마다 점점 더 가난뱅이가 된다. 우리는 이 가난한 생애가 이처럼 급속도로 흘러가버리는데 대해 실로 미칠 지경이지만 다행히 우리들 각자의 가장 깊숙한 곳에 하나의 의식이 숨어 있어 인간의 본성은 결단코 없어지지 않는 영원한 샘에서 흘러나오며, 이 샘으로부터 삶을 위한 시간이 무진장으로 넘쳐 흐르고 있다는 사실을 우리에게 이야기해 주고 있다.

이렇게 볼 때, 우리는 현재를 즐기고 그것을 생존의 목적으로 삼는 것이 가장 현명한 처세법이라고 할 수도 있을 것이다. 왜냐하면, 오직 현재만이 실재하며, 그밖의 모든 것은 다만 머리속에 간직된 표상*에 불과하기 때문이다. 그러나 그것은 동시에 가장 못난 처세법이라고 할 수도 있다. 왜냐하면 바로 다음 순간에 무가 되어 꿈과 같이 송두리째 없어지는 것이라면, 그것은 결코 진심으로 추구할 아무 가치도 없기 때문이다.

3

우리의 생존은 시시각각으로 줄달음질 치는 현재밖에는 전혀 발붙일 데가 없다. 그러므로 거기에는 원래 끊임없는 동요가 있을 뿐, 우리가 바라는 안정이란 있을 수 없다. 그것은 마치 산마루에서 달음박질쳐 내려오던 자가 멈춰서려고 하면 곤두박질치게 되므로 계속해서 달려야만 넘어지지 않게 되는 것과 같다. 그것은 또 마치 손가락 끝에 균형을 취하고 가로놓인 막대기, 또는 전진을 중단하면 태양 속으로 떨어질 수밖에 없는 유성(遊星)과 같

---

* Vorstellung. 감각을 요소로 하는 심적 복합체 —— 즉, 지각표상 이외의 기억표상, 상상표상 등과 같은 재생심상(再生心象)에 의한 대상의 인식.

다. 그래서 생존의 모습을 '불안'이라고 하는 것이다.

이와 같은 세계이므로 거기에는 고정된 것이라고는 하나도 없으며, 영원히 지속되는 상태도 있을 수 없다. 모든 것이 그칠 줄 모르는 변화의 급류 속에 휩쓸리고 있으며, 모든 것이 급전(急轉)하고 질주하는 부단한 움직임 속에서 겨우 유지되고 있다. 이런 세계에서 어떻게 행복을 생각할 여지가 있겠는가? 플라톤이 말한 '끊임없이 변천하는 흐름'만이 있는 곳에는 행복이 머물 수 없는 것이다.

인간은 누구를 막론하고 사실상 행복하지 못하며, 모두들 오랜 한평생 꿈속에서 행복을 쫓아다니지만, 그것을 손에 넣는 일은 매우 드물며, 설사 손에 넣었다고 하더라도 덧없는 미혹(迷惑)을 깨닫게 될 뿐이다.

그리하여 누구나 거의 다 파선당하여 항구로 들어오게 마련이다. 그때 즉 단편적인 현재로 성립된 생애에서나마 이제 끝장을 보게 된 마당에서는 행복했던 일들이나 불행했던 일들이 별로 다를 것이 없게 된다.

인류나 동물계를 막론하고 그처럼 야단스럽게 떠들썩한 소동이 결국 식욕과 성욕이라는 두 가지 간단한 욕구에서 비롯되며, 여기에 부수적으로 권태가 따를 뿐이라는 사실을 생각할 때 놀라지 않을 수 없다. 이 세 가시(식욕·성욕·권태)로 생존의 눈부신 활극이 이루어지고 있는 것이다.

그러나 좀더 상세히 관찰해 보기로 하자. 우선 무기물의 존재는 화학적인 힘에 의해 시시각각 침해당하며 유기물의 생존은 부단한 물질적인 신진대사로 유지된다. 그리고 이 신진대사를 하기 위해 계속적인 수입, 즉 외부의 도움을 필요로 한다. 그러므로 유기적인 생명은 이미 자기의 손가락 끝에 가로놓인 막대기가 중심을 잡기 위해 끊임없이 움직여야 하는 것과 같다. 그러므로 그것 자체가 계속적인 욕구, 항상 거듭되는 결핍, 무한한 고뇌이다. 그리고 의식은 오직 이 유기적인 생명체에만 나타난다.

유한한 존재란 이런 것이지만, 우리는 이와 대조적인 입장에서 무한한 존재를 생각할 수 있다. 그것은 외부로부터의 침해를 받지 않고 또 그 도움도 필요로 하지 않으며 따라서 영원한 안주(安住) 속에 변치 않고 다양하거나 이채롭지도 않다. 그리고 그 소극적인 인식은 플라톤 철학의 토대가 되어 있다. 이런 존재에 이르는 길은 살려놓은 의지를 포기함으로써 비로소 이루어지는 것이다.

4

인생의 여러 가지 모습은 보잘것없는 석조 공예품의 그림자와 같은 것으로 가서 보면 별것 아니고, 아름답게 감상하려면 좀 멀리 떨어져서 바라보아야 한다. 이와 마찬가지로 우리가 동경하여 마지 않던 것을 막상 손에 넣으면 오직 공허감만 준다는 것을 알게 될 뿐이며, 우리는 언제나 좀더 나은 것을 바라거나 또는 과거를 뒤돌아 보고 그리워할 뿐이다. 그리하여 현재는 오직 목적에 이르는 과정으로 보고 별로 중요시하지 않게 된다.

그러므로 대다수의 사람들은 생애의 말로에 이르면, 그때 비로소 자기는 한평생 기대 속에 살아왔다는 것을 깨닫게 된다. 이렇다할 향락도 별로 누려보지 못하고 세월의 흐름에 대수롭지 않게 자기 자신을 방임해 버린 것이 바로 자기가 기대를 갖고 살아온 삶이었다는 사실을 알고 놀라움과 비애를 동시에 느끼게 마련이다. 요컨대 인간의 삶은 언제나 희망에 기만당하고, 죽음과 씨름을 하게 되어 있는 것이다.

한편 개체의 의지가 끊임없이 작용하여 각자의 만족이 곧 새로운 욕구를 일으키게 하기 때문에 의지의 욕구는 언제나 불만을 느끼면서 무한히 연장되고 팽창된다. 그 근본 이유는, 의지가 그 자체로 볼 때, 세계의 제왕이 되어 모든 것을 예속시키며, 따라서 어느 부분에 의해서도 만족을 느끼지 못하고, 오직 전체에 의해서만 만족하는 동시에, 이 전체는 무한히 연장되어 있기 때문이다. 그런데 애처롭게도 이 세계의 제왕인 의지도 그 개체로서의 현상에 있어서는 혈색이 좋지 않으며, 대체로 개체를 유지하는 데 그치는 것이다. 따라서 개체는 심한 비탄에 빠지게 된다.

5

정신적으로 무기력하고 온갖 저속한 악을 숭상하기에 분주한 이런 시대에는 지당하게도 그 자신이 만든 거만스럽고 듣기에 거북한 '현대'라는 말을 쓰고 있는데 범신론(汎神論)까지도 생존은 그 자체가 자기 목적(自己目的)이라고 주책없이 떠벌이고 있다. 만일 우리들의 이 생존이 세계의 최고 목적이라면, 우리 자신의 조작이건 신이 정한 것이건 간에 가장 어리석은 목적이라고 하지 않을 수 없다.

 인생은 우선 하나의 부역(賦役), 즉 삶을 영유하기 위한 노고의 연속이다. 그런데 이 노고를 치루고 나서 이로 말미암아 얻어지는 소득이란, 하나의 무거운 짐이며, 다음에는 이 짐을 내려놓기 위해, 맹수처럼 안전한 생활에 따르는 권태를 방지하기 위해 제2의 일이 생긴다. 그러므로 첫째로 무엇인가 얻은 다음에는 그것이 무거운 짐이 되기 때문에 이를 의식하지 않도록 해야 한다.

 인간의 생존이 일종의 미혹임에 틀림없는 것은 인간이란 욕구가 구체화된 존재로, 이 욕구충족은 매우 어려운 일이며, 설사 어떤 욕구를 충족시켰다고 하더라도 단지 고통이 없는 상태에 이를 뿐이고, 이와 때를 같이하여 권태에 사로잡히게 마련인데, 이 권태 자체는 아무 가치도 갖고 있지 않고 오직 내면적으로 공허를 느낄 뿐이라는 이 간단한 사실을 유의해 보더라도 잘 알 수 있다. 즉, 우리의 본성은 생존의 요구에서 구체화되며 만일 이 생존이 적극적인 가치와 참된 내용을 지니고 있다면 거기에 권태가 따를 리가 만무하며, 단지 살아 있다는 사실 자체만으로도 우리를 흡족하게 해 주어야 한다.

 그런데 실제로는 어떤가? 어쨌든 우리가 자기의 삶을 즐기는 경우란 고된 노력을 하고 있는 동안이나 순수한 지적활동에 몰두하고 있는 동안 뿐이며, 전자에 있어서는 거리감과 장해가 목적물에 만족을 줄 수 있는 것 같은 외관을 갖게 하고(이 미혹은 목적물을 손에 넣는 것과 동시에 소멸됨), 후자에 있어서는 사실상 우리가 생존의 권외에 나가 있으며, 마치 부둣가에 있는 구경꾼처럼 외부의 방관자가 되어 있다.

그리하여 우리가 잠시나마 이 두 극단의 경우에서 떠나 존재 자체로 돌아가면, 우리는 곧 그것이 실속없고 공허함을 절실히 느끼게 되는데, 그것이 바로 권태이다. 우리 속에 깃들어 있는 그칠 줄 모르는 호기심에서 무엇이든지 그럴 듯하게 보이면 탐내는 것은, 우리가 사물이 그대로의 모습으로 있는 데 대해 염증을 느껴 그것이 중단되기를 얼마나 바라고 있는가를 잘 말해 주고 있다.

그리고 지체 높은 자들이 누리고 있는 호화로운 영화, 그 번쩍거리는 의상(衣裳)과 주연(酒宴)같은 것은 근본에 있어서는 오직 생존에 따르는 본래의 빈약하고 초라한 상태에서 벗어나려는 헛된 노력의 결과에 지나지 않는다. 아니라면 수많은 큰 촛대며 보석, 진주, 무희(舞姬), 곡예사, 가장(假裝)과 가면(假面)등은 대체 무엇이란 말인가?

6

살려는 의지의 가장 완전한 현상, 다시 말해서 인간 유기체라는 극도로 복잡하고 정교한 기계가 끝내는 죽어서 흙으로 돌아가고, 그 본능과 노력의 모든 결과가 눈앞에서 무로 화한다. 인간 의지의 모든 노력은 원래가 이렇듯 공허하기 짝이 없는 것이다. 옛날부터 참으로 정직한 철학자는 솔직히 이렇게 말했다.

"즉 인간 자신이 충분한 가치를 갖고 있다면, 다시 말해서 인간의 존재를 무조건 긍정해야 한다면, 절대로 '무로 돌아가는' 도달점에 이를 리 만무하다." 이러한 느낌은 괴테의 아름다운 시에도 나타나 있다.

> 낡은 성루(城樓)에 우뚝 솟아 있노라,
> 영웅의 존귀한 영혼.

 죽음이 반드시 찾아온다는 것은, 인간이 오직 하나의 현상이고, '물자체(物自體)'가 아니라는 점에서 이해할 수 있다. 만일 인간이 '물자체'라면 결코 사멸하는 일이 없어야 하기 때문이다. 그런데 이 현상의 근원인 '물자체'는 오직 이 현상을 통해서만 자기를 나타내는데, 이것은 '물자체'의 성격에서 비롯된 결과이다.
 우리가 한평생을 두고 볼 때, 그 시초와 종말 사이에 얼마나 무서운 심연(深淵)이 가로 놓여 있는지 알 수 없다. 시초에는 욕망에 사로잡히고, 음락에 빠지며, 끝내는 모든 기관(器官)이 파괴되어 시체에서 썩은 냄새가 난다. 혼령이 꿈속에 잠겨 있는 유년시절과 죽음에 이르는 병마와 마지막 임종 때의 고뇌 —— 이렇게 볼 때 우리의 생존은 하나의 죄과이며, 그 결과가 점점 뚜렷이 나타난다고 생각할 수 있다.
 인생을 하나의 미혹의 파편으로 보는 것이 가장 올바른 견해이며, 모든 것은 여기서 헤어날 수 없다고 보아야 한다.

7

 세계의 양상을 대국적인 견지에서 인간의 덧없는 존재가 재빨리 교체되는 면에 치중하여 고찰하고, 인간의 삶이 얼마나 희극적인가를 세밀히 살펴보면, 마치 현미경으로 세균이 우글거리는 물방울이나, 치즈에 곰팡이가 피어 있는 것을 보고, 이 미물들이 웅성거리며 악착같이 싸우고 있는 광경에 실소(失笑)할 때의 기분과 흡사할 것이다. 여기서는 비좁은 공간 속에서 저기서는 짧은 시간 속에서 크게 활동을 하지만 우습기 짝이 없는 것이다.

우리의 생존은 현미경적인 극점(極點)이며, 우리는 그것을 시간과 공간이라는 두 개의 강력한 렌즈로 확대시켜 엄청나게 큰 것으로 보고 있다.

시간은 우리의 머리 속에 있는 하나의 틀〔型〕이며 이것이 있기 때문에 사물과 우리 자신의 공허한 존재가 지속되며 실재(實在)라는 가면을 쓰고 나타나게 되는 것이다.

우리가 지난날에 이러저러한 행운과 쾌락을 놓쳐 버린 것을 한탄하는 것은 가장 미련한 짓이다. 설사 그 행운이라는 것을 손에 넣었다고 하더라도 지금에 와서 무엇이 남아 있겠는가. 기억 속에 오직 텅 빈 미이라가 남을 것이 아닌가. 우리에게 주어지는 모든 것은 다 이렇게 되어 버리는 것이다. 시간에 대한 인식은, 우리로 하여금 세상의 모든 사물이 허망하다는 것을 깨닫게 한다.

인간이나 동물의 생존은 결코 확고한 기반 위에 서 있는 것도 아니고, 시간상에서 언제까지나 지속되는 것도 아니며, 오직 하나의 유전하는 존재에 따라 끊임없는 변화를 통해서만 존립되는, 이를테면 구비치는 물결과 다름이 없다. 생존의 형태는 물론 여러 해 동안 존속된다고 하겠지만, 그것은 오직 물질이 언제나 신진대사가 되어 낡은 것이 새것으로 대치되는 조건 아래서만 존재할 수 있다.

그러므로 모든 인간과 동물들의 중요한 구실은, 언제나 여기 적합한 것을 구하는 일이다. 이들은 자기네의 이와 같은 생존은 다만 몇 해 동안만 지탱할 수 있다는 사실을 의식하고 있으므로 자기의 생존이 단절되면 이와 대치되는 생존으로 옮아가려고 한다. 이러한 의도가 성욕이라는 형태로 나타나며, 객관적으로는 생식기라는 형태로 나타난다.

 그리고 이 성욕을 많은 구슬을 꿴 실에 비교하면, 급속히 교체되는 개체는 구슬에 해당된다. 이 교체를 조급하게 생각해 보면, 연속된 전체에 있어서나 개체에 있어서 언제나 단지 형상만 남고 알맹이가 변해가는 것을 볼 때, 개체로서의 우리는 가상(假象)의 가상 밖에 지니고 있지 못하다는 것을 알 수 있다. 관념만이 존재하고 그 복사(複寫)인 사물은 그림자에 불과하다는 플라톤의 가르침도 이런 관점에서 있는 것이다.

 우리는 다만 '물자체'에 대한 현상에 불과하다는 사실은 우리의 생존이 끊임없이 제공되는 영양으로서의 물질이 계속해서 흘러 들어가고 흘러나가는 데 의존하고 있다는 점만으로도 입증된다. 이런 관점에서 볼 때, 우리들은 연기나 불길 또는 분수같은 현상이 외부로부터의 공급이 중단되면 곧 사라지거나 파손되거나 그치게 되는 것과 같다고 하겠다. 그리고 이렇게 말할 수도 있다. 즉, 살려는 의지는 결국 완전히 무로 돌아갈 현상 속에 자신을 나타내는 것이다. 한데 이 현상이나 그 귀결인 무도 모두가 살려는 의지를 근거로 하고 있다. 이것은 분명히 불가사의(不可思議)한 일이 아닐 수 없다.

 인간계를 한눈에 바라보면, 곳곳에서 시시각각으로 나타나는 무수한 위험과 해악을 눈앞에 두고 살아가기 위해 끊임없는 투쟁과 치열한 갈등 및 악착같은 분투가 연출되고 있는 것을 볼 수 있다. 그리고 이런 고투를 계속하는 인간의 삶을 바라보면 조금이라도 고통이 없는 상태에 이를 때 곧 권태가 침입하며, 그 순간 새로운 궁핍이 발생하여 본래의 처지로 환원되는 것을 알 수 있다.

그래서 궁핍을 제거하면 또 권태에 사로 잡히게 되는(동물도 지능이 발달된 것은 그렇다) 것은, 삶이 조금도 진실하고 순수한 내용을 지니고 있지 않으며 오직 요구와 환상의 미혹에 의해 움직이고 있기 때문이다. 그리고 이 삶의 움직임이 조금이라도 정지되면 생존이 공허하기 짝이 없다는 것을 절실히 느끼게 된다.

일찍이 현재의 자기 처지를 정말 행복하다고 느낀 사람은 한 사람도 없었다. 만일 그런 사람이 있었다면, 그는 술에 취해 있었을 것이다.

3. 살려는 의지에 대하여

1

지금 우리가 보는 이 세계라는 현상을 나타내게 한 존재가 동시에 이 현상을 나타내지 않게 할 수도 있으며, 따라서 무위안정(無爲安靜) 속에 머물러 있을 수도 있다는 것은 선천적으로 경험에 선행(先行)하여 인식되며, 통속적으로 말하여 스스로 이해되는 진리이다. 그리고 이 두 가지 상태는 다른 말로 표현하면 '현재의 다양(多樣)'과 '본래의 단일상(單一相)'이다. 그런데 전자가 삶을 의욕하는 현상이라면 후자는 삶을 의욕하지 않는 현상이라고 보아야 한다. 그리고 생존을 원치 않는 것은 사리(事理), 불교도의 이른바 열반(涅槃), 또는 신플라톤 주의*의 피안경(彼岸境)과 중요한 점에서 동일한 것이다.

이에 대하여 서투른 반대론을 주장하는 사람도 있을 것 같아 좀더 부연해 두고자 한다. 이 살려는 의지의 기각(棄却)은 결코 어

---

* 로마시대의 희랍철학의 한 학파, 단순한 플라톤 철학의 부흥이 아니라, 종교적 신비사상, 특히 기독교 사상의 영향을 받은 철학 사상으로서 신비적 직관과 영계(靈界)의 존재를 주장하는 범신론적 일원론.

떤 실체를 없애버리는 것이 아니라, 다만 의욕하지 않는 행위, 다시 말해서 지금까지 의욕해 온 것을 의욕하지 않게 되는 것을 말하는 데 지나지 않는다. 그리고 우리는 이 본성, 물자체로서의 의지를 다만 의욕하는 행동을 통해서만 알게 되므로 이 행위를 폐기한 후의 의지가 계속해서 무엇이 된다거나 무엇을 한다는 데 대해서는 이해할 수 없다. 그러므로 의지가 현상화(現象化)된 우리로서는 이 포기는 무에 이르는 과정으로서 인식할 수밖에 없다.

살려는 의지를 주장한다거나 또는 기각한다는 것은 다만 의욕하는 것과 의욕하지 않는 것을 의미할 뿐이다. 이 두 가지 행위를 하는 주체(主體)는 동일하며 따라서 그 어느 행위에 있어서도 절멸되는 일이 없다.

2

희랍인의 윤리와 인도인의 윤리 사이에는 크게 상반되는 점이 있다. 전자에서는 행복한 생애를 마치는 것이 목적이고(플라톤은 제외하고), 후자에서는 생존으로부터의 해탈(解脫)을 얻는 것이 목적이다. 그리고 이 대조와 관련이 있고 직관적이기 때문에 더욱 두드러지게 대조를 이루고 있는 것은 희랍인의 석관(石棺)과 기독교 시대의 영구(靈柩)이다. 프로렌스의 전람실에 있는 석관에는 결혼할 때의 여러 가지 의식이 그림으로 새겨져 있다. 즉, 구혼에서부터 결혼의 신에게 바친 횃불이 보금자리를 비추는 장면에 이르기까지의 모든 과정이 묘사되어 있는데, 영구에는 비애의 상징인

검은 포장이 덮여 있고, 그 위에 십자가를 장식해 놓았다.

이 대조에는 깊은 의미가 포함되어 있으며, 각각 죽음에 대해 색다른 방법으로 위안을 얻고 있음을 나타내고 있는데, 양자가 모두 타당한 근거가 있다고 하겠다. 즉, 한쪽은 살려는 의지의 주장을 나타낸 것으로, 이 살려는 의지로서의 생존 자체는 아무리 (개체로서의) 형태가 급속도로 변전하더라도 영원히 계속해서 존속한다.

그리고 또 한쪽은 고뇌와 죽음의 상징에 의해 살려는 의지의 기각과 죽음과 악마의 영토인, 이 세상으로부터의 해탈을 표시하고 있다. 요컨대 희랍과 로마의 기독교 정신 사이에는 살려는 의지의 주장과 기각의 모습이 나타나 있으며, 따라서 결국 근본적으로는 기독교가 올바른 근거 위에 서 있다고 하겠다.

3

내가 주장하는 윤리와 유럽 철학의 모든 윤리설과의 관계는, 마치 신약(新約)과 구약의 관계와 같다. 구약은 인간을 율법의 지배 아래 두고 있지만, 그것은 구원으로 인도하는 것이 아니며, 반면에 신약은 율법을 불충분한 것이라고 언명하는 동시에, 한걸음 나아가서 인간은 권능에서 해방되어 있다고 가르치고, 그 대신 은총의 세계를 주장한다. 그리고 이 은총의 세계에는 신앙과 박애와 몰아(沒我)를 통하여 들어갈 수 있다고 보는 것이다. 신약의 정신은 이성에서 시작되는 프로테스탄트나 이성주의(理性主義)

신학이 아무리 그릇된 주장을 하더라도 어디까지나 고행(苦行)의 길에 놓여 있다.

그런데 이 고행의 길이야말로 바로 살려는 의지의 기각이며, 구약에서 신약으로, 율법의 지배에서 신앙의 지배로, 의로운 행동에서 중개자에 의한 구원으로, 죄와 죽음의 치하(治下)에서 그리스도의 영원한 생명으로, 다시 올바로 말한다면 단순한 도덕적인 선행에서 살려는 의지의 포기로 이르는 길이다.

내 이전에 나타난 모든 철학적인 윤리설은 구약정신에 입각한 것으로, 그 절대적인 도덕 율법과 모든 도덕적인 명령이나 금제(禁制)는 암암리에 구약의 명령을 토대로 한 것으로, 다만 그 주장이나 서술의 체제에 차이가 있을 뿐이다.

이와는 달리 나의 윤리에는 근거와 목표가 포함되어 있다. 즉, 우선 윤리적으로 박애의 형이상학적인 근거를 증명하고 다음에 이것이 완전히 행하여질 경우에 이르게 되는 마지막 귀착점을 제시하고, 또한 이 세계는 기피해야 할 곳이라는 점을 솔직하게 고백하고, 해탈에 이르는 길은 살려는 의지를 기각하는데 있다고 가르친다.

그러므로 나의 이론은 사실상 신약정신과 합치되지만 그 밖의 윤리설은 모두 구약정신에 준한 것으로, 이론상으로는 철저한 전제적 유신론(有神論)인 유태교의 가르침에 귀결되고 있다. 이런 의미에서 보면 나의 가르침은 진정한 기독교적 철학이라고 불러도 무방한 것이다. 이 말은 물론 사물의 핵심을 파악하지 못하는 사람에게는 이상하게 들릴 것이다.

4

 사물을 깊이 생각할 수 있는 사람이라면 아래와 같은 달관(達觀)을 쉽게 할 수 있을 것이다. 즉, 인간의 탐욕이 죄악이 되는 것은, 그것이 각 개인을 상호 훼방을 하여 해악을 끼치기 때문이 아니라, 오히려 이 탐욕은 본래부터 그리고 본질적으로 죄악이며, 보다 빨리 배제되어야 할 것이라고 보아야 하며, 따라서 살려는 의지 자체를 송두리째 근본적으로 증오해야 할 것으로 간주하는 것이 정당하기 때문이다.

 요컨대 세계에 충만한 모든 두려움과 비극은 모든 인간의 성격에서 비롯되는 필연적인 결과로서, 살려는 의지는 이 성격 가운데서 인과율의 연속에 따라 나타나는 상황 속에 자신을 현상화한다. 그러므로 모든 두려움과 참상은 살려는 의지가 발동되고 있다는 것으로 보아도 무방할 것이다(루터의 《독일 신학》 p.93 참조). 우리의 존재 자체가 하나의 죄악을 내포하고 있다는 사실은 죽음이라는 운명이 주어져 있는 것을 보더라도 명백한 일이다.

5

 인간이 초인적인 고귀한 성격을 갖고 있으면 자기의 운명을 좀처럼 한탄하는 일이 없고, 그 심경은 햄릿이 호레이쇼를 찬양한 것과 같다.

 "너는 온갖 고뇌에 시달리고 있으면서도 마치 아무 고통도 받지 않는 것 같았다."

 이것은 다음과 같은 관점에서 이해할 수 있다. 즉, 이런 사람은 자기자신의 본질을 남에게서도 발견하고 그들의 운명도 자기의 그것과 마찬가지라고 느끼고, 자기 주위에는 언제나 자기보다 더 큰 불운이 있음을 보면서, 자기의 불우한 처지를 한탄하지 않는 것이다.

 이와는 달리 마음가짐이 비열한 이기주의자는 자기만 존재하고 남들은 허수아비로 간주하여 그들의 운명은 전혀 동정하지 않고 오직 자기 운명에 대해서만 관심을 갖고 있으므로 자기의 이해 관계에 매우 예민하여 언제나 비탄에 빠지게 된다.

 내가 여러 차례 말한 바와 같이 정의와 박애의 주요한 원천은 이와 같이 타인 속에서 자기를 재인식하는 데 있다. 그리고 이 재인식은 드디어 살려는 의지의 포기에 이를 수도 있는 것이다. 왜냐하면 이리하여 재인식되는 타인이라도 현상은 분명히 비탄과 고뇌 속에 놓여 있으므로 자기의 자아를 모든 타인의 입장에까지 확대시키는 사람은 이미 그런 자아를 원치 않기 때문이다. 그것은 마치 제비를 뽑을 때, 모든 제비를 혼자 도맡아 뽑는 사람이 당연히 많은 손해를 보는 것과 마찬가지이다. 의지의 주장은 자아의 의식을 자기 개체에만 국한시킬 것을 전제로 하고 일어나며, 우연에 의해 행복한 생애를 누리려는 것이다.

6

 이 세계를 관찰하고 이해하려고 할 때, '물자체'인 살려는 의지에서 출발하면, 세계의 핵심, 그 으뜸가는 중심은 생식행위라는 것을 알 수 있다. 즉, 살려는 의지에게는 이 행위가 최초의 중대사요 결말로서 나타나며, 세계라는 난자(卵子)의 기점(起點)이요, 일체의 요소가 되어 있다. 그런데 현상으로서의 경험세계, 다시 말해서 심상(心象)으로서의 세계에서 출발하면 얼마나 많은 정반대의 장면이 나타나는지 알 수 없다. 즉 거기서는 이 성행위가 전혀 동떨어진 특수한 일, 비열한 의지밖에 지니지 못한 일, 숨어서 몰래 이루어지는 일, 색다른 일, 따라서 웃음거리의 대상으로 나타나며, 마치 그 행위의 배후에 악마라도 숨어 있어 모든 것을 조정하는 것처럼 보인다.

 그리하여 이 악마의 성행위의 대가로 세계를 사들인다고도 말할 수 있을 것이다. 그리고 '성행위를 마치고 나면 바로 등 뒤에서 악마의 웃음소리가 들리는' 것을 느끼지 않는 사람은 아무도 없을 것이다. 이 문구를 곰곰이 생각해 보면 성욕, 특히 어떤 여인에게 연정을 품었을 때의 성욕은 이 세상에서 이루어지는 모든 사기의 대표적인 것이며, 한 마디로 말하면 헤아릴 수 없는 무궁무진한 것을 약속하면서 손에 넣는 것은 매우 빈약한 것이다.

 생식행위에서 여자가 범하는 죄는 남자의 그것보다 어느 정도 적다고 할 수 있다. 왜냐하면, 남자는 태어나는 어린애에게 최초의 죄악이며, 모든 해악의 근원이 되는 의지를 부여하는데 반하여, 여자는 유전으로서 해탈에의 길을 열어 줄 수 있기 때문이다. 성교는 살려는 의지가 또다시 자기 자신을 주장하는 것을 의미한다. 바라문교의 경전에 "아, 슬프도다, '링감'은 '요오나'에 들어갔다"라는 구절이 있는데, 이것도 위와 같은 의미에서 부르짖은 비탄이다. 그러나 수태와 임신은 살려는 의지에 대해 다시 인식의 광명이 주어졌다는 것을 의미한다. 즉, 의지는 이 광명을 얻어 다시 올바른 길에 도달할 수 있으며, 따라서 해탈이 가능하게 된다.

그리고 이런 점에서 설명될 수 있는 주목할 만한 사실은 모든 여인은 성교를 하려고 할 때 깜짝 놀라며, 두려움과 부끄러움을 느껴 어찌할 바를 모르는데, 막상 임신하게 되면 조금도 부끄러워 하지 않을 뿐더러 의기양양해서 사람들 앞에 나타나는 것이다. 대체로 분명한 증거란 그것으로 말미암아 나타나는 상태를 두고 보아야 하는데, 여자는 성교에 대해 무척 부끄러워하지만, 임신에 대해서는 아무렇지도 않게 여긴다.

이것은 위에서 말한 이유에서 임신이라는 사실이 어느 의미에서는 성교에서 일어난 죄과의 연상을 포함하고 있으며 적어도 그것을 기대하고 있기 때문이다. 성교에는 치욕과 부정(不淨)이 따르지만 이에 밀접한 관련을 맺고 있는 임신은 순결하고 티가 없으며 어느 정도 고귀한 것으로 생각되고 있는 것이다.

성교는 주로 남자가 하고 임신은 여자가 한다. 태어나는 어린애는 아버지에게서 의지와 성격을 물려받고, 어머니에게서는 지력을 물려받는데, 전자는 얽어 매는 힘이고 후자는 풀어 놓는 힘이다. 살려는 의지가 지력을 통해 거듭 백일하에 정체가 드러나는데도, 영원히 존재하려는 노력이 성교이다. 이 의지가 새로운 인간을 낳게 하며, 이 의지로 말미암아 해탈에 이르는 길이 열릴 수 있다. 임신은 새로운 개체가 태어나는 징조이며, 자유로이 그리고 정정당당하게, 아니 의기양양하게 활개치면서 나돌아다닐 수 있지만, 반대로 성교는 마치 범죄자처럼 숨어서 한다.

7

어떤 신부(神父)는 결혼해서 동침하는 것도 자식을 낳으려고 할 때에만 용납된다고 가르치고 있으며 크레멘스*의 《스트롬》 1권 3편 11장에도 '오직 어린애를 낳기 위해' 운운하고 있다. 그리고 3편 3장에는 피타고라스학파의 철학자들도 이런 견해를 갖고 있었다고 기록되어 있다. 그런데 엄밀히 말하면 이 견해는 잘못되어 있다. 즉, 성교가 다만 그 자체의 쾌락을 위해 이루어지는 것이 아니라면 이미 살려는 의지는 포기되어, 인류를 존속시키는 것은 무의미하게 될 것이다. 그리고 아무런 정열이나 음욕, 생리적인 충동도 없이 다만 순수한 사려와 냉정한 의도에서 한 인간을 세상에 내보내는 일이 가능하다면 그것은 도덕적으로도 매우 의심이 가는 행동이며, 따라서 실제로 이런 행동을 취할 사람은 극히 드물 것이다. 또한 그러한 성행위가 단순한 성욕에서 비롯되는 생식은 냉정한 고의로 저지른 살인과 격분한 나머지 저지른

---

* Clemens Alexandrinus(50?~220?). 희랍의 종교가. 철학과 문학에 조예가 깊고 인식을 중히 여겨 종교와 철학의 조화를 꾀함.

살인과의 관계로 비유할 수 있을 것이다.

그리고 부자연스러운 성욕의 만족이 비난의 대상이 되는 사실도 실은 이와 정반대의 이유에서 비롯된다. 즉 이러한 성적인 만족은 다만 충동을 채우고, 또 그렇게 함으로써 살려는 의지가 발동되어 의지의 포기를 가능케 하는 유일한 방편인 새로운 개체의 탄생이 제외되기 때문이다. 그리고 부당한 성관계가 무거운 죄악으로 간주되는 것은 금욕적인 경향을 가진 기독교가 나타났기 때문이라는 것도 이와 같은 점에서 설명할 수 있다.

8

수도원이란 청빈(淸貧), 동정(童貞), 복종, 즉 자기 의사를 포기할 것을 다짐한 사람들이 공동으로 생활함으로써, 첫째는 생존 자체의 짐을 가볍게 하고, 둘째로 그런 수도(修道) 생활의 괴로움을 덜어보려고 하는 곳이다. 남들이 자기와 같은 고생을 하고 있는 것을 눈으로 바라보게 되면, 피차 결의를 더욱 굳게 할 수도 있고, 위로도 받을 수 있다.

그리고 어떤 한정된 울타리에서 공동생활을 한다는 것은 인간의 천성에 맞는 일이며, 여러 가지 어려움을 당하여도 한결 마음이 가벼워질 수 있는 것이다. 이것이 수도원에 대한 정당한 견해이다. 그런데 내 철학 이외의 다른 철학자의 주장을 보면 그것은 어리석은 자나 미치광이의 집합소라고 할 수밖에 없지 않은가.

순수한 수도원 생활, 즉 금욕생활에 깃들어 있는 정신과 그 의

의는 자기가 이 세상에서의 존재보다 내세에서, 한층 더 낳은 존재가 될만한 가치가 있으며, 또한 그것을 체험할 수 있는 것으로 알고 있을 뿐더러 확신을 갖고 이를 더욱 굳히기 위해 세상이 자기에게 제공하는 것을 멸시하며, 쾌락을 무가치한 것으로 보고 내동댕이침으로써 현세의 공허한 욕구를 무시한 생활에 만족하고 안정된 마음으로 자기의 생애가 끝나기를 기다린다. 그리하여 죽음이 찾아오면 그것을 구원에 이르는 계기로서 기꺼이 맞아들이는 것이다.

사니안의 고행도 이와 아주 비슷한 취지와 의의에서 이루어지며, 불교도들의 승원생활도 마찬가지이다. 그러나 실천이 이론을 따르기 어려운 것은, 이 승원 생활에서 분명히 드러낸다. 왜냐하면 근본사상이 너무 고답적(古踏的)이므로 맹목적인 실천은 죄악이 되기 때문이다. 순결한 승려는 누구보다도 존경할 만하지만, 거의 대부분의 경우에 승복(僧服)은 단지 하나의 가장(假裝)에 불과하며, 그 안에 진짜 승려가 들어가 있기란 가장행렬의 경우처럼 극히 드문 일이다.

9

자기의 의지를 기각하기 위해서는, 자기를 전적으로 다른 사람의 의지에 의탁해 버리는 것이 효과적인 방법이며, 또한 진리를 숭상하기 위한 적절한 수단이기도 하다.

10

 교단(敎團)의 진정한 승려가 될 수 있는 사람은 매우 드물 것이다. 그런데 그들의 대부분은 마지 못해 트라피스트*가 되어 가난과 고행, 복종, 금욕을 일삼으며 가장 필요한 안위까지도 저버리고 할 수 없이, 또는 빈궁한 나머지 마지못해 지키고 있는 정결(貞潔) 등 —— 이것이 그들이 참고 견디는 운명이 진정한 트라피스트가 자진하여 질서있게 고행을 일삼고 구태여 자기의 처지가 나아지기를 원치 않는 반면에, 대부분의 사람들의 경우는 내가 전에 고행을 논한 장에서 제2의 일이라고 말한 것에 속한다.

 자연은 인간으로 하여금 이 제2의 일에 순종토록 하기 위한 충분한 배려를 하고 근본적으로 궁핍이나 고난이 일어나도록 마련하고 있다. 그리하여 직접 자연으로부터 비롯되는 해악 이외에도 전시(戰時)든 평화시든 간에 인간의 사악(邪惡)과 상호간의 불화에서 비롯되는 해악이 있다.

 그리고 영원한 구원을 얻기 위해서는 스스로 불러들인 고뇌가 필요한 것은, 저 구세주의 말에도 나타나 있다. "부자가 천국에 들어가는 것보다는 낙타가 바늘귀로 빠져나가는 것이 더 쉽다"(마 19:24). 그래서 진심에서 영원한 구원을 얻으려는 사람이 부유하고 지체 높은 집에 태어나 가난과 노고를 멀리하고 있다면, 자진해서까지 빈궁한 생활 속에 뛰어든다. 불타(佛陀)가 된 석가모니가

---

* trappiste. 1098년 프랑스의 시토 황야에 창립된 시토 수도회를 1664년 랑세가 개혁하여 세운 기독교의 한 분파. 침묵, 정진, 노역의 엄한 계율 밑에 노동과 작업을 행함.

그런 부류의 사람이다. 그는 왕족으로 태어났으나 자진해서 문전걸식(門前乞食)을 했다. 또한 걸식승단(乞食僧團)을 창설한 프란체스코*는 젊고 방탕한 귀공자로 어느 무도회 석상에서 옆에 있던 친구가 많은 귀족들과 명문 출신의 젊은 아가씨들을 돌아보면서 물었다. "여보게, 프란체스코, 저 가운데는 자네 마음에 드는 아가씨가 있을 게 아닌가?"

그러자 프란체스코는 그 친구에게 대답했다.

"나는 아가씨보다 더 아름다운 걸 발견했네."

"그래, 그게 무엇인가?" 하고 친구가 다그쳐 묻자, 그는 이렇게 대답했다.

"가난 말일세."

그는 그 자리에서 모든 소지품을 버리고, 문전걸식을 하면서 전국을 누비고 다녔다.

이런 사실을 두고 보더라도, 대체로 궁핍과 고뇌가 우리의 구원을 위해 얼마나 필요한가를 인식한 사람은 남들이 행복하기 때문에 부러워할 것이 아니라, 오히려 그가 불행하기 때문에 부러워 해야 한다는 사실을 깨닫게 될 것이다.

그리고 이런 이유에서 스토익적인(금욕적) 심정을 갖는다는 것은 운명에 대항하는 좋은 방법이며, 번뇌와 고통을 막는 갑옷으로서 현재를 보다 더 손쉽게 견디어 나가는 데 도움이 되는 것은 분명한 일이지만, 진정한 의미의 구원과는 거리가 멀다. 그것은

---

* Francesco(1182~1226). 이탈리아의 수도사, 성자. 1209년 교황의 인가를 받아 프란체스코 교단을 창건함. 그리스도의 사랑을 실천한다는 취지에서 가난한 사람과 병자를 위로하며, 회색 옷을 입고 탁발을 했음.

마음을 은폐하고 있기 때문이다. 이렇게 마음이 돌처럼 딱딱하게 굳은 껍질을 쓰고 사물을 감지(感知)하지 못하게 되면, 그 고뇌로 타격을 받아 선량하게 되기를 기대할 수 없는 것이다. 이런 금욕주의란 별로 진기한 것도 아니며 오히려 그것은 위선을 부리는 것처럼 보일 때도 허다하다. 그리하여 마치 도박에 지고서도 웃는 얼굴을 보이는 허세를 연상케 한다. 그리고 이것이 마음속으로 표명되는 경우에도 대체로 단순한 둔감이라든가 고뇌를 크게 느끼는 정력과 활기와 감수성과 상상력 등의 결핍에서 비롯되는 경우가 많다. 그래서 마음이 굳고 무거운 독일 사람들에게는 역시 금욕주의가 적합하다.

11

부정직하고 사악한 행위는 그것을 행한 자의 입장에서 보면 그가 살려는 의지를 주장하고 있는 강력한 증거이며, 따라서 그가 진정한 구원, 살려는 의지의 포기, 세상으로부터의 해탈에서 멀어지고 있음을 보여주고, 거기에 도달하기까지는 인식과 고뇌의 오랜 수련을 받아야 한다는 것을 말해주지만, 그 행위로 인하여 고통을 받고 있는 사람의 입장에서 보면 형이하학적으로는 해악일지 모르나 형이상학적으로는 정당한 일이며, 피해자로 하여금 참된 구원에 이르게 하는 하나의 혜택이다.

12

　세계의 영 : 여기 네가 고생을 달게 받아야 할 일이 있다. 너에게는 거기에 정력을 기울이는 것이 곧 생존하는 것이 된다. 다른 모든 생물도 그렇지만.
　인간 : 그런데 내가 대체 생존에서 무엇을 얻고 있단 말입니까? 생존을 요구하면 궁핍에 시달리고, 요구하지 않으면 권태에 사로잡힙니다. 나에게 이런 고역과 번뇌를 주면서 어찌하여 그 대가는 이처럼 보잘것 없습니까?
　세계의 영 : 아니다, 그 대가는 너의 모든 노고에 꼭 알맞는 것이다. 왜냐하면 네 자신이 빈약하고 궁핍한 자로 태어났기 때문이다.
　인간 : 그렇습니까? 나로서는 무슨 뜻인지 알아들을 수 없습니다.
　세계의 영 : 나는 잘 알고 있다. (옆을 돌아보면서) 저 사람에게 이렇게 말해 줄까. 생존의 가치는 오직 그를 타일러 그 생존을 원치 않도록 하는 데 있다. 그가 이 최고의 경지에 이르기 위해서는 미리 생존 자체로부터 예비적인 단련을 받아야 한다.

13

　전에도 말한 적이 있지만, 개인의 생애는 대체로 비극적인 성격을 띠고 있다. 생존은 터무니없는 희망, 공허하기 짝이 없는 계획, 나중에야 깨닫게 마련인 미혹에 지나지 않는다. 이것은 다음과 같은 바이런(George Gordon Byron, 1788~1824)의 비통한 시구에 잘 나타나 있다.

> 비애와 노쇠가 드디어 그를 죽음으로 인도하며
> 이토록 길고 고달픈 생애를 거쳐서
> 비로소 깨닫게 되느니라, 미궁 속을 헤매왔음을.

이러한 견해는 내 세계관과 그대로 일치된다. 존재 자체는 없느니만 못하며, 그것은 일종의 미혹이며, 인식은 우리로 하여금 이 미혹에서 벗어나게 하는 것이다.

인간은 인간이 되어 있다는 사실부터가 거의 미궁 속에 빠져 있음을 의미하며, 따라서 개체로서의 인간이 자기의 생애를 돌아보고 시종 그릇된 길에, 즉 미궁에 빠져 있었다는 사실을 발견하게 되는 것은 당연한 결과이며, 이 일반적인 진리를 달관하기 위해서도, 우선 독자들의 경우에 자기 자신의 생애에 대하여 깨닫는 바가 있어야 한다. 왜냐하면, 부속(部屬)에 대해 참인 것은, 종속(種屬)에 대하여도 참이기 때문이다.

인생은 어디까지나 우리에게 배당된 엄중한 부역(賦役)으로 보아야 한다. 다만 우리들의 사고방식이 전혀 다른 방면에 쏠려 있기 때문에 우리에게 어찌하여 그런 부역이 필요한가를 이해하지 못한다. 그러나 진리는 여전히 자신을 입증하고 있으므로, 우리는 세상을 떠난 친구를 생각할 적마다 그들은 이미 그 부역을 마친 것으로 생각하고 만족을 느끼며, 그들이 가야 할 곳으로 잘 갔다고 생각한다.

우리도 이와 같은 견지에서 자기의 죽음을 하나의 바람직하고 당연한 일로 맞아들여야 할 것이다. 흔히 볼 수 있는 것처럼 결코 전율을 느끼거나 울고불고 하는 일이 있어서는 안 된다.

행복한 삶이란 있을 수 없으며, 인간이 도달할 수 있는 최고의 생존이라야 고작 영웅적인 생애이다. 이런 생애를 산 사람은 어떤 방법과 사건을 통하여 뭇 사람들에게 선을 베풀려고 큰 고난을 물리치고 승리를 거둔 것인데, 장본인은 이로 말미암아 약간의 보상을 받기도 하고, 또는 못 받기도 한다. 그리하여 고티에의 희곡(de Corvo)에 나오는 왕자처럼 화석(化石)이 되어 버리거나 또는 하나님 같은 용모를 하고 존귀한 초인(超人)으로서 고립될 수밖에 없다. 그러나 그는 영원히 뭇사람들의 기억에 남아 있으며, 한 사람의 영웅으로서 숭배를 받게 된다. 그리고 그의 의지는 평생에 걸친 고난과 활동과 소득도 없는 결말과 세상의 망은(忘恩)에 정화되고 연소(燃燒)되어 열반에 이르게 된다.

14

우리는 위에서와 같은 관찰에 의해, 차원 높은 견지에서 인간의 고뇌가 이로운 것임을 인정할 수 있으나, 동물의 괴로움에 대해서도 이런 해석을 내릴 수 없다. 게다가 동물의 고뇌는 거의가 인간이 주는 것이지만, 이것을 제외하여도 상당히 큰 것이다. 그리하여 "대체 무엇 때문에 살려는 의지는 동물이라는 천차만별(千差萬別)의 형태로 나타나 괴로움만 겪고, 인식의 작용으로 해탈할 수도 없는가?"라는 의문이 생긴다.

이 동물의 고뇌는 오직 다음과 같은 점에 유의하여 생각해 보아야 할 것이다. 즉, 현상의 세계에는 하나의 《살려는 의지》가 움직이고 있을 뿐이며 이것은 배고파 허덕이는 의지이므로 그 자체의 살덩이를 삼키는 도리 밖에 없다. 따라서 이 의지의 현상은 단계적으로 나타나 그 하나하나가 타자(他者)를 잡아먹고 살아간다. 이점에 대해서는 《의지와 표상으로서의 세계》 153~154절을 읽어 주기 바란다. 거기서 동물의 고뇌에 대한 감수력(感受力)이 인간보다 훨씬 미약하다는 것을 설명했다. 그리고 이 이상 언급하는 것은, 벌써 하나의 가설(假說)에 지나지 않으므로, 아니 신화와 같은 설명이 되어버리므로 독자들은 모름지기 자기의 사색에 의존해야 할 것이다.

4. 사랑의 형이상학

　시인은 즐겨 사랑을 묘사한다. 모든 희곡 —— 비극이건 희극이건, 낭만적이건 고전적이건, 인도(印度)에서건 유럽에서건 —— 은 사랑을 주요한 테마로 다루고 있다. 그리고 사랑은 서정시와 서사시에서도 가장 풍부한 주제이며, 또한 이 몇 세기 이후로 마치 사철 과일처럼 유럽의 모든 문명 국가에서 해마다 계속해서 출판되어 나오는 소설에서도 그렇다. 이 모든 저작들은 그 근본에 있어서 사랑에 대한 여러 가지 묘사이며, 《로미오와 줄리엣》《베르테르의 슬픔》 등에는 불후의 명성이 주어져 있다. 롯시푸코우는 열렬한 사랑이란 요물(妖物)과 같은 것으로, 세상 사람들이 거기에 대해 여러 가지 이야기를 하고 있지만, 아무도 그 요마(妖魔)를 실제로 본 일이 없다고 말했다. 그리고 리이텐베르크는 그의 〈사랑의 힘〉이라는 논문에서, 그와 같은 뜨거운 정열의 실재(實在)를 의심하고, 자연스러운 것이 못된다고 말하지만 이것은 잘못된 생각이다. 즉, 천재적인 시인들이 계속해서 묘사하고, 누구나 여전히 감동을 느끼는 것을 보더라도 그것이 인간의 자연성(自然性)에 배치된 특수한 정념(情念)이라거나 공허한 공상이라고 할 수는 없을 것이다.

그리고 일반적인 경험(그것이 날마다 되풀이된다고 할 수는 없으나)에 비추어 보더라도 분명한 일이지만, 하나의 뜨거운, 그러나 통제할 수 있는 사랑은, 어떤 환경에 지배되면 급속도로 증진하여 그 강한 불길이 다른 모든 정열을 능가하고 모든 사려를 물리쳐, 믿을 수 없을 만큼의 위력과 고집을 나타내어, 일체의 장애를 물리치고 욕구를 충족시키기 위해 목숨도 아낌없이 내걸며, 만일 그 욕구가 충족되지 않으면 자살까지도 불사한다. 베르테르나 쟈콥올티스는 소설에만 등장하는 인물이 아니다. 유럽에는 이런 자살자들이 해마다 적어도 5, 6명은 된다. 그리하여 조용히 죽음 속으로 사라진다.

그들은 몰래 죽어가므로 그 고뇌의 흔적은 신문, 잡지에 보도될 따름이고, 그 죽음은 호적계 관리의 손에 의해 정리될 뿐이다. 프랑스나 영국 신문을 읽는 사람들은, 내 말이 얼마나 정확한가를 인정할 것이다. 그러나 그들보다도 더욱 많은 것은 이러한 정열에 사로잡혀 정신병원으로 가는 사람들이다. 그리고 해마다 여러 쌍의 정사자(情死者)가 발생한다. 이들은 외부의 압력에 못이겨, 절망한 끝에 희생된다. 다만 내가 아직도 이해할 수 없는 것은 서로 사랑하며 이 사랑 속에서 최고의 행복을 누릴 수 있다고 확신하는 두 사람이 어찌하여 용감하게 떨치고 일어나 모든 사회적인 관례를 끊어버리지 못하는가, 그리고 어찌하여 모든 굴욕을 달게 받지 않는가, 무엇 때문에 자살하여 최대의 행복을 저버리는가 하는 점이다. 그리고 가벼운 사랑의 불빛은 누구나 매일같이 보고 들으며, 또 젊은 시절에는 거의 누구나 자기 가슴 속에 그 불빛을 지니고 있다.

인생에서 사랑이 중대사건임은 의심할 여지가 없다. 그러므로 철학자가 모든 시인들이 계속해서 다뤄온 것을 취급한다 해도 별로 놀랄 것이 못된다. 오히려 인간에게 이처럼 중요한 역할을 하는 데도, 지금까지 철학자가 등한시하여 여전히 문제가 남아 있었다는 것은 놀라운 일이 아닐 수 없다.

　철학자들 중에서 사랑에 관하여 제일 많이 말한 사람은 플라톤인데, 특히 《향연》과 《파이드로스》의 두 편에 나타나 있다. 그러나 그가 이 주제(사랑)에 대하여 말한 것은, 신화와 우화(寓話), 경구(警句)의 영역에 속하며, 주로 희랍인의 사랑에 관한 것이다. 그리고 루소가 《인간불평등기원론(Discours surinegalite)》에서 언급한 간명한 설명은 잘못되어 있고 또 불충분한 것이며, 칸트가 설명한 것은 표면적인 서술로, 어떤 대목은 전혀 문외한(門外漢)의 견해라고 볼 수밖에 없는 불확실한 것이다. 그리고 보라트너가 《인류학》에서 논한 것도 평범한 견해이다. 스피노자의 주장은 매우 간명하기 때문에 여기 인용해 둘 만하다. '사랑은 외부적인 원인에서 오는 관념에 따르는 쾌락이다'(《윤리학》 4권, 定理 44행).

　나는 이제 이 선배 철학자들로부터 빌어오지도 않고, 또 그들을 논박할 필요도 없는 입장에 있다. 내가 이 문제를 다루어 나의 우주론(宇宙論)에 여백을 남긴 것은, 선철(先哲)들의 책을 보아서가 아니라, 외부의 인생을 관찰한 데서 오는 필연적인 결과이다. 나는 지금 사랑을 속삭이고 있는 사람들의 동의나 찬양을 바라고 있는 것이 아니다.

　이들은 물론 자기네의 정념(情念)이 가장 숭고하고 거룩한 별나라의 수식으로 표현되기를 바라고 있을 것이다. 그러므로 그들에게는 내 견해가 너무나 형이하학적이고 물질적으로 보일지도 모르겠지만, 그것은 근본적으로 어디까지나 형이하학적이고 절대적이다. 그들은 부디 내 주장을 어설프게 비판하기에 앞서, 자기들이 지금 함부로 찬양해 마지 않는 애인이 만일 18년쯤 나이가 어릴 때 였다면, 거의 거들떠 보지도 않았을 것이라는 사실을 생각해 보는 것이 좋을 것이다.

 모든 연정(戀情)은, 설사 그것이 별나라의 모습을 하고 있더라도, 사실은 성욕이라는 본능을 근거로 하고 있다. 아니 그것은 이 본능이 특수화된 것이요, 개체화(個體化)된 것이다.
 이 점을 염두에 두고, 사랑이 모든 영역에서 다만 희극이나 소설에 있어서 뿐만 아니라, 실사회에서 (거기서는 자기보존의 본능과 함께 가장 강력하게 작용하며, 따라서 모든 동작 중에서도 가장 활동적이다) 연출하는 중요한 역할을 관찰하고, 그것이 언제나 전 생애에서 제일 젊은 시절, 즉 청춘에 처한 뭇 사람들의 정력과 사고(思考)가 태반을 강제로 동원하며, 또한 인간의 거의 모든 노력의 최후의 목적이라는 점을 감안하고, 한걸음 나아가서 그것이 가장 중요한 사건에 대해서도 엄청난 영향을 준다는 사실과, 그것이 가장 진실한 과업을 중단시키고, 때로는 가장 위대한 정신도 혼탁케 하며, 외교적인 교섭이나 학술 연구에 몰두할 때에도 체면불구하고 그것을 연출하여 장관의 문서철(文書綴)이나 철학자의 원고 속에 러브레터나 머리카락을 끼워 놓는가 하면, 하고많은 날 시끄러운 사건의 제일 악질적인 사주자(使嗾者)이고, 동지끼리 맺은 가장 친밀한 사이도 끊어버리고, 제일 견고한 사슬도 풀며, 허다한 사람들을 희생시키고, 또는 생명이나 건강, 부(富), 지위, 행복 등을 빼앗아 갈 뿐더러, 정직한 사람을 철면피로 만들기도 하고 충신(忠臣)을 반역자로 변절하게도 하며, 흡사 마귀처럼 모든 것을 뒤집어 엎고 찢어버리고 파면시키려고 하는 이 모든 점을 곰곰이 생각해 보면, 그토록 소란을 피우고, 애쓰고, 고민하며 불행에 빠지는 것은 무엇 때문이냐고 외치지 않을 수 없다. 대체 무엇 때문에 그렇게 하찮은 일이 그처럼 큰 파문을 일으키며, 안정된 생활에 소동을 일으키게 하는 것인가?

진리 탐구의 정신이 투철한 사상가라면 이 물음에 대해서 올바른 해답을 내릴 수 있다. 즉, 그것은 결코 작은 일에 관련되어 있지 않으며, 그 중대성은 그것을 추구하는 경우에 직면하게 되는 진지하고 열렬한 모습에 필적(匹敵)하는 것이다.

모든 정사(情事)의 목적은, 그것이 비극으로 나타나든 희극으로 나타나든 간에 인생의 여러 가지 목적 가운데서 가장 엄숙하고 중요한 것이며, 누구나 악착같이 추구하게 마련인데 이것은 당연한 일이다. 거기서 실제로 이루어지는 일은 다음 세대의 조정이라는 중대사(重大事)이며, 다음 무대 위에 우리를 대신해서 등장할 인원은 이와 같이 사소한 장난처럼 보이는 정사에 의해 그 존재와 양상이 결정된다.

그리고 이 미래의 인간존재가 성욕을 절대조건으로 삼고 있는 한편, 그들의 성격적인 특질인 본성(essentia)은 성애(性愛)의 개체적인 선택을 절대 조건으로 삼고 있으며, 따라서 모든 점이 변함없이 결정된다.

이 문제의 핵심은 바로 여기 있으며, 일시적인 사랑에서부터 가장 뜨거운 정열에 이르기까지, 사랑의 모든 형태를 자세히 살펴보면 그 진상이 분명히 드러나며, 사랑의 여러 가지 형태는 이성의 선택에 있어서 개인적인 조건에 따라 다르게 나타나게 된다.

그러므로 이 세대의 모든 연애를 인류 전체의 입장에서 개관(槪觀)하면, 다음 세대의 성립을 숙고하고, 그 이후의 무수한 세대에 대해 배려하는 진지한 일이라고 하겠다. 실상 그것은 인간을 다른 정열과 같이 개인의 불행이나 이익에 관계되는 일이 아니고, 앞으로 돌아올 인류의 존재와 그 특수한 양상에 관한 것으로, 이러한 경우에 개인의 의지는 가장 높은 능력에 도달하여, 자신을 종족(種族)의 의지로 돌아가게 한다.

연애란 엄숙하고도 뼈아픈 것으로, 큰 환락과 고뇌가 따르는 것은 이 종족에 관한 커다란 이해관계에서 비롯되는 것이다. 시인은 수천 년 전부터 무수한 실례를 들어 그것을 묘사하였다. 이 테마는 종족의 이해관계와 직결되어 있으므로 그밖의 어떤 테마도 이 이상의 감흥을 주지 못한다. 즉, 개인과 종족의 관계는 물체의 표면과 물체와의 관계와 같은 것이다. 그러므로 한 편의 희곡이 정사(情事)를 내포하지 않고 흥미를 자아내는 경우란 매우 드문 일이다. 그리고 사랑은 옛날부터 다루어 온 진부한 것임에도 불구하고 언제까지나 품절되는 일이 없다.

성욕이 개인의 의식에 분명한 윤곽을 드러내지 않고 희미하게 나타나면, 그것은 모든 현상 밖에 있는 살려는 의지 자체이다. 인간과 같은 의식적인 생물에게 이 성욕이 특수하게 작용할 경우에도 그것은 근본적으로는 동일한 생존의지이지만, 단지 미래의 신생아(新生兒)라는 명백하고도 엄밀히 한정된 생물체 내에 살려고 한다.

그리고 이 경우의 성욕은 전혀 주관적인 것이지만 이 개체의식(個體意識)이 착각을 일으켜 교묘히 상대방에 대한 찬미라는 베일로 자신을 은폐하는데 자연은 자기의 뜻을 이루기 위해 이런 술책을 써야 한다. 그러므로 애인에 대한 찬양은 아무리 이상적으로 이지적인 것으로 보이더라도 그 최종 목적은 어디까지나 오직 어떤 일정한 성격과 형태를 지닌 존재를 만들어 내려는 데 있다. 그 증거는, 연애가 결코 서로의 애정만으로 만족하는 것이 아니라, 상대방을 자기 것으로 만들어 살을 섞는 중대한 일을 요구한다는 것이다. 상대방의 사랑을 확신하더라도 서로 따로 떨어져 있으면 아무런 위안도 느끼지 못할 뿐더러, 스스로 목숨을 끊는 자도 있다.

이와는 달리 상대방에 대하여 뜨거운 사랑을 품고 있던 자가 그 사랑에 아무런 보답도 받지 못하고 있을 때에는 상대방을 정복하는 육체관계만으로 만족하게 여기는 경우가 있다. 이를테면 모든 강제결혼이나 선물을 미끼로 해서 목적을 달성하는 성교, 강간 등이 그렇다.

모든 정사(情事)는, 당사자들은 의식하지 못하지만, 결국 자식을 낳는 것이 참된 유일한 목적이다. 따라서 거기까지 이르는 과정의 여러 가지 곡절은 부수조건에 불과하다. 고결하고 애절한 심정으로 아름다운 사랑을 속삭이는 사람들은 반드시 내 주장을 지나친 실재론이라고 반박할 테지만, 이것은 그들이 생각을 그르치고 있기 때문이다.

앞으로 등장할 인류의 체모와 성격을 정밀하게 선정하는 일은 그들의 꿈이나 공상보다 훨씬 고귀한 목적이 아닌가? 아니, 인간이 지닐 수 있는 모든 목적 중에서 이보다 더 중대한 목적이 어디 있겠는가? 이 목적을 인정하지 못하면 사랑의 뜨거운 정열을 이해할 수 없다. 이 정열의 중대한 역할을 하게 되며, 극히 사소한 일도 일단 이 목적과 관련을 맺으면 중대한 의미를 지니게 된다.

그리하여 연인을 위한 동분서주(東奔西走)나 우회(迂廻)나 노력이나 노고는 언뜻 보아 결과와의 비중이 맞지 않는 것 같이 보이므로 그 올바른 해명을 하려면, 위에서 말한 목적을 저버리지 말아야 한다. 이 노고와 투쟁을 거쳐서 현재 꿈틀거리고 있는 것은 어디까지나 개성적인 성격을 갖고 태어날 다음 세대의 인류이다. 아니, 다음 세대의 인류는 벌써 성욕을 충족시키기 위해 움직이고 있는 저 사랑이라는 이름의 면밀하고도 끈기있는 이성(異性) 선택에 있어서도 나타나 있는 것이다.

사랑 자체가 이미 두 사람이 앞으로 탄생시키려는 새로운 개체의 살려는 의지이다. 다시 말해서 그들이 서로 교감하여 주고받는 눈짓 속에는 벌써 하나의 새로운 생명이 태동하여, 미래의 개성(個性)으로서 꿈틀거리고 있는 것이다. 두 연인은 진심으로 결합하고 융화하여, 한 덩어리가 되려고 하며, 그들이 낳은 자식은 그들의 생존을 연장시켜 거기에 양친의 유전성(遺傳性)이 존속된다. 이와는 달리 두 사람의 남녀가 서로 혐오하는 것은, 그들이 양친이 되더라도 서로 조화를 이룰 수 없는 소질을 가진 불행한 자식밖에 낳지 못한다는 징후이다.

이와 같이 두 사람의 이성으로 하여금 다른 것을 돌아보지 않고 오직 피차의 처지를 주시하게 하는 전지전능한 힘이야말로 모든 종족(種族) 사이에 나타나 있는 생존의지로, 이 경우에 이 의지는 두 사람 사이에 태어날 자식이 자신을 실현해주기를 바라고 있다. 그리고 이렇게 해서 태어나는 자식은, 아버지로부터는 의지와 성격을, 어머니로 부터는 지능을 이어받아 양자로서 육신이 형성되는데, 주로 용모는 어머니를 닮고 체격은 아버지를 닮게 된다.

누구에게나 다른 사람에게서는 전혀 찾아볼 수 없는 성격이 있으며, 그 기원을 설명하기가 매우 어렵지만, 두 사람의 애인이 서로 자기 편으로 끄는 연정(戀情)이, 그처럼 특수하고 독자적(獨自的)이라는 사실을 생각해 보면, 이 어려운 문제의 해답은 한결 쉽사리 나올 수 있을 것 같다.

사랑의 정열은 표면에 나타나지만 그것은 잠재적으로 움직인다. 우리가 생존으로 얻게 되는 참된 시발점은 분명히 우리 양친이 사랑을 속삭이기 시작한 순간에 비롯되며, 앞에서도 말한 바와 같이 새로운 존재자의 처음 시발은 그들의 날랜 눈초리가 서로 마주칠 때 비롯되며, 모든 새싹과 마찬가지로 이 연약한 생존의 싹이 그대로 소실되는 일도 있다.

그리고 이렇게 생식 이전에 꿈틀거리는 새로운 개체는, 어느 의미에서 플라톤적인 새 이데아이며, 모든 이데아가 현상계(現象界)에 나타나려는 줄기찬 노력을 아끼지 않으며 인과(因果)의 법칙이 그들의 입에 갖다 주는 물질을 삼키려고 하는 것처럼, 인간의 개성으로서의 이 특수한 이데아도 애써 현상계에 나타나려고 한다. 이 집념과 노력이 곧 두 사람의 애인이 앞날의 양친으로서 피차에 품고 있는 연정에서 생긴다. 물론 연정에는 무수한 단계가 있어, 그 두 쌍의 극단을 '평범한 사랑'과 '거룩한 사랑'이라고 할 수 있을 것이다. 그러나 애인의 작태는 언제나 또 어디서나 동일하여 변함이 없다. 이 여러 단계의 연정이 매우 뜨거워지는 것은, 그것이 더욱 개체적으로 되어 있는 경우이다. 다시 말해서 사랑하는 상대의 모든 특성이나 특징이 다른 동성자(同性者)에 비해 월등 뛰어나 보이고, 사랑을 주는 자의 특수한 기대와 요구에 적응되는 경우이다.

연애는 본질적으로 우선 건강과 체력과 아름다움을 요구하며, 따라서 그 모든 것을 아울러 지니고 있는 젊은이들 사이에서 성행하게 된다. 이것은 주로 의지가, 인간으로서 원만한 성능을 갖추어 생존을 감당해 나갈 수 있게 하기 위해서이며, 평범한 사랑은 여기서 더 벗어날 수 없다.

그 위에 한층 특수한 요구가 첨가되면, 사랑의 정열은 급속도로 달아 오른다. 대체로 뜨거운 사랑이란 두 사람의 사이가 완전히 적합해야 한다. 그런데 두 개의 개체가 아주 동일한 경우란 없으므로 모든 남성은 오직 한 사람의 여인에게서만 자기의 특질에 가장 적응하는 면을 발견해 낼 수 있다. 이 특질의 적응은 언제나 태어날 어린 생명의 특질을 염두에 두고 있다.

그러나 이런 남녀가 서로 만난다는 것은 매우 드문 일이므로 참으로 정열적인 사랑은 보기 드물다. 그리고 우리가 시인이 묘사한 위대한 사랑의 주인공을 이해할 수 있는 것도 우리 각자가 그런 사랑을 품을 가능성이 있기 때문이다. 사랑의 불길은 오직 미래의 존재와 특질을 목표로 삼고 있으므로 두 사람의 젊은 남녀 사이에는 양자가 다 건전한 몸과 마음을 지니고 감정과 성격, 재능 등을 매개로 하여 서로 공감함으로써 우정은 싹틀 수 있지만, 사랑은 이것과 다르며, 때로는 양자 사이에 성적(性的)으로는 반감을 느낄 때도 있다. 그것은 나중에 그들이 결합되면 그 사이에 태어날 어린아이가 정신적으로나 육체적으로 조화를 이룰 수 없어 종족을 위해 살려는 의지가 원하는 설계에 부합되지 못하기 때문이다.

이와 반대로 감정이나 성격, 재질 등에 부조화가 있어 혐오와 기피(忌避)의 감정이 있는데도 불구하고 상호간에 사랑이 성립되어 훌륭히 유지되는 경우도 있다. 이때는 사랑이 쌍방을 맹목적으로 만들어 그 부조화가 눈에 띄지 않는 것이다. 만일 이런 사랑이 결혼에까지 이르게 되면 그들의 생활은 어쩔 수 없이 큰 불행에 빠진다.

이제 문제의 핵심에 대해 언급하겠다. 누구에게나 이기심이 깊이 뿌리박혀 있으므로, 개개인에게 어떤 활동을 할 수 있도록 하는 유일하고도 분명한 동기는 이기적인 것 이외에는 없다. 종족은 개체에 대해 분명히 우선권을 갖고 있으며, 보다 직접적이고 큰 권한을 보유하고 있다. 종족의 유지와 발전을 위해서는 개체가 희생되어야 하는데, 개체의 관심은 오직 자기의 욕구에만 쏠려 있으므로 개체로 하여금 이런 희생의 필요성을 이해하도록 해야 한다. 그렇다고 해서 개체에게 자신의 이해관계에서 떠나게 할 수는 없으므로 자연은 그 목적을 달성하기 위해 환상을 주어 개체를 기만할 수밖에 없다. 이때 개체는 이 환상에 미혹되어 사실은 종족에 관한 일인데도 그것이 자기의 행복이 되는 것처럼 오인하게 된다.

그리하여 개체는 자기만의 욕구를 충족시키기 위해 애쓰고 있는 줄로 믿는 순간, 이미 자연의 무의식적인 노예가 되어 버린다. 그의 눈앞에는 곧 탐스러운 환상이 나타나 그로 하여금 이를 추구하게 한다. 이 환상이 다름아닌 본능으로, 그 대부분은 개체의 의지가 아니라 종족의 의지로 보아야 할 것이다.

이와 마찬가지로 개체화된 의지는 개체화의 뜻을 통해서만 종족의 뜻이 지니고 있는 의도를 감지(感知)하도록 기만당할 필요가 있다. 그래서 의지는 사실은 종족을 위해 종족의 가장 특수한 의도에 따라 움직이는데 개체는 자기 이익을 위해 움직인다고 믿고 있다.

그리고 본능은 동물에서 가장 큰 역할을 하며, 그 외부에 나타난 모습은 정밀하게 관찰할 수 있으나, 그 내부활동은 다른 모든 내면적인 현상과 마찬가지로 오직 우리 자신을 돌이켜 봄으로써 알 수 있을 뿐이다. 그런데 어떤 사람은 생각하기를 인간은 본능을 거의 갖고 있지 않으며 단지 갓난아기가 어머니의 젖을 더듬는 정도라고 하는데, 실은 인간에게는 하나의 매우 특수하고 명확한, 그리고 대단히 복잡한 본능이 있으며, 이것이 우리를 인도하여 성욕을 만족시키고, 이성에 대해 진지한 선택을 하게 한다. 만일 이 성욕의 만족이 억제할 수 없는 욕구에서 비롯된 감각적 쾌락에 그친다면, 상대하는 이성이 아름답고 추한 것을 문제시하지 않을 것이다.

그런데 아름다움이 크게 문제되고 존중되고 선택되는 것은, 이런 선택을 하는 개체에게 어떤 이해관계가 있어서가 아니라 —— 개체는 스스로 그렇게 생각하고 있지만 —— 분명히 미래의 존재자인 신생아(新生兒)에게 이해관계가 있으며, 그 중에서도 종족의 형태가 될 수 있는 대로 완전하고 순수하게 유지되기 위한 방편인 것이다. 다시 말해서 인간은 허다한 육체적 및 정신적인 손상을 입어 불구자가 되기 쉽지만, 아름다움을 추구하는 마음이 있기 때문에 언제나 성욕을 지배하고 인도하므로 인간의 형태는 모든 부분이 끊임없이 수정된다. 만일 그렇지 않다면 사랑은 하나의 진절머리나는 육체적인 성욕에 불과할 것이다.

그러므로 처음부터 아름다운 이성을 찾지 않는 사람은 없는데, 이것은 다름이 아니라 바로 아름다운 이성은 종족의 가장 순수하고 단정한 형태를 나타내고 있기 때문이다. 다음으로 인간은 주로 자기에게 결핍된 특질을 구하며, 때에 따라서는 자기의 결함과 정반대되는 결함을 상대방에게서 찾아내고 아름답게 보기도 한다. 가령 키가 작은 남자는 키 큰 여자를 좋아하고, 피부가 흰 사람은 피부가 검은 상대를 좋아한다.

남자는 자기 이상에 맞는 아름다운 여자를 발견하면 미칠 듯한 정열을 일으키며, 이 여자와 결혼했을 경우에 맛볼 수 있는 최대의 행복이 환영(幻影)으로 눈앞에 나타나는데, 이 정열도 따지고 보면 '종족의 의지'이며, 이것이 이 여자에 대해 스스로 선명한 이미지를 그려보이며, 그녀를 통해 자기자신을 유지해 나가려고 한다.

이상과 같은 해석은 모든 본능에 깃들어 있는 내면성(內面性)을 밝힌 것으로, 이 성욕의 경우에 알 수 있는 바와 같이 본능의 역할은 거의 언제나 개체로 하여금 종족을 위해 움직이게 한다. 곤충이 어떤 꽃이나 과일, 고깃덩이, 똥덩이, 또는 다른 곤충의 새끼집을 찾아가서 알을 낳고, 그밖의 장소에는 낳지 않으며, 그 동안에 그들이 노고와 위험을 돌아보지 않는 것은, 남자가 어떤 여자 —— 그 개인적인 특질이 자기에게 어울리는 —— 를 다른 어느 여자보다도 희구하고 있는 것과 흡사하다. 이 경우에 대개 남자가 여자에게 갖고 있는 정열은 대단하여 자기의 목적이 이루어지지 않으면, 이성의 경고도 무시하고 자기 일생의 행복도 희생하는 수가 많으며, 그 여자를 손에 넣기 위해서는 어떤 무리한 결혼도 무릅쓰며, 자신을 망쳐버리는 적절하지 않은 성교도 개의치 않는다. 그리고 불명예나 범죄, 간통이나 감옥도 저지르게 되는데 이것도 결국은 자기자신의 지상명령(至上命令)에 따라 종족의 목적에 이바지하려고 개체로서의 자기를 희생시키는 것이다. 그러므로 어떤 경우에 있어서나 본능은 언뜻 보면 개체의 의도에 따르는 것처럼 생각되지만, 사실은 이것과 본능은 아무 관계도 없는 것이다.

개체가 자기자신에게 충실하여 자연의 기도(企圖)가 무엇인지 알아차리지 못하고 있을 때, 또는 거기 반항하려고 할 때, 자연은 언제나 즉시 본능을 발동시킨다. 우리는 그런 사실을 곤충이나 고등동물에게서 찾아볼 수 있는데, 인간은 성욕에 한하여 본능의 지배를 받는다. 인간에게 이런 본능이 있어야 하는 것은 자연의 목적을 깨달을 수 없기 때문이 아니라, 그 목적을 위해 자기의 행복을 희생시키려고 하지 않기 때문이다.

그리하여 이 경우의 본능도 다른 모든 본능과 마찬가지로 진리가 환상의 옷을 입고 개체의 의지에 작용한다. 성적 쾌락이라는 환상이 그것이다. 이 때문에 인간은 어떤 한 사람의 이성을 누구보다도 훌륭하게 보며, 이 이성을 자기 소유로 만들기만 하면 지상의 행복을 누리게 될 것이라고 생각한다.

그리고 장본인은 자기자신이 즐거움을 누리기 위해 노고를 아끼지 않는 줄 알고 있으나 실은 종족의 완전한 형태를 유지하기 위해 하나의 개체를 출생시키려고 움직이고 있는 것이다. 이 개체가 자신을 실현하여 생존을 획득하기 위하여 두 남녀의 교섭을 필요로 하는 것은 두말할 필요가 없다.

그와 같이 본능의 성질은, 인간으로 하여금 그 목적을 위해 힘쓰도록 하는 데 있으므로, 때에 따라 인간은 자기의 환상에 유도되었지만, 이렇게 해서 앞으로 새 생명을 탄생시키려고 한다는 것을 알아차리고, 이를 증오하며 거기에 반항하려고까지 한다. 결혼 이외의 성교는 거의 이런 경우에 속한다.

그런데 사랑을 속삭이던 사람들이 일단 그 정열을 충족시키게 되면, 곧 미궁에서 벗어나 그처럼 열망했던 것이 얼마 안 가서 바로 실망하게 되는 일시적인 쾌락만을 제공하는 것이라는 사실에 흔히 새삼스럽게 놀라게 된다. 그리고 이 욕망은 인간의 마음을 움직이는 다른 욕망에 대해 종족과 개체, 무한과 유한 같은 관계를 갖고 있다.

그리하여 실제에 있어서는 종족만이 이 욕망의 충족으로 이득을 보게 되나, 개체는 그것을 의식하지 못한다. 개체가 종족의 의지의 수족(手足)이 되어 지불한 희생은 그 자신의 목적이 아니라 다른 것의 목적에 사용된 것이다. 모든 애인은 한번 성교라는 자연의 큰일을 치르고 나면, 곧 속았구나 하고 생각하게 되는데 그것은 자신으로 하여금 종족의 도구(道具)가 되게 한 환상이 소멸되기 때문이다. 그리하여 플라톤은 "음락(淫樂)은 최대의 사기꾼이다"라는 명언을 남기게 되었다.

이러한 고찰은 동물의 여러 가지 본능과 미(美)에 대한 감수성(感受性)의 해석에 있어서도 새로운 빛을 던져 준다. 즉, 그들도 이런 환각(幻覺)의 노예가 되어 자기가 향락을 누린다는 그릇된 미혹에 빠져 열심히 활동하지만 사실은 자기 희생으로 오직 종족만을 이롭게 하고 있는 것이다.

새가 둥지를 짓고, 곤충이 알을 낳기에 알맞는 장소를 찾아 자기의 먹이가 아니라 미래의 유충(幼蟲)에게 주기 위해 먹이를 얻어다가 알 옆에 놓아두며, 또는 꿀벌이나 개미가 미래의 종족을 위해 그처럼 분주히 애를 쓰는 것도 그 때문이다. 이 모든 동물들은 분명히 하나의 환상에 이끌리고 있으며, 그 환상은 종족을 위한 노역(勞役)에 이기(利己)라는 옷을 씌워 놓은 것이다.

본능의 여러 가지 면을 조종하는 주관적, 또는 내면적인 현상에 대해서는 이와 같은 설명이 유일하고 정확하지만 그것을 외관상으로 관찰하면 본능의 지배를 가장 많이 받는 동물, 주로 곤충류에 있어서는 신경계통, 특히 주관적인 신경계통이 뇌수계통(腦膏系統) 이상으로 발달되어 있음을 볼 수 있다.

이러한 사실에서 내릴 수 있는 결론은 동물의 경우에는 객관적인 정확한 지능의 지배를 받기보다는 한층 더 욕정을 일으키는 주관적인 심상(心象)에 의해 인도된다는 것이다. 이 심상은 뇌수신경의 작용에서 발생되며, 따라서 어떤 환상에 속하는 것으로 볼 수 있는데, 모든 본능에 대하여 한결같이 이런 생리적인 현상이 나타난다. 다시 이 점을 분명히 하기 위해 인간의 본능에 대한 또 하나의 실례를 들어보기로 한다.

그것은 아이를 밴 부인의 엄청난 식성(食性)으로, 이것은 태아의 영양 공급을 위해 특수한 생리적인 변화를 필요로 하기 때문이거나, 또는 태내(胎內)에 흘러드는 혈액에 변화가 생겼기 때문이다. 이 경우에 임산부는 태아가 가장 필요로 하는 음식을 먹고 싶어 하며, 따라서 역시 환상의 지배를 받게 마련이다.

이렇게 볼 때, 여자에게는 남자보다 많은 본능이 주어진 셈이며, 그들의 신경계통도 남자들보다 한결 더 발달되어 있다. 인간이 동물보다 본능을 적게 가지고 있고, 그 본능이 때때로 탈선하는 경우가 있는 것은 뇌수가 동물보다 훨씬 더 발달되어 있기 때문이다. 그리하여 가령 사랑에 있어서 이성의 선택하는 기준인 미(美)에 대한 감수성도 때로는 정도(正道)에서 벗어나 자연에 대해 범행을 저지를 정도로 추락되기도 한다. 이런 현상은 동물에게서도 다소 찾아 볼 수 있으나, 곤충에 속하는 파리는 본능대로 썩은 고기에 알을 낳는 대신 썩은 고기 냄새를 풍기는 꽃에 알을 낳는 수가 있다.

연애는 언제나 종족의 번식을 위한 본능에 의거해 있다. 이런 각도에서 세밀히 관찰해 보면, 이 진리가 옳다는 것을 알 수 있을 것이다.

우리가 우선 관찰할 수 있는 것은, 남자란 본래 사랑을 따라 곧잘 한눈을 팔며, 여자란 사랑에 대해 충실하다고 하는 부인할 수 없는 사실이다. 남자란 사랑은 성관계를 갖고 난 순간부터 현저히 식어지며, 나중에는 다른 여자가 자기가 손에 넣은 여자보다 나아 보인다.

그리하여 남자는 언제나 여자를 바꾸고 싶어하지만, 반대로 여자의 사랑은 성관계를 끝낸 순간부터 증가된다. 이것은 자연이 종족의 유지와 되도록 많은 번식을 원하고 있기 때문이다. 사실상 남자는 사정이 허락하기만 한다면 1년에 1백 명 이상의 자식을 낳게 할 수 있지만, 여자 쪽에서도 아무리 많은 남자를 상대하여도 쌍둥이를 제외하면 1년에 아이를 하나 이상 낳을 수 없다. 그래서 남자는 언제나 다른 여자를 탐내지만, 여자는 한 사람의 남편에게 충실히 의지하려고 한다.

이것은 자연이 본능을 통하여 무작정 그렇게 강제하는 것이며, 여자는 자기 옆에 미래의 자식을 부양할 자, 즉 보호자를 남겨두려고 한다. 이런 면에 치중하여 추리해 나가면, 결혼생활에서 정조를 지키는 것은 남자에게 부자연스럽고 여자에게는 자연스럽다. 그러므로 아내의 간음은 그 결과로 보나, 그것이 부자연스러운 범행이라는 점으로 보아 남자의 간통보다 훨씬 비난을 받아야 할 것이다.

나는 이제 문제를 깊이 파고 들어가 여자에 대한 사랑이 아무리 뚜렷한 사실로 드러나 보이더라도 실은 하나의 가면을 쓴 본능, 즉 종족을 유지해 나가려는 의지에 지나지 않는다는 것을 논증하겠다.

우리가 이 연애의 쾌락을 추구할 경우에 이성에 대해 여러 가지 면을 고려하는 데 이 점에 대해서는 특히 상세한 검토를 할 필요가 있으므로, 앞으로 자세히 서술할 내 논조가 철학서적의 내용으로서 이상하게 보이더라도 전혀 개의치 않으려 한다. 사랑에 대한 여러 가지 조건을 들어 보면 다음과 같다.

첫째로는 직접적으로 종족의 형태에 영향을 주는 것 —— 즉, 형태미이고, 다음은 내부적인 특질, 끝으로 순수한 상대적인 특질, 다시 말해서 쌍방의 특수한 변태(變態)로 보이는 체격을 피차에 교정하고 보완(補完)시키려는 필요에서 추구되는 것이 곧 그것이다. 이제 그 하나하나에 대해 고찰해 보기로 하자.

우리들의 애호(愛好)와 선택에 영향을 주는 가장 큰 조건은 연령이다. 일반적으로 말하면, 우리의 성적(性的) 대상이 되는 여자는 월경의 시발기(始發期)로부터 그 폐새기(閉塞期)에 이르는 연령에 해당되는 자로서. 우리가 특히 매력을 느끼는 상대는 18세에서 22세까지의 연령이다. 나이를 먹은 여자, 그러니까 아이를 낳을 수 없는 여자는 우리에게 염증을 느끼게 할 뿐이다. 젊은 여자는 아름답지 않아도 우리의 마음을 끌며, 늙은 여자는 원래가 미인이었더라도 이미 매력이 없다. 이 경우에 우리를 인도하는 무의식적인 의지(意志)가 아이를 낳을 수 있다는 데 쏠리고 있는 것이다. 그러므로 여자는 생식이나 수태에 적합한 시기에서 멀어질수록 이성으로서의 매력을 잃게 마련이다.

다음에 둘째 조건으로서 고려되는 것은 건강이다. 급성 질병이라면 한동안 우리의 애호에서 멀어질 따름이지만, 만성병이나 악성질병은 자식에게까지 유전되므로 혐오하게 된다.

셋째는, 종족의 형태에 기본이 되는 골격이다. 연령과 질병을 제외하면, 체격이 불완전한 것보다 더 성적(性的) 선택에서 소외되는 것은 없다. 얼굴이 아무리 아름답다고 하더라도 비뚤어진 뼈대를 시정할 수는 없으며, 반대로 얼굴이 아무리 미워도 골격이 똑바로 갖춰진 이성은 매력을 잃지 않는다. 뼈대가 바르지 못하면, 성적인 반감을 자아내는 결정적인 구실을 한다. 가령 위에서부터 짓눌린 것같은 땅딸보나 엄청나게 짧은 다리, 또는 외부로부터 상처를 입은 것이 아닌, 태어나면서부터의 절름발이 등이 그것이다.

이와 반대로 눈에 띌 만큼 아름다운 체격은, 다른 여러 가지 결점을 메워 주기 때문에 매력을 느끼게 한다.

그리고 우리가 조그마한 발(足)을 아름답게 보는 것은 다음과 같은 이유에서이다. 즉, 발이 작은 것은 인간이라는 종족에게 있어서 근본적인 특징의 하나로, 유골과 서골(鋤骨)을 합친 것이 인류만큼 작은 동물은 하나도 없으며, 서행동물(徐行動物)로서의 인간은 그래서 똑바른 자세로 걸어다닐 수 있다. 이에 대해서는 외경(外經)의 《전도서》에서도 이렇게 찬양하고 있다. "아름다운 자태, 아름다운 발을 가진 여자는 마치 은재단 위에 놓인 황금기둥과 같다."

또한 이(齒)가 아름다운 것도 이성 선택에 중요한 조건이 되어 있는데 이것은 인체에의 영향 보급에 관계가 있을 뿐더러, 특히 자손에게 유전되기 쉽기 때문이다.

그리고 넷째 조건은 머리이다. 즉, 머리가 얼마나 풍부한가 하는 것이 문제되는데, 이것은 식물성 기능*과 형성작용이 왕성하고 충분한 것을 표시하며, 태아가 흡족한 영향을 섭취할 수 있기 때문이다. 그리고 덩치가 크고 빼빼 마른 여자가 특히 성적인 반감을 불러일으키는 것 역시 태아의 영양이 무의식중에 고려되기 때문이다. 또한 알맞고 크게 부풀어오른 여자의 가슴팍이 남자에게 특수한 매력을 주는 이유는 여성이 지닌 생식의 임무와 직접 관계가 있어, 유아에게 흡족한 영향을 공급할 수 있기 때문이다.

이와 반대로 지나치게 뚱뚱한 여자가 우리에게 혐오감을 주는 것은 이런 상태가 병적이고, 자궁이 위축된 징후이며 따라서 임신할 가망이 없기 때문인데, 이것을 아는 것은 지능이라는 본능이다. 그리고 아름다운 얼굴은 마지막 조건으로서 생각되어지는데, 이 경우에도 가장 중요시되는 것은 골격의 조직 부분이며, 그 중에서도 단정한 코이다. 짧고 위로 치켜 올려진 것 같은 코는 얼굴 전체를 망쳐 놓는다. 코가 낮으냐 높으냐 하는 조그마한 차이는 옛날부터 수많은 젊은 여인들의 운명을 결정해 왔는데, 그것이 종족형태의 유지에 관계가 있다는 것을 고려할 때, 당연한 일이라고 하겠다.

작은 입은 동물의 경우와는 달리 인간에 특유한 것으로, 매우 소중히 여겨져 왔다. 그리고 턱이 도망이라도 칠 것처럼 앞으로 내밀었거나, 도려낸 듯이 되어 있는 것을 특히 못마땅히 여기는 것은 동그스름한 턱이 인류의 특징의 하나이기 때문이다. 그리

---

* 호흡. 배설. 순환. 생식 등과 같이 식물이나 동물에게 공통된 생활기능.

고 아름다운 눈과 높은 이마가 중요시 되는 것은, 그것이 정신적인 특성 — 주로 어머니로부터 유전되는 지적인 특성을 나타내기 때문이다.

여자가 남자에 대해 무의식적으로 염두에 두고 있는 조건은, 위에서 말한 남자의 경우와는 달라서 정확하게 지적할 수는 없지만 일반적으로 분명히 말할 수 있는 것은 다음과 같다. 즉, 여자는 다른 어느 연령층보다도 30세에서 35세의 나이를 좋아하며, 남성미의 전성기(全盛期)를 대표하는 20대의 남자보다 이 시기의 남자를 택하려고 한다. 이것은 그녀들의 취미가 아니라 본능에 따라서 움직이기 때문이며, 그녀들의 본능은 남자의 생식력이 이 시기에 최고도에 달한다는 것을 알고 있다. 그리고 대체로 여자는 남자의 미, 특히 얼굴의 아름다움을 경시하는데, 이것은 마치 자기쪽에서 자식에게 유전시킬 수 있다고 보는 것 같다.

여자의 마음을 움직일 수 있는 것은 주로 남자의 체력과 용기이다. 이 특질은 건강한 자식을 낳을 수 있는 증거가 되며, 여자에게는 장차 용감한 보호자가 될 자격이 있음을 입증하기 때문이다. 남자의 모든 육체적인 결함, 즉 종족의 정상적인 형태에서 벗어난 기형(奇形)은 바로 그 부분에 해당되는 여자의 그것이 정상이거나 반대 방향으로 기형화되면, 여자는 생식을 통하여 그 결점을 보완할 수 있다. 다만 남자에게만 고유한 특성이기 때문에 어머니로부터는 유전받을 수 없는 특징은 그렇지 않다. 예컨대 골격의 남성적인 됨됨이라든지, 넓직한 어깨며 근육의 힘, 수염, 용기 등등이 그것이다. 그리하여 여자가 바람둥이 남자를 사랑하는 경우는 흔히 있으나, 여자다운 남자를 사랑하는 일은 결코 없다. 그것은 결국 이런 결함은 여자의 힘으로는 보충할 수 없기 때문이다.

  연애의 제2조건으로서 고려되는 것은 정신적인 특질에 대한 것이다. 여자가 매력을 느끼는 것은 남자의 심리와 성격에 속하는 특질이다. 그들의 2세가 아버지에게서 이런 면을 유전받기 때문이다. 그 중에서도 여자의 마음을 가장 끄는 것은 굳은 의지와 과감한 용기, 그리고 정직하고 선량한 마음씨이다.
  이와 반대로 지능적인 특성은 전혀 본능적인 매력을 주지 못한다. 왜냐하면 이런 특성은 아버지로부터 유전받을 수 있는 특질이 아니기 때문이다. 무지는 여자의 사랑을 받는 데 장애가 되지 않지만 정신적으로 뛰어나 있다거나 천재적이라는 것은 하나의 변칙적(變則的)인 특성으로서 결정적인 장애가 되는 경우가 많다.
  그러므로 추하고 둔하고 야성적인 사나이가 잘 생기고 총명하고 고귀한 남자를 제쳐놓고 사랑의 승리자가 되는 수가 허다하다. 그리고 지적인 면에 있어서는 서로 어울리지 않는 남자와 여자들이 사랑을 하여 결혼하기에 이르는 경우도 많다. 예컨대 남자는 거칠고 건강한데, 여자는 교양이 있고 고귀하고, 이해력이 많고 다정다감하고 우아한 경우거나, 또는 그와 반대로 남자는 학자이고 천재이며 여자는 바보인 경우가 그러하다. 그 이유는 이 경우에 주로 고려되고 있는 조건은 조금도 지능에 관한 것이 아니라 본능에 관한 것이기 때문이다.
  인간이 결혼생활에서 원하는 것은 결코 재치있는 대화가 아니다. 그것은 자식을 낳는 일이며, 마음의 결합이지 두뇌의 결합은 아니다. 때로는 여자가 자기는 남자의 재능에 반했다고 말하는 경우도 있는데, 그것은 우습기 짝이 없는 거짓이거나 혹은 성적 타락에서 오는 잠꼬대이다.

이와 반대로 남자가 본능적인 사랑을 할 때에는 여자의 성격에 따라서 움직이는 일이 없다. 세상의 많은 소크라테스가 크산티페*를 아내로 맞이하는 것도 이 때문이다. 그러나 여자의 지적인 특질은 매우 중요한 조건이 된다. 그것은 이 특질이 아버지 쪽으로부터 유전되지 않기 때문이다. 그리고 이것이 육체미에 압도되기 쉬운 것은 생식이라는 가장 요긴한 면에 보다 더 직접적으로 작용하기 때문이다. 그래서 세상에는 어머니가 자기 경험으로부터 이 지력의 성적인 위력을 깨닫고, 딸에게 그림이나 외국어 같은 것을 배우게 하여 딸의 매력을 증가시키려는 경향이 있다. 이것은 인위적(人爲的)인 방법으로 이성에 대한 지능의 작용을 돕는 것으로, 시대의 취미에 따라 엉덩이나 젖가슴을 유난히 발달시키는 것과 같은 방법이다. 특히 유의해야 하는 것은, 이때 본능에 호소하면 직접적으로 상대방을 유혹할 수 있는 것이며, 이것만이 참된 그리고 정열적인 사랑을 불러 일으킨다.

교양있고 이지적인 여자가 남자의 지능과 재주에 호감을 갖고 이성적이고 사색을 일삼는 남자가 아내 될 여자의 성격에 유의하는 경우도 있기는 하지만 그것은 지금 여기서 말하는 것과는 아무 관계도 없다. 마찬가지로 이성적인 선택에 의해 결혼에 이르는 수도 있기는 하지만, 결코 우리가 생각하는 바와 같은 뜨거운 사랑에 빠지는 일은 없다.

---

* 소크라테스의 아내. 惡妻로 유명함.

지금까지 연애의 절대적인 조건, 즉 일반적인 효력을 가진 조건에 대해서만 설명했는데, 이번에는 상대적인 조건, 즉 개별적으로 적용되는 조건에 대하여 말하겠다. 이 조건이 고려되는 근거는 종족이 손상되는 것을 교정하고, 선택하는 당사자간에 생기는 기형적 형태를 고쳐서 바로 잡으려는 데 있다.

그러므로 개개인은 자기에게 결핍된 점을 지닌 상대를 사랑하고 요리하게 된다. 이런 입장에서 개체적인 선택이 이루어질 경우에는 절대적인 조건만을 염두에 둔 이성 선택에 비하면 훨씬 엄밀하고 결정적이고 배타적이다. 우리가 흔히 볼 수 있는 일시적인 사랑은 절대적인 고려에서 이루어지는 데 이 경우에는 참으로 정열적인 사랑은 성립되기 어렵다.

그러므로 정열에 큰 불을 붙이기 위해서 반드시 단정하게 생긴 아름다운 용모가 필요하다고 볼 수는 없으며, 참된 사랑의 불꽃이 피어오르기 위해서 필요한 한 가지 조건은 마치 화학적인 작용으로 산(酸)과 알카리가 중성염(中性鹽)이 되는 것처럼 두 사람의 애인이 서로 중화되어야 한다는 것이다.

모든 성적인 특징은 본래 하나의 이질(異質)로서, 개인에 따라 그 정도가 달라, 각각이 현저한 차이를 보여주고 있다. 그리하여 개개인은 어느 한 사람의 이성에 의해 다른 모든 이성보다 한층 더 자기의 이질적인 면을 보충하고 중화시킬 수 있는 것이다. 이 경우 새로 태어날 개체의 소질을 문제삼고 있으므로, 이 새로운 개체를 통하여 인류의 형태가 수정되기 위해서는 어떤 이성에게서 바로 자기자신의 이질적인 조건과 반대되는 면을 도입할 필요가 있다.

생리학자는 성적인 특징이 남녀를 막론하고 무수한 양상(樣相)으로 나타나고 있음을 인정하고, 남자나 여자에게서 찾아볼 수 있는 가장 저급한 양상은 반음양성(半陰陽性)을 띠고 있는 것이라고 말한다. 그리하여 양성(兩性)의 중간에 위치하여 그 어느 쪽에도 속하지 않는 개인은 전혀 생식을 할 수가 없다. 두 개의 개체가 서로 중화되려면 남자의 어떤 성적 양상이 상대방 여자가 갖고 있는 성적 양상에 적응되어야 한다. 그렇게 되어야만 쌍방의 부분적인 소질이 잘 보완(補完)된다. 그러므로 가장 남성적인 사나이는 가장 여성적인 여자를 원하며, 여자 측에서도 마찬가지이다.

여인은 각자 자기의 본능에 따라서 움직이면서 자기에게 필요한 대응성(對應性)이 상대방에게 있는가 없는가를 상세히 검토한다. 그러므로 이 측정은 다른 배려와 함께 열렬한 사랑의 근원을 이루게 된다. 그러므로 사랑을 하고 있는 당사자는 간절한 어조로 자기들의 심적(心的) 조화에 대해 이야기하고 싶어 하지만, 대개의 경우에 방금 내가 설명한 것과 같은 적응, 다시 말해서 새로 태어나는 개체와 그 소질을 완전히 보존하기 위한 적응성이 사랑의 근본이 되어 마음의 조화보다도 훨씬 중요한 역할을 하고 있다. 결혼하고 나서 얼마 되지 않아 부부간에 심한 부조화를 일으키는 경우가 많은 것은 이 때문이다.

남자는 체력이 약할수록 몸이 튼튼한 여자를 요구하고, 여자도 같은 방식으로 남자를 요구한다. 그러나 여자는 자연의 법칙에 따라 육체적으로 남자보다 열등하므로 대체로 여자가 더 건강한 상대를 고르려고 하는데, 이것은 자연스러운 일이다.

그리고 키도 중요한 조건이 된다. 몸집이 작은 남자는 몸집이 큰 여자에게 큰 호감을 갖게 되며, 여자 쪽에서도 마찬가지이다. 몸집이 큰 여자가 몸집이 큰 남자를 싫어하는 것은 자연의 의도에 따른 것으로, 인류가 거인화(巨人化)를 막기 위해서이다. 만일 이들이 결합된다면 어머니로부터 유전되는 2세의 체력이 지나치게 커서 살아가기에 적합하지 않을 것이며, 따라서 도저히 오래 생존해 갈 수 없을 것이다. 만일 몸집이 큰 여자가 여러 가지 동기와 일종의 허영에서 거대한 남자를 남편으로 맞는다면, 그 어리석은 행동은 곧 자식들에게 영향을 주게 될 것이다.

모든 사람은 신체의 여러 가지 부분에 나타나 있는 결함과 기형을 시정할 수 있는 상대를 구하며, 그것이 신체의 중요한 부분일수록 더욱 열렬히 그것을 요구한다. 그러므로 납작코를 가진 사람은 뾰죽코에다 앵무새 얼굴을 한 이성에게 큰 매력을 느끼며 비쩍 마른 키다리 사나이는 뚱뚱하고 키가 작은 여자에게 호감을 갖게 된다.

성격에 있어서도 마찬가지이다. 누구나 자기와 반대되는 성격을 가진 이성을 선택하려고 하며, 그 구애(求愛)의 열의는 자기가 갖고 있는 성격의 강도에 비례한다. 그렇다고 해서 어느 면에서 완전한 자가, 반드시 그 면이 불완전한 이성을 좋아한다는 것은 아니다. 이 경우에 누구보다도 그 불완전한 면을 쉽사리 용납한다고 말할 수 있을 뿐이다. 그것은 그러한 면에 있어서는 새로 태어날 자식으로 하여금 그다지 불완전하게 되지 않도록 할 수 있다고 생각하기 때문이다.

개인이 이런 선택과 고려를 할 때, 자기로서는 그것을 미처 의식하지 못하지만, 한층 더 우월한 존재인 종족의 명령에 순응하고 있는 것이다. 그러므로 자기로서는 무관심하게 보아 넘길 수 있는 여러 가지 일이 종족의 차원에 있어서는 중대한 것으로 된다. 젊은 두 남녀가 처음으로 선을 보았을 때, 무의식적으로 그러나 긴장된 마음으로 상대방을 관찰하는 태도를 보라. 날카로운 눈초리로 상대방의 윤곽과 부분부분을 얼마나 정밀하게 샅샅이 검토하는가? 인간의 행위치고 이렇게 신비롭고 진지한 것은 없다.

이 정밀한 검토는 그들 사이에서 앞으로 태어날 자식의 체격과 체질에 관련하여 종족의 혼령이 하는 것이며, 두 남녀의 애착과 욕정의 정도도 이 깊은 검토를 거쳐서 결정된다. 그러나 이 최초의 사랑이 어느 정도 무르익은 다음에 그때까지 미처 느끼지 못한 면이 드러나기 때문에 파탄에 이르는 경우도 있을 수 있다.

이와 같이 종족의 혼령은 다음 세대의 인류에 대해 배려를 게을리 하지 않으며, 그 세대에 넘겨 줄 소질에 대한 큰 사업에 몰두하고 있다. 현재와 미래의 종족 전체의 커다란 이해관계에 비하면, 잠시 생존을 지속하는 개인의 이해는 문제될 수 없으며 실은 이들이 언제나 희생물이 되는 것이다. 즉, 종족의 혼령과 개체와의 관계는 불멸의 존재와 사멸하는 자의 그것과 같으며, 또 양자의 이해에는 무한과 유한의 큰 차이가 있다.

그러므로 종족의 혼령은 개체의 이익에 관계되는 일보다 월등 중요한 일을 처리한다고 자부하며, 전쟁의 불바다 속에서건, 분주하게 사무를 집행하는 중이건, 페스트가 창궐하는 중이건, 또는 한적한 절간 안이건 아랑곳하지 않고 태연히 자기 일을 수행한다.

나는 앞에서 사랑의 열도가 개체적인 조건을 고려한 것일수록 강하다고 말했다. 즉, 두 남녀가 서로 보충할 수 있는 신체적인 소질을 소유하여 두 남녀의 결합으로 종족의 형태가 정상으로 복귀될 경우에 이들 각자는 누구보다도 상대방이 갖고 있는 소질을 요구하게 된다고 설명하였다. 이 경우에 하나의 배타적(排他的)인 욕정이 쌍방을 유인하여 상호유일한 대상이 되게끔 만들며, 동시에 종족의 특별한 사명을 대행하여 금방 초인간적인 고귀한 사랑으로 발전되게 한다. 그리고 이와 반대되는 이유에서 단순한 성적인 본능은 유일한 상대자에게만 쏠리지 않고 모든 이성에게 한눈을 팔며, 다만 종족을 유지하려고만 할 뿐, 특질 같은 것은 거들떠보지 않으므로 자연히 사랑이 비속해진다.

사랑이 어느 유일한 이성에게 쏠리게 되면, 굉장한 힘과 열을 내며, 만일 사랑이 맺어지지 못하면 장본인에게는 세계의 훌륭한 모든 것이 시들하게 보이고, 나아가서는 목숨까지도 주체스럽게 생각되며, 이 정열을 불태우기 위해서는 어떤 희생도 두렵지 않게 된다. 그리하여 그 격정은 다른 무엇과도 견줄 수 없을 정도이며, 때로는 발광과 자살까지도 하게 만든다.

이처럼 대담한 정열을 발산케 하는 원인은 앞에서 말한 일반적인 사랑의 근원과는 달리 더욱 분별하기 어렵다. 다만 우리는 이 경우에 작용하는 요인이 비단 신체적인 적응뿐만이 아니라 남자의 의지와 여자의 지능도 특수하게 적응하여 그들 두 사람만이 전혀 새로운 개체를 낳을 수 있다는 데서 비롯된다는 것만을 알 수 있다. 즉, 이 경우에 종족의 혼령이 원하고 있는 것은 이런 새로운 개체를 존속시키는 것이다. 왜 그렇게 해야 하느냐 하는 물음에 대해서는 이렇게 답변할 수밖에 없다. 즉, 그 이유는 종족의 존속이라는 사실 속에 숨겨져 있으나 우리의 사고(思考)는 거기까지 미치지 못한다고. 다시 말하면, 이 경우에 살려는 의지가 오직 이 두 사람을 양친으로 두어야만 태어날 수 있는 독특한 개체 속에서 자기 자신을 객관화(客觀化)하려고 하기 때문이다.

이 살려는 의지의 이런 형이상학적인 욕구는 우선 양친이 될 사람들의 마음을 겨냥할 수밖에 없으며, 의지의 작용이 그들의 마음속에 가해지면 당사자들은 오직 자신을 위해 사랑을 하고 있는 줄로 여기면서 온갖 노력을 쏟지만 그들이 하려는 일은 전적으로 형이상학적인 목적이다.

이와 같이 하나의 미래의 존재가 생존을 원하고 생존할 수 있는 유일한 기회를 찾는 돌출력(突出力)은 모든 생물의 원천인 살려는 의지에서 비롯된다. 이 형이상학적인 생존에의 욕구는 현상으로서 미래의 양친이 서로 상대방에게 품고 있는 강한 배타적인 연정(戀情)으로 나타나며 그들에게 하나의 환상으로써 그들로 하여금 지상의 모든 선을 희생시켜서까지 서로 결합하게 한다.

그러나 그들의 실제 이득은, 모든 다른 이성과 결합했을 경우에 손에 넣게 될 이득과 별로 다름이 없다. 그리고 그것은 지금까지 추구한 노력에 대한 보수이며, 유일한 결과이다. 그러므로 이 무상의 정열로도 인간의 다른 정열과 마찬가지로 향락이 끝나자 소멸되어 버리며, 당사자들로 하여금 장탄식을 금치 못하게 한다.

그리고 이 정열은 여자가 자식을 낳을 수 없는 것이 확실한 때에 사라져 버리는데, 그것은 위에서 말한 형이상학적인 목적을 달성할 수 없기 때문이다. 이리하여 불임(不姙)으로 말미암아 몇 천만으로 헤아리는 태종(胎種)이 날마다 소멸되고 있는데 그 가운데서도 생명의 형이상학적인 욕구는 그 존재를 요구하고 있다.

그러나 조금도 우려할 바가 없는 것은 살려는 의지는 무한한 공간과 시간 및 물질을 자유로이 사용할 수 있으며, 같은 기도(企圖)가 끊임없이 되풀이 되기 때문이다. 시대마다 시인들은 여러 가지 형식으로 사랑의 불길에 대해 묘사하려고 했으나 그것을 완전히 표현하지는 못했다. 그리하여 그것은 언제나 속속들이 형상화할 수 없는 타이틀이었다. 어떤 사람으로 하여금 한 여인을 손에 넣는 것을 무상의 행복으로 여기게 하고, 그 뜻을 이루지 못하게 되면 말로 할 수 없는 비애로 간주하게 한 이 욕정, 이 동경과 고뇌는 결코 한 개인의 허황된 욕구를 토대로 한 것이 아니라 종족의 혼령의 조화에 의한 것이다. 자기 의도를 실현하려는 종족의 혼령은 이것이 얻느냐 잃느냐 하는 고비가 되므로 크게 숨을 몰아쉬면서 대들고 있는 것이다.

종족만이 무한한 생명을 갖고 있다. 그리고 종족만이 커다란 만족과 우환과 괴로움을 감당할 수 있다. 그런데 이 만족과 괴로움은 생멸(生滅)하는 개체의 작은 가슴 속에도 기어든다. 그리하여 그 가슴이 메어지는 것 같고, 사랑의 무한한 열락(悅樂)과 고민을 어떻게 표현해야 할지 모를 지경에 이르는 것도 무리가 아니다. 이것은 모든 뛰어난 연애시의 주제가 되며 지상의 경험을 초월한 것으로 보고 별나라의 수식을 하게 된다. 페트라르카로 하여금 붓을 들게 한 것도 그것이요, 산 푸르나 베르테르나 쟈콥 올티스 등이 소설의 주인공으로 등장하게 된 것도 그것으로 이런 인물들은 사랑의 깊이를 도외시하면 이해하기 어렵다.

그리고 개인에게 서로 무한한 가치를 인정하고 있는 것은 결코 뛰어난 지적 특질이나 객관적 또는 현실적인 뚜렷한 특질 때문이 아니라, 오히려 페트라르카의 경우처럼 애인끼리 상대방을 정확히 알고 있지 못하기 때문이다. 이 경우에 오직 종족의 혼령만이 두 사람의 애인이 자기자신에게 어떤 가치가 있는가를 알고 있다. 그리하여 그들이 어떻게 자기(종족의 혼령)의 목적 달성을 위해 봉사할 수 있는가를 간파한다. 따라서 대체로 큰 열정은 최초의 인상에서 시작된다.

자기가 극진히 사랑하는 사람을 경쟁자에게 빼앗기거나 또는 그가 죽기라도 하면, 참을 수 없는 심한 괴로움을 느끼게 된다. 그것은 이 괴로움이 초월적(超越的)인 성질을 갖고 있기 때문이다. 그것은 개체로서의 본인에게 작용하는 것이 아니라 그의 영원한 본성, 다시 말해서 종족의 영(靈)에 관련되어 있다. 개체로서의 그는 이 경우에 종족의 영이 지닌 특수한 의도를 실현한 사명을 띠고 있는 것이다.

질투가 괴롭기 짝이 없는 정념(情念)인 것도 이런 점에서 이해할 만하고 또한 자기가 극진히 사랑하는 사람을 단념하기가 어떤 희생보다도 크다는 것도 납득이 간다. 영웅은 일상적인 일로 비탄에 빠지는 것을 부끄럽게 여기지만, 사랑의 비애에 대해서는 억제하지 못한다. 이 경우에 비탄에 빠져 있는 것은 본인 자신이 아니라, 종족 자체이기 때문이다. 카르테론의 훌륭한 희곡 《제노비》 제2막에 제노비와 테시우스가 등장하여 후자가 이렇게 말한다.

"아, 그런데 당신이 날 사랑한단 말이지요? 그렇다면 나는 백 번이라도 승리를 포기하겠소. 적진에서 도망쳐 버리겠소."

여기서는 여러 모로 타산을 따져온 명예가 무시되어 버리고 그 대신 사랑, 즉 종족의 이해가 결정적인 역할을 하게 마련이다. 명예와 의무, 그리고 충성은 지금까지는 모든 유혹이나 심지어 죽음의 협박에도 저항해 왔으나, 종족의 이해 앞에서는 고분고분 양보하고 굴복해 버린다.

이와 마찬가지로 생활에 있어서 이 사랑 앞에서는 어떤 성실도 믿지 못한다. 다른 면에서는 가장 정직하고 의리 있는 사람도 사랑에 대해서는 양심의 가책도 거들떠보지 않으며, 열띤 사랑, 즉 종족의 이해에 사로잡히며, 만인의 멸시도 개의치 않고, 심지어 간통(姦通)까지도 서슴치 않는다.

이 경우에 장본인이 자기는 개인적인 이해관계에서 비롯되는 권리와는 전혀 다른 지고한 특권이 부여되어 있다는 사실이 암암리에 의식하고 있는 듯이 보이는데, 이것은 개인보다도 무한히 큰 종족의 이해관계에 매여 있기 때문이다.

이런 입장에서 보면 다음과 같은 샌폴의 말은 주목할 만한 가치가 있다.

"두 사람의 남녀가 서로 뜨겁게 사랑하는 것을 보면 나는 언제나 이런 생각이 든다. 그들 사이에 놓인 장애가 무엇이건 —— 남편이건 부모건 —— 그들은 이미 자연의 이름으로 결합되어 법률과 인위(人爲)의 테두리 밖에 서 있으며, 하나의 신성한 권리를 공유하고 있다."

이 점에 대하여 공부하는 사람이 있다면, 그리스도가 복음서(福音書)에서 간통한 여인에게 얼마나 너그러운 말로 주위에 서 있던 사람들에게도 같은 죄가 있다고 말했는가를 상기해 보는 것이 좋을 줄 안다.* 그리고 저 《데카메론》**의 대부분은 이런 견지에서 종족의 영이 개인의 권리와 이해를 일축해 버리고 빈정대는 풍자(風刺)와 독설(毒舌)이라고 보아도 좋을 것이다. 종족의 영은 모든 지위의 차이, 온갖 애로, 사회적인 장애를 모조리 배격하고 유린하며, 인간이 이루어 놓은 모든 제도를 지푸라기처럼 집어던지고, 오직 앞날의 인류를 탄생케하는 데만 유의한다. 애인 앞에서는 모든 위엄과 위력을 상실하고, 비겁하기 짝이 없는 자까지도 사랑을 위해서는 큰 용기를 나타내 보이는 것은 사랑에 내포되어 있는 큰 형이상학적인 사명의 격려를 받기 때문이다.

그리고 우리는 연극이나 소설에서 젊은 남녀가 자기들의 사랑, 즉 종족의 이해를 무시하고 개인적인 이해만을 염두에 두는 부모들의 훼방을 극복해 나가는 장면을 읽으며, 얼마나 큰 흥미와 공감을 일으키는지 모른다. 대체로 사랑을 하는 자의 노고는 종족이 개인보다 중대한 의의와 생명을 지니고 있는 것과 마찬가

---

* '서기관들과 바리새인들이 간음중에 잡힌 여자를 끌고 와서 가운데 세우고 예수께 말하되, 선생이여 이 여자가 간음하다가 현장에서 잡혔나이다. 모세는 율법에 이러한 자는 돌로 치라 명하였거니와 선생은 어떻게 말하시겠나이까. 예수께서 가라사대 너희 중에 죄 없는 자가 먼저 돌로 치라 하시고'(요 8 : 3).
** 이탈리아의 보카치오가 쓴 단편소설집, 페스트를 피해 교외로 나간 열사람의 인물이 날마다 10편씩 열흘 동안 계속한 100편의 이야기를 모은 것.

지로, 그 사랑에 대항하는 힘보다 월등 의의가 크고 고귀하며, 따라서 한층 더 떳떳하다.

그러므로 거의 모든 연극에서 기본적인 테마로 택하고 있는 것은 종족의 영이 그 소망과 계획을 앞세우고 무대에 나타나 다른 등장인물을 위협하여 그들의 행복을 매장하는 모습이다. 그 줄거리는 대체로 종족의 영이 승리를 거두고 그 전모는 시로서의 약속대로 끝을 맺어 관객들에게 만족을 주게 된다. 그것은 그들이 종족의 의도가 개인의 욕구보다 훨씬 중요하다는 것을 깨닫기 때문이다. 그리하여 결말에 와서 두 사람의 애인이 승리를 즐기는 장면을 보고 마음을 놓는다.

그런데 이들은 이 경우에도 자기의 환상에 사로잡혀, 두 남녀가 그들의 행복을 획득했다고 믿고 있지만, 사실은 그렇지 않고 오히려 종족의 복리를 위해 부모들의 선견(先見)과 반대를 물리치고 자기들의 행복을 희생한 것이다. 하기는 어떤 희극에는 이런 줄거리를 거꾸로 꾸며, 종족의 목적을 대가로 지불하고 오직 개인의 행복을 누리는 것으로 끝나는 경우도 있기는 하지만, 이런 희극을 구경한 관객들은 마치 종족의 영이 느끼는 것과 같은 괴로움을 느끼게 되며 개인에게 전적으로 행복을 허용하는 데 대해 불만을 느끼게 된다.

이러한 희극의 보기로는 다음과 같은 유명한 작품들이 기억난다. 《16명의 왕비》《이성적(理性的)인 결혼》 등이 그것이다. 그리고 사랑을 다룬 비극에서는 거의 다 으레 애인이 비참한 최후를 마치게 되어 있다. 그들은 종족의 도구가 되어 그 목적을 이룰 수 없었으니, 예컨대 《로미오와 줄리엣》《탕크레트》《돈 카를로스》

《발렌시타인》《메시누의 아내》 등 얼마든지 들 수 있다.

　사랑을 하고 있는 모습은 대개가 희극적이며, 때로는 비극적으로 보이기도 한다. 이것은 그 어느 경우에도 결국 그들의 종족의 영에 직속되어 전적으로 그 지배를 받으며, 따라서 그의 행동과 자기의 성격 사이에 균형이 잡히지 않기 때문이다.
　사랑의 정열이 최고조에 이르면 상대방에 대한 사모가 시적이 되어 숭고한 느낌을 주며, 그들이 완전히 사랑의 형이하학적인 목적을 느끼지 못할 정도로 초월적인 경향을 갖게 된다. 즉, 이 경우에 그들은 종족의 영과 그 지상(至上)의 목적에 이용되어 그들을 양친으로 삼아야만 탄생될 일정한 소질의 새로운 개체를 통해 다음 세대를 이루는 사업에 동참(同參)하고 있다. 요컨대 이들 두 사람이 결합되어야만 생존의지가 성취되어 다음 세대에 새로운 개체를 탄생시킬 수 있다.
　그리하여 그는 자기가 이런 초월적인 의의를 지닌 큰 사업에 참여하고 있다는 것을 암암리에 느끼고 있으므로 그들의 심정은 지상의 사물 이상으로, 즉 자기자신 이상으로 고양되어, 그 육체적인 욕정도 육신을 초월해 있는 듯한 모습을 보인다. 그러므로 사랑은 평범한 모든 인간의 생애까지 시적인 삽화(揷畵)가 되어, 그 당사자가 평범한 사람일 경우에는 전후의 언동의 차이가 우스꽝스러울 정도로 두드러지게 나타난다. 종족의 이해를 염두에 두고 있는 의지가 개개인에게 부여하는 사명에는 하나의 베일이 씌워져 있어, 이로 말미암아 개인은 애인을 손에 넣기만 하면 무한한 행복이 찾아오는 것으로 믿고 있다. 그리하여 정열이

고도에 달할수록 이 망상은 현혹적으로 되어, 만일 소원을 이루지 못하면 당사자에게 있어서도 생존이 전혀 보람없고 무의미한 것으로 보이며, 염세적(厭世的)인 생각이 앞서 죽음의 두려움도 압도하여 커다란 불행에 빠진 나머지 스스로 자기의 수명까지도 줄이게 된다.

이 경우에는 개인의 의지가 종족의지의 도가니 속에 숨어 있거나 전자가 후자의 정체를 완전히 파악하여, 결국 자기는 이런 종족 의지의 대행자 구실을 할 수 없다는 생각에서 자기 의지로 그렇게 행동하는 것을 달갑게 여기지 않는다.

아닌게 아니라 개체는 종족의지가 일정한 대상에게 집중시키고 있는 무한한 의지를 받아들이기에는 너무나 작고 연약한 그릇이다. 그리하여 자살 또는 때때로 정사(情死)라는 결과를 가져올 뿐, 몇 사람의 경우를 제외하고는 자연이 그 개인을 현혹시켜 자신의 절망상태를 의식하지 못하게 한다. 이런 사실을 실제로 입증해 주는 사건이 해마다 지상(紙上)에 발표되고 있다.

그런데 이렇게 해서 때때로 비극을 가져오는 것은 비단 뜻을 이루지 못한 사랑뿐만 아니라 뜻을 이룬 사랑도 행복보다 불행을 초래하는 경우가 많다. 그 이유는 사랑이 요구하는 것은 사랑을 하는 당사자의 개인적인 복리와 충돌을 하여 실생활이나 미래의 계획과도 양립되지 않을 뿐만 아니라 오히려 지금까지의 의도나 소망, 공상의 탑을 무너뜨리기 때문이다.

그리하여 사랑은 개인의 사회생활과 조화가 되지 않을 뿐더러, 그 자신의 내면 생활과 부합되지 않는 경우가 있게 된다. 이때 그는 성관계를 제외하면 미워하고 멸시하고 염증을 일으키는 여인에게 한눈을 팔기 쉽다. 다만 그는 종족의 의지에 의해 지배받게 되므로 상대의 결함에 눈을 감고 자기의 증오심을 묵살하여 명심해야 할 일을 간과하거나 오인하기도 하여 정욕과 결합한다. 그가 그 동안 현혹된 환상은 종족의지가 만족되면 곧 사라져 버리게 되나 그 결과로 평생을 두고 귀찮은 반려자(伴侶者)가 붙어 있게 되는 것이다.

그리고 어떤 이지적(理智的)인 비범한 남자가 요부(妖婦)를 아내로 삼기로 하여, 대체 자기는 무엇 때문에 이런 여자를 택했을까 하고 이상하게 여기는 것도 이런 관점에서 설명할 수 있다. 옛날 사람들이 사랑의 신에게 눈가림을 당한 것도 이 때문이며, 또 때로는 남자가 미래의 아내가 될 애인의 기질이나 성격에 용납할 수 없는 결함이 있다는 것을 잘 알면서도, 그리하여 그 때문에 평생 골치를 앓게 되리라는 것을 예상하면서도 그녀를 단념할 용기를 내지 못하는 경우도 있을 수 있다.

그 까닭을 깊이 생각해 보면, 이 경우에 그가 요구하고 있는 것은 자기가 생각하고 있는 것처럼 자신의 이익이 아니라, 그 사랑에서 태어날 제3자의 이익이라는 데 있다. 그리하여 이 사랑이 이처럼 개체의 이익이 망각되어 있기 때문에 —— 그것은 장엄하고도 위대한 징표(徵表)인데 —— 그런 숭고한 외관을 보여 주며, 시의 제목이 될 만한 가치를 갖고 있다. 그리고 사랑은 애인에 대한 심한 증오와 타협하는 경우도 있다. 플라톤은 그것을 '양에 대한 늑대의 사랑'이라고 비유하고 있다.

이 경우에 사랑에 빠진 개인은 아무리 애쓰고 결심해도 도저히 냉정하게 충고를 받아들일 수 없다.

"나는 그 여자를 사랑하고 있지만 미워하기도 한다"(셰익스피어) 이 경우에 애인에 대한 증오심이 불타 마침내 애인을 살해한 후에 자신도 자살해 버리는 일도 있다. 이런 실례는 신문에서 얼마든지 볼 수 있다. 그러므로 괴테의 다음과 같은 시구(詩句)는 정당하다.

　짓밟힌 모든 사랑과 지옥불에 맹세하노니.
　나는 그보다 더 큰 저주를 알지 못하노라.

사랑에 빠진 남자가 열렬히 사랑하는 상대방이 냉정하거나, 또는 자기를 괴로움에 시달리게 하면서 재미있어 할 경우에, 잔인하다고 생각하는 것은 당연하다. 즉, 남자는 곤충의 본능과 같은 하나의 충동에 지배되어 이성의 소리를 무시해가면서 오직 자기의 목적을 추구하게 된다. 그리하여 이루어질 가망도 없는 사랑 때문에 오랜 생애를 무거운 사슬에 끌려 다닌다, 때때로 숲속에서 탄식하는 사람은 페트라르카 외에도 수없이 많다. 그러나 사람의 괴로움과 아울러 시의 천재성을 지닌 사람은 페트라르카뿐이었다. 괴테의 다음과 같은 아름다운 시는 바로 그를 두고 노래한 것처럼 보인다.

　남들은 번뇌 속에서 침묵을 지키고 있지만
　하느님은 나에게 그것을 노래할 능력을 주었나니

종족의 영은 언제나 개인의 수호신과 겨루어, 그 박해자가 되고, 강적(强敵)이 되며, 자기의 뜻을 이루기 위해서는 가차없이 개체의 행복을 짓밟아버린다. 그리고 국민 전체의 행복이 이런 종족의 영의 조작에 좌우되는 경우도 더러 있다. 셰익스피어는 《헨리 4세》의 제3부 3막 2장과 4장에서 그 보기를 보여 주고 있다. 사실 우리의 본성은 종족에게 뿌리를 내리고 있으므로 그것이 개인에 대해 한층 더 큰 권한을 갖고 있으며, 종족의 안전이 개체의 안전보다 우위(優位)에 놓여 있는 것은 당연하다.

옛날 사람들은 이 진리를 간파하고 있었다. 그들이 종족의 영을 의인화(擬人化)한 사랑의 신은, 얼굴은 어린아이 같지만 적대적이고 잔인한 사나운 신이요, 변덕스럽고 폭군같은 악귀이며, 또한 여러 신과 인간들의 지배자로 되어 있다. 살생의 화살과 눈가림, 그리고 날개 등이 그의 소지품이다. 날개는 변심(變心)을 상징하고 있으며, 그것은 대체로 사랑의 욕정이 충족되면 곧 미궁과 함께 정체가 드러난다. 즉, 사랑이란 실상 종족에게 이득이 될 뿐인데, 개체의 행복이라는 미궁에 빠져 있기 때문에 일단 종족에의 헌신이 끝나면 미혹은 사라지고 지금까지 개인을 사로잡고 있던 종족의 영은 개체를 방임하고 본래의 자유로 돌아가게 하는 것이다.

그리하여 방치된 개체는 다시 본래의 빈약한 영역으로 떨어져 지금까지 그처럼 엄청난 영웅적인 고귀한 노력을 계속하여 자기가 받은 대가란 비천한 감각적인 만족밖에 없었으며, 모든 기대는 사라져버리고 전에 비해 조금도 행복할 것이 없는 자기 자신을 발견하고는 새삼스럽게 놀라게 되며, 비로소 자기의 종족의 영을 맹목적으로 섬겨왔다는 사실을 깨닫게 된다.

그리하여 한 번 아리마네(이상의 여인)를 얻은 테제(아테네 왕)는 곧 그녀를 버리는 것이 사례가 되었다. 만일 페트라르카의 애정이 만족을 얻었던들 마치 둥지에 일단 알을 깐 새가 울지 않는 것처럼 그의 시가(詩歌)는 나오지 않았을지도 모른다.

 내가 말하는 사랑의 형이상학은 현재 사랑의 함정에 빠져 있는 사람들에게는 반드시 반감을 불러일으킬 것이다. 그러나 만일 사랑에 대해 이상적인 고찰을 한다면, 내가 여기서 설명한 근본 진리는 다른 어느 것보다도 사랑의 위력에서 초탈(超脫)하게 한다. 그러나 옛날 희극 시인의 격언을 상기할 필요가 있다. "무엇이든 맞장구를 치지 않으면 소리가 나지 않는다. 이른바 사랑에서 시작된 결론이란 장본인의 이익이 아니라, 종족의 이익을 위한 것이다."
 물론 개체로서의 그들 남녀는 사실상 자기자신의 행복을 위해 움직인다고 생각하고 있지만, 그 진정한 목적은, 그들과 관계가 없으며, 그들 사이에서 장차 태어날 수 있는 새로운 개체의 생식을 도모하려는 데 있다. 그리하여 그들은 서로 같은 충동에서 결합하며, 언제나 되도록 잘 융화되어 나가려고 하지만, 이와 같이 사랑의 핵심은 본능적인 미혹에서 맺어진 부부도 성적인 관계 이외의 모든 점에서 심한 부적응을 나타내게 되며, 이러한 부적응은 그런 미혹이 소멸되는 것과 때를 같이 하여 더욱 두드러지게 된다. 요컨대 사랑에서 시작된 결혼은 현재의 존재자를 희생시켜 다음 세계의 행복을 도모하려는 것이므로 거의 전부가 불행에 그치는 것이 상례이다.
 스페인의 속담에 이런 말이 있다. "사랑에서 출발하여 결혼한 사람은 고통 속에서 살게 마련이다." 이와 반대의 절차를 거쳐 결혼하는 경우, 즉 대체로 부모의 선택으로 맺어진 관습적인 결혼을 하는 경우에 고려되는 것은 그 결혼이 어떤 성질의 것이거나, 적어도 하나의 지속성은 갖고 있으며, 그것이 스스로 소실되어 버리는 경우는 없다.

그러므로 이런 결혼은 부부간에 행복을 가져올 수 있다. 다만 이를 위해 두 사람 사이에 태어나는 자식의 이익이 무시되어, 그 행복이 참된 것이냐가 의심스러울 뿐이다.

그리고 애정보다 돈을 앞세워 결혼하는 남자는 종족보다도 개체에 더욱 치중해서 살고 있으므로 자연의 진리에 거역하는 것이 된다. 그러므로 남자들의 경멸을 사는 것은 당연하다. 또한 이와 반대로 부모의 권고를 뿌리치고, 모든 관습적인 통념(通念)을 버리고 젊고 부유한 남자 대신에 오직 본능적인 취미에 따라 이성을 골라잡는 처녀는 종족을 위해 자기의 개인적인 행복을 희생시키는 것이다. 그러므로 바로 이 때문에, 즉 그녀는 자연(종족)의 뜻에 좇아 움직이고 부모는 개인적인 이기심에서 권하는 것이므로 우리는 그녀에 대해 찬양을 금할 수 없다.

이리하여 남녀가 결혼하는 마당에서는 종족의 이익과 개인의 이익 중에서 어느 한쪽이 희생되어야 한다는 것을 알 수 있다. 대부분의 결혼은 거의 그러하며, 관습과 정열이 손을 잡는 경우도 매우 드물다. 그리고 대부분의 사람들이 육체적으로나 도덕적으로, 또 지능적으로 빈약하기 짝이 없는데, 그 이유 중 하나는 많은 결혼이 순수한 애정과 선택에 의해 맺어지지 않고, 여러 가지 외부적인 조건과 우연한 동기에서 결합되기 때문이다.

그리고 관습적인 균형을 유지하고 어느 정도 애정이 지속되는 결혼은 종족의 영과 타협하여 이루어진 것이다. 행복한 결혼이란 세상이 다 알고 있는 바와 같이 매우 드물다. 그것은 결혼의 본질이 현재의 존재자가 아니라 미래의 존재자를 주요한 목적으로 삼고 있기 때문이다. 그러나 본래 우아한 심정을 갖고 세상에 태어나, 사랑을 하고 있는 사람들에게 어느 정도의 위안을 주기 위해 다음과 같은 점을 부인하고자 한다.

뜨거운 사랑은 때에 따라서는 전혀 기원(起源)을 달리한 조건, 다시 말해서 성격의 일치에서 오는 우정과 결부되기도 한다. 그러나 이것도 우정이 분명해지고, 사랑이 성적인 만족을 얻어 사라져버린 후의 일이다. 그리고 이런 우정이 성립되는 경로를 보면, 다음 세대를 위해 성적인 사랑의 본능이 발동하기 위해서는 두 남녀의 개체 속에 서로 보충하고 적응하는 체질이나 덕이나 지적인 특성이 있어야 한다. 이 특성은 개인으로서의 그들 남녀에게도 서로 대립된 성격이나 정신적인 특질로 보충되어 하나의 심적인 융합이 이루어진다.

내가 여기서 말하는 사랑의 형이상학적인 해석은 모두 나의 형이상학과 긴밀하게 관련되어 있다. 즉, 그것은 나의 형이상학에서 비롯된 것이다. 개체가 다음 세대를 위해 뚜렷한 정감을 불러일으킨다는 것은 이미 각 장(章)에서 논술한 두 개의 진리를 입증하고 있다.

그 하나는, 인간의 본성이 불멸이며, 미래의 세대 속에서 존속된다는 것이다. 다시 말해서 사고(思考)나 의도(意圖)에 의해서가 아니라, 인간의 본성에 깃들어 있는 가장 내면적인 충동과 경향에서 출발한다.

만일 인간이 하루살이 같은 존재이며, 또 인류의 각 세대가 서로 분해되어 있으며 다만 시간적으로 연속될 뿐 이라면, 그처럼 활발하게 움직이는 정감(情感)이 개체로서의 인간에게 그렇게 불가해한 억센 힘으로 지배할 리가 만무하다.

제2의 진리는 인간의 본성이 개체보다 종족 속에 더 많다는 것이다. 그러니까 모든 정사(情事)는 가벼운 애호에서 가장 뜨거운 정열에 이르기까지 그 모든 단계에서 억제나 종족의 됨됨이에 의거해 있다. 이것은 실제로 모든 사람에게 가장 중대한 요건이 되어 있다. 다시 말해서 그것이 성취되고 안 되는 것은 가장 큰 영향을 주는 것으로, 거기에는 '마음의 일'이라는 적절한 명칭도 부여되어 있다.

그리하여 일단 종족에 대한 이해(利害)가 강조되면 개체에게만 관련되는 이해는 다 거기에 순종하며, 때로는 그 희생이 되기도 한다. 이와 같이 인간은 자기자신에게도 종족이 더 중요하다는 것을 실제로 체험하게 되며, 자기가 개체 안에서보다 종족 가운데서 더 많이 살고 있다는 것을 깨닫게 된다.

무엇 때문에 사랑에 빠진 자는 애인에게 전적으로 얽매여 그녀를 위해서라면 어떤 희생이라도 무릅쓰려고 하는가? 그녀를 그리워하는 것은 결국 그 사나이의 속에 깃들어 있는 영구불멸한 것으로, 그 밖의 모든 것은 오직 자기의 허망한 생멸(生滅)하는 것에만 관련되기 때문이다.

그러므로 어떤 여인에 대한 열렬한 사모는 우리의 본성이 불멸이라는 것을 입증하고 있다. 이것은 우리에게 광명을 던져 주는 것으로, 이를 요약해 말하면 다음과 같다. 즉, 성애(性愛)에 의한 이성의 선택은 차츰 열기를 가하여 드디어 열렬한 사랑에 이르는데 이것은 앞으로 나타날 인류의 특수한 개성적인 소질이 종족 속에서 존속된다는 것을 입증한다.

그런데도 이 종족을 어떤 불완전하고 무의미한 것으로 간주한다면 이것은 잘못된 생각이다. 즉, 그것은 종족의 생명이 지속되는 것을 다만 앞으로 우리와 비슷한 인간이 존재하는 것에 지나지 않는다고만 생각하고, 우리와 그들이 참으로 동일하다는 사실을 염두에 두지 않는 데서 비롯되는 것이다. 그리고 이런 사고방식은 외계(外界)의 사물에 대한 인식에서 출발하여 단지 직관(直觀)에 의해 알게 되는 종족의 외면적인 형태만을 보고, 그 내면적인 본성을 간파하지 못하고 있는 것이다.

이 내재적(內在的)인 본성이야말로 우리들의 의식의 핵심이고, 그 근저에 있으며 의식 자체보다도 더욱 직접적인 것, 즉 개개의 원리에서 떠난 물자체(物自體)로서, 모든 개체가 시간적으로나 공간적으로 전후 좌우에 흩어져 있더라도 영원히 동일무이(同一無二)한 것으로 언제나 존재한다. 그것은 또한 내가 다른 말로 '살려는 의지'라고 부르는 것이다. 즉 생명의 존속을 요구하며, 죽음이 손을 대지 않고 남겨 두는 힘이다.

그리고 있는 그대로의 현상으로서는 그 자체를 개선할 수 없으며, 따라서 개체로서의 생존을 유지하면서 고뇌와 죽음을 면할 수 없다. 그런데 이 죽음과 고뇌에서 해탈하는 길은 생존의지를 버리는 것인데, 이로 말미암아 개체 속의 의지는 종족의 근원에서 벗어나 종족 속의 존재를 단절케 한다.

그러나 이처럼 자신을 기각(棄却)한 후의 생존의지가 어떤 상태에 이르는가에 대해서는 우리의 사고(思考)가 거기까지 미치지 못하며, 또 거기에 대해 확실한 재료도 마련되어 있지 않다. 그리하여 이런 상태는 오직 살려는 의지로 되는 것과 안 되는 것이 다 자유로운 상태라고 할 수밖에 없다. 불교에서 말하는 열반은 이 후자의 경우, 즉 살려는 의지를 원치 않는 상태를 나타내고 있는데, 아무튼 이 점은 그 성질상 인간의 어떤 인식(認識)도 영원히 개입할 수 없는 것이다.

 그리하여 우리는 지금 이 마지막 달관을 하고난 끝에, 그 관점에서 다시 인생의 여러 가지 소란한 면을 내려다보면, 모든 사람들은 궁핍과 우환에 사로잡혀 있으면서도 끊임없이 자기의 욕구를 충족시키려고 하며, 수없이 나타나는 불행을 피하려고 무던히 애쓰고 있지만, 그들이 기대할 수 있는 것은 오직 한동안 이런 고뇌에 가득찬 비참하기 짝이 없는 개체로서의 생존을 유지해 나가는 데 그친다.

 그런데 이러한 혼란 속에서 두 사람의 남녀가 피차에 애욕의 눈초리를 주고받는 것이다. 더구나 그들의 일거일동(一擧一動)은 무엇 때문에 그처럼 남들의 눈을 꺼리는가? 왜 그렇게 두려워하면서 몰래 접촉하는가? 그것은 그들이 인류를 배반하는 반역자이기 때문이다. 다시 말하면 그들은 이와 같은 밀계(密計)에 의해 성교가 이루어지지 않으면 단절되게 마련인 모든 비극의 고통을 연속시키려고 하기 때문이다. 이런 인생의 고통은 그들의 조상과 마찬가지로 이번에는 그들 때문에 단절되지 못하는 것이다.

5. 여자에 대하여

 '부인의 미덕'이라는 쉴러의 시는 세밀한 고찰에서 씌어진 것으로, 대조(對照)와 반구(反句)에 의해서도 우리에게 충분히 감명을 주지만, 나로서는 부인을 진정으로 찬미한 것은 이보다도 존(프랑스 문학자)의 몇 마디 말에 잘 나타나 있다고 생각한다.
 "세상에 부인이 없으면, 우리는 생애의 시초에 도움을 받을 수 없고, 중간에 즐거움을 누릴 수 없으며 종말에 가서 위로를 얻을 수 없게 될 것이다."
 그리고 바이런도 그《사르다나팔루스(Sardanapal)》의 1·2막에 같은 의미의 말을 한결 감상적으로 아래와 같이 표현하고 있다.
 "인간의 생애는 여자의 가슴에서 시작된다. 당신이 세상에서 제일 처음에 지껄인 말은, 여자의 입을 통해 가르침을 받았으며, 당신이 세상에서 제일 처음에 흘린 눈물은 여자가 손으로 닦아 주었고, 당신이 세상에서 맨 나중에 숨결을 거두는 것은 한 여자의 곁에서이다. 사나이는 자기를 지배한 자가 임종 때에 옆에 앉아 있는 것을 꺼려, 가까이하려고 하지 않는다."

1

여자가 큰 정신적인 일이나 육체적인 노동을 감당해 낼 수 없게끔 되어 있다는 것은, 다만 그들의 몸집을 언뜻 보기만 하여도 짐작할 수 있다. 여인은 삶의 죄과를 행동이 아니라 노고로 갚는다. 즉, 해산의 노고, 유아에 대한 걱정, 남편에게 순종하여 참을성 있는 반려가 되어 정다운 위로의 손길이 되어 주는 것들이다. 그렇다. 심한 고뇌나 희열(喜悅)이나 노력 등은 여인의 천분에서 떠난 일이며, 그들의 생애는 남성보다 한결 더 조용하고 인내성 있게 지나간다. 그러나 남녀의 일생은 근본적으로 보아 어느 쪽이 더 행복하거나 불행한 것은 아니다.

2

여인이 우리의 유년기에 없어서는 안 되며 보육자(保育者)나 교육자로서 적합한 것은 오직 그들 자신이 유치하고 우매하고 근시안적(近視眼的)이기 때문이다. 즉, 그들은 한평생 큰 어린아이에 불과한 것이다. 그러니까 여자는 어린이와 남성의 중간존재이다. 그러므로 남자만이 참된 의미의 인간이라고 하겠다. 계집애들의 몰골을 좀 보라. 종일 어린애와 함께 히히덕거리고 뛰놀며 노래부르고 있지 않은가. 만일 남자더러 종일 어린애의 시중을 들라고 한다면 얼마나 할 수 있겠는가.

3

 자연히 젊은 여자에게 화장을 시키는 것은, 마치 연극에서 불꽃 같은 무대효과와 같아서 한동안 넘치는 듯한 아름다움과 매력을 느끼게 하지만, 그 대신 나머지 긴 생애에 마이너스를 가져다준다. 그 화장은 짧은 몇 해 동안에 남자의 망상을 휘어잡고, 그들로 하여금 마치 일종의 불가항력에 사로잡힌 것처럼, 한평생 어떻게 해서든지 성실하게 그녀의 시종을 들려고 마음에 다짐하도록 하려는 것이다.

 그들 남성을 불러들이기 위해서는 다만 이성적인 사려(思慮)를 촉구하는 것만으로는 안 되며, 역시 성욕이라는 본능으로 유인해야 하는 것이다. 그리하여 자연은 그 밖의 모든 피조물과 마찬가지로 여성에 대하여도, 그 생존을 확보하는 데 필요한 무기나 도구를 마련해 주지만 그것은 그녀들이 오직 그것들을 사용할 필요가 있을 동안 뿐이다. 여기서도 자연의 통례(通例)인 절약주의(節約主義)를 엿볼 수 있다. 그것은 마치 숫거미가 일단 교접(交接)을 마치면 알을 깔 때에 불필요한 날개를 상실하는 것과 같이 여자도 두세 번 해산을 하게 되면 아름다움을 잃어버리는 것이 상례인데, 이것은 다 같은 이유에서 비롯되는 현상이다.

 이런 근거에서 젊은 여자는 가사나 사무적인 일을 마음속으로는 자기의 참된 일거리로 보지 않고, 한갓 장난감 정도로 여기며, 사랑을 하여 남자를 발견해 내고, 그에게 몸을 맡기거나 또는 여기 따르는 일들 —— 화장이나 무용같은 것을 자기가 참으로 애써해야 할 일로 여기고 있다.

4

 무엇이든지 정도가 높고 완벽해 갈수록 서서히 성숙되는 법이다. 남자의 이성과 정신력이 성숙되는 것은 28세에 도달할 무렵이지만, 여자는 18세쯤이다. 그런데 이와 같이 조숙한 여자의 이성은 명색만 이성일 뿐 사실은 매우 열등한 것이다. 그러므로 여자는 한평생 어린애에서 벗어날 수 없으며, 언제나 눈앞의 것만을 보고, 현재에만 집착하며, 사물의 외모와 실상을 곧잘 오인하여 중대한 일보다 사소한 일에 얽매인다.

 인간은 동물과는 달라서 현재에만 살고 있는 것이 아니라 과거와 미래에도 관심을 갖고 걱정하고 애를 태우는데, 이것은 인간이 이성을 소유하고 있기 때문이다. 그런데 여성은 이성의 힘이 빈약하므로, 남자에 비하면 이 방면에는 훨씬 인연이 멀다. 여성은 정신적 근시안자(近視眼者)로 시야(視野)가 좁기 때문에, 그녀들의 지성은 가까운 것은 예리하게 보지만 먼 것은 좀처럼 눈에 들어오지 않는다.

 그러므로 그녀들의 눈앞에 존재하지 않는 모든 것, 즉 과거나 미래의 것은 남성들보다 훨씬 약하게 영향을 준다. 여자들이 때로는 미친 듯이 낭비를 하는 것은 이 때문이다. 그녀들은 마음속으로 남자가 할 일은 돈을 버는 것이고, 여자가 할 일은 돈을 쓰는 것 —— 될 수만 있으면 남편이 살아 있을 때는 물론 죽은 후에도 돈을 낭비하는 것이 일이라고 생각하고 있다.

 남자가 가계(家計)를 위해 벌어들인 돈을 아내에게 맡기고 간섭을 하지 않으면, 그녀들에게 이런 사고방식을 북돋아 주게 된다.

이리하여 여성이 현금주의(現金主義)라는 사실은 매우 바람직하지 못한 결과를 가져오지만 한편 여기서 오는 이득도 없지 않다.

그녀들은 우리 남성들보다 한층 더 현재에 충실하여 견딜 만하기만 하면 곧잘 즐긴다. 그리고 그녀들에게 고요한 명랑성으로 골치 아픈 일이 많은 남성의 마음을 맑게 가시게 하고, 때로는 큰 위로자가 되어 주기도 한다. 그러므로 옛날의 게르만인들처럼 어려운 일을 아내와 의논하는 것은 결코 헛된 일이 아니다. 그녀들은 우리와 전혀 다른 견해를 갖고 있으며, 언제나 목적을 이루기 위한 가장 가까운 길을 찾아내는데, 이것은 그녀들이 가까운 곳을 잘 보기 때문이다.

이와 반대로 우리는 먼 곳에 자주 한눈을 팔기 때문에 발아래 있는 것도 보지 못하는 경우가 많은데 이럴 때에는 아내의 조언에 귀를 기울여 가깝고 단순한 길에 주목할 필요가 있다. 그리고 이런 관점에서 우리가 설명할 수 있는 것은, 여성은 우리보다 한결 담담한 심정을 갖고 있어, 사물을 실제로 눈에 보이는 그대로 관찰할 줄밖에 모르지만, 우리는 정열에 빠지기 쉽고 현실을 확대해서 보며 때로는 공상이 날개를 펴기도 한다.

그리하여 여자는 남자보다 한층 더 많은 동정심을 갖고 있으며, 따라서 인간애를 갖고 불행한 사람들을 측은히 여기지만, 정의나 정직, 성실 등의 덕성에 있어서는 남자보다 못하다는 것도 우리는 같은 이유에서 이해할 수 있다. 즉, 여자들은 이성의 힘이 빈약하므로 현존(現存)하는 것, 직관(直觀)할 수 있는 것, 직접 실재하는 것이 그녀들에게 압도적으로 작용하며 추상적(抽象的)인 사상, 일반적인 격언이나 결의 또는 대체로 과거와 미래에 관한 고찰, 현재 존재하지 않는 어떤 먼 데 있는 것에 대한 고찰 등에는 충분히 유념하지 못한다. 이런 관점에서 보면 여성은 간장(肝臟)은 갖고 있으면서, 담낭(膽囊)은 갖고 있지 않은 유기체에 비교할 수 있을 것이다.

이 점에 대해서는 윤리의 기본문제에 관한 논설을 읽어 주기 바란다. 여성의 성격에는 불의(不義)라는 근원적인 결함이 내포되어 있다는 것을 알 수 있다. 이 결함은 주로 방금 언급한 바와 같이 그녀들의 이성이 빈약하여 깊이 생각하지 못하는 데서 오며, 또 자연히 한결 연약한 자로서의 그녀들을 인도하여 힘보다도 술책에 의존하게 하기 때문이다. 여자들이 본능적으로 간사하고, 언제나 거짓말을 잘하는 것도 이 때문이다. 즉, 자연은 사자에게 발톱과 이빨을 주고, 코끼리나 멧돼지에게 주둥이를, 황소에게 뿔을, 오징어에게 묵즙(墨汁)을 준 것처럼 여자에게는 그 무기로서 속임수를 주었다. 즉, 용사에게는 건강한 육체와 이성을 주고, 여자에게는 이것을 유일한 선물로 준 것이다. 그러므로 속임수는 여자가 타고난 성품이며, 어리석은 여자도 이 점에서는 영리한 남자 못지 않다.

그리하여 그녀들이 기회 있을 적마다 이 능력을 발휘하려고 하는 것은 극히 자연스러운 일이다. 즉, 이것은 마치 동물이 적의 공격을 받았을 경우에 이빨이나 발톱을 쓰는 것과 다름이 없다. 그녀들은 암암리에 그렇게 하는 것이 일종의 권리라고 생각하고 있는 것이다. 그러므로 어디까지나 진실을 고수하고 거짓을 일삼지 않는 여인은 거의 찾아볼 수 없다. 그리하여 그 때문에 그녀들은 남의 거짓을 쉽사리 간파한다. 따라서 그녀들 앞에서 위선이나 가장(假裝)을 하는 것은 결코 현명한 일이 못된다.

그런데 이와 같은 여자의 근본적인 결함과 또한 그 부수적(附隨的)인 결함에서 허위와 불신(不信)과 반역, 망상(妄想) 등 여러 가지 악덕이 발생한다. 법원의 증언대에서 위증(僞證)을 하는 사람은 남자보다 여자가 훨씬 더 많은데, 여자에게 무슨 다짐을 하게 한다는 것부터가 고려해 볼 문제이다. 그리고 전혀 부족한 것이 없는 귀부인이 상점에서 물건을 슬쩍 훔치는 사례(事例)는 자고로 어느 나라에나 있어 왔던 일이다.

5

자연은 인류를 번식시켜 그 올바른 형태를 유지하기 위해 젊고 건강한 남자를 도구로 사용하며, 자연의 이와 같은 억센 의지는 사랑을 요구하는 여자의 정열을 불러일으킨다. 이러한 법칙은 그 위력에 있어서 다른 어떤 법칙보다도 우세하다. 그러므로 이 법칙을 무시하고 자기의 권리와 이익을 내세우는 자가 있으면, 이것이 화근(禍根)이 되어 그가 어떤 언동을 취하더라도 그 권리와 이득은 기회 있을 적마다 여지없이 유전되어 버리는 것이다.

여자가 품고 있는 유일한 무언(無言)의 아니 무의식적이고 선천적인 신조(信條)는 "우리에게는 우리의 개체적인 생존에 대해 등한하고, 자기가 종족의 운명 이상의 권리를 행사할 수 있다고 믿는 남자에게 타격을 줄 권리가 있다. 종족의 성격과 그 행복은 장차 우리에게서 태어날 다음 세대의 인류를 통하여 실현되며, 따라서 그것은 우리의 손에 달려 있다. 그것은 우리의 성실한 중개

(仲介)를 거쳐야 하므로 우리는 이 임무에만 성의를 다하면 된다" 는 것이다. 그런데 여성은 이 신조를 추상적으로 알고 있는 것이 아니라 본능적으로 의식하고 있으므로, 그것은 기회만 오면 곧 행동으로 보여주게 된다. 그리하여 이렇게 행동에 옮긴 후의 그녀들은 우리가 상상하는 것보다 훨씬 태연한 마음을 갖고 있다. 그럴 수밖에 없는 것이, 이 경우에 그녀들은 마음속으로 개체에 대한 의무는 버렸지만 그만큼 종족에 대한 의무에는 보다 더 충실했으므로 종족의 권능은 개인의 그것보다 무한히 크다고 생각하고 있으니 말이다. 이 점에 관한 상세한 설명은 《의지와 표상으로서의 세계》 44장 〈사랑의 형이상학〉을 참조해 주기 바란다.

여성은 본질상 오직 종족의 번식을 위해 존재하여, 그 생애의 임무는 그것으로 끝난다. 그러므로 그녀들은 언제나 개체보다도 종족 속에 살며 개체에 대한 것보다 종족에 대한 것이 더욱 충실하다. 이들의 이런 생활태도는 그 행동 전체에 일종의 무분별이라는 특색을 지니게 된다. 그리하여 남자와 여자가 결혼한 후에 충돌이 일어나는 경우가 허다한 것이 거의 상례(常例)이다.

6

남성은 본래 중립적이고, 여성은 적대적이다. 이것은 남성은 경쟁자에 대한 증오감이 단체에 한정되고, 여성은 그녀들 전체에 파급되어 있으며 또한 그녀들이 가사(家事)를 돌보고 있는 데서 오는 현상이다. 여자들이 행길에서 서로 마주치면 마치 질프당과 기브란당처럼 서로 적대시한다. 그녀들은 처음으로 남과 어울릴 때에도 남자들보다 한결 속이 들여다보이는 가면을 쓰거나 빈말을 곧잘 한다. 그래서 두 여자가 인사를 나누는 모습을 보면 남자보다 훨씬 우습기 짝이 없다. 남자는 자기보다 신분이 훨씬 낮은 사람에게 대체로 다소의 겸양과 인정미(人情美)를 섞어서 말하지만 여자들은 그렇지 않다. 대부분의 귀부인들이 신분이 자기보다 낮은(그렇다고 하인은 아니다) 자에게 거만하고 몰인정한 태도로 말하는 꼴은 차마 눈 뜨고 볼 수 없을 지경이다.

그런데 여자들이 이런 태도를 취하는 것은 다음과 같은 이유에서이다. 즉, 여자들에게는 모든 지위의 차이가 남자보다 훨씬 유동적(流動的)이고, 한결 빨리 변하며 —— 우리는 수십 가지 우열(優劣)이라는 저울에 얹혀 있지만 그녀들은 오직 한 가지 점, 즉 어떤 남자의 사랑을 받고 있느냐 하는 차이밖에 없다. —— 또 한 가지는 여자들은 거의가 가사에 종사하여 남성들의 경우와는 비교도 되지 않을 정도로 피차에 비슷한 처지에 있기 때문이다. 그래서 그녀들에게는 신분의 차이를 더욱 내세우려는 경향이 있다.

7

키가 작고, 어깨가 좁고, 엉덩이가 크고, 다리가 짧은, 이 여자라는 족속을 아름답게 여기는 것은, 오직 성욕으로 말미암아 눈에 아지랭이가 낀 사나이들의 몰지각(沒知覺) 때문이다. 즉, 여자의 아름다움은 하나에서 열까지 이 성욕의 충동 속에 깃들어 있는 것이다.

그러므로 여자는 아름답기보다 예술적이 못된다고 말하는 편이 옳다. 음악이나 시나 미술에 대해 여자들은 사실상 아무 이해력도 감수성도 갖고 있지 않으며, 그녀들이 그것을 이해하는 체하거나 뭐라고 떠들어대는 것은 다만 남자의 사랑을 끌기 위한 원숭이 흉내에 불과하다. 즉, 그녀들이 객관적인 감정이입(感情移入)을 할 수 없는 것은 남자는 모든 사물을 이해하고 지배하려고 하는데, 이와는 달리 여자는 어떤 경우에도 다만 간접적인 지배, 즉 남자를 통하여 지배하려고 하기 때문이다.

그리하여 여자들은 선천적으로 모든 사물을 다만 남자들 손에 넣기 위한 수단으로만 보고, 그밖의 일에 관심을 갖는 것은 오직 외관상 그렇게 보일 따름이다. 따라서 그것은 하나의 우로(迂路), 즉 애교를 파는 원숭이의 흉내에 지나지 않는다. 그래서 루소도 이렇게 말하였다. "여자는 대체로 어떤 예술도 사랑하지 않으며, 또 어떤 예술에도 익숙할 수 없고, 천재적인 소질은 전혀 갖고 있지 않다."(마란벨에게 보내는 편지에서)

이와 같은 사실은, 사물을 적어도 외관(外觀) 이상으로 볼 수 있는 사람이라면, 벌써 꿰뚫어 보고도 남음이 있었을 것이다. 그리고 이것을 확인하려면, 음악회나 오페라나 연극 등을 구경할 때, 여자들이 어디에 주의를 집중시키는가를 살펴보면 된다. 가령 걸작의 가장 오묘한 대목이 연주될 때에도 그녀들은 아이들처럼 멍청한 얼굴을 하고 나불나불 지껄일 것이다.

희랍 사람들은 여자를 숫제 극장에 들여보내지 않았다고 했는데 만일 정말로 그랬다면 이치에 맞는 처사였다. 그녀들은 극장에 가면 공연되는 배우들의 대사(臺詞)정도는 잘 분간할 수 있었을 것이다. 그것은 어쨌든, 우리 시대에는 다음과 같은 커다란 글씨로 써 붙이는 것이 좋을 것이다. 즉, "여자는 교회에서 침묵을 지킬 것." "여자는 극장에서 입을 다물 것."

여자는 아무리 소양(素養)이 우수한 사람이라도 미술에서는 참으로 위대한 독창적인 창작을 한 적이 없으며, 영원한 생명을 지닌 가치있는 작품을 제작한 일이 없다는 사실을 염두에 둘 때, 여자에게는 도저히 이렇다 할 기대를 할 만한 것이 없음을 알 수 있을 것이다.

여자들의 이런 현상이 특히 현저히 드러나 보이는 것은 미술 방면이다. 기술면에서는 여자들에게도 우리와 같은 소질이 있어, 열심히 공부를 하지만, 결코 명화라고 할 만한 그림을 그린 예가 없다. 그녀들은 정신을 객관적으로 활용할 줄 모르는 데다가, 그림에서는 무엇보다도 이것이 직접적으로 요구되기 때문이다. 그리고 여자들도 때때로 주관 속에 곧잘 묻혀 버리며 같은 이유로, 그녀들은 대체로 그림에 대해 조금도 참된 감상(鑑賞)의 눈을 갖고 있지 못한 데 원인이 있다. 자연은 비약(飛躍)하지 않는다. 몇몇 일부의 예외가 없지는 않지만, 그것이 대국(大局)을 변경하지는 못한다. 대체로 여자들은 언제나 근원적인 의미에서 다루기 어려운 속인이다.

그녀들은 남편의 신분과 간판을 내세우는 부당하기 짝이 없는 풍습에 젖어 있으며, 언제나 남자의 공명심(功名心)을 자극하여 비열한 수단까지 곧잘 동원한다.

여자에게는 이런 성격이 있어, 이들이 앞장서서 꼬리를 치기 때문에 결국 오늘날 세상은 이렇게까지 악화된 것이다. 여자가 남편의 지위를 나눠 가진다는 사실에 대해서는 나폴레옹의 말이 옳다. 그의 말에 의하면 "여자에게 훈장을 주어서는 안 된다"는 것이다. 그리고 그밖의 다른 점에 대하여는 샨포올의 말이 옳다고 본다. "즉, 우리는 여자들의 약점과 어리석음을 알고 교제해야 하며, 결코 이성적인 인간으로서 대해서는 안 된다. 여자와 남자들 사이는 외모로만 상통되며, 정신과 영혼, 성격적으로 상통되는 일은 극히 드물다"고 그는 말했다.

여자는 열등한 족속이요, 모든 점에서 뒷자리에 앉아야 할 아류(亞流)이므로, 그녀들의 약점은 너그럽게 받아 줘야 하지만 철없이 여자를 존경한다는 것은 우스운 일이며, 그녀들 앞에서 우리 자신을 비굴하게 만드는 소치이다. 자연은 인류를 절반으로 나눴으나, 그 경계선은 한가운데 있지 않다. 그리고 그 양극(兩極)에 있어서의 음극과 양극의 차이는 질(質)에만 있는 것이 아니다. 양(量)에도 있다.

옛날 사람들과 동방 사람들은 여자를 이렇게 보아왔다. 그러므로 여자들에 대한 대립도 우리보다 훨씬 정확하였다. 그런데 우리에게도 기독교와 게르만적인 어리석음에서 피어난 커다란 꽃바구니 —— 저 프랑스에 전해 온 예절과 여성숭배라는 악취미에 착각을 일으켜서, 결국 그녀들은 그처럼 건방지게 되고, 철면피하게 되어버렸다. 우리는 때때로 베나아테스의 원숭이를 상기한다. 사람들이 그 원숭이를 거룩한 짐승(聖獸)으로 받들기 때문에 놈은 신성불가침(神聖不可侵)의 존재로 자부하여 멋대로 행세하려고 한다.

서양 여성들 가운데서도 특히 소위 귀부인은 그릇된 지위에 놓여 있다. 옛날 사람들이 정당하게도 열등 족속이라고 부른 여자는 결코 우리가 존경하거나 숭배할 대상이 못된다. 그러므로 남자보다도 얼굴을 높이 추켜들거나 남자와 동등한 권리를 가질 만한 자격이 없다. 이 그릇된 지위에서 비롯되는 고약한 결과는, 보기만 해도 눈이 매울 지경이다.

그러므로 가장 바람직한 것은, 유럽에서도 인류라는 종족의 제2호가 다시 그 자연스러운 위치에 돌아가는 일이다. 그리하여 전 아시아의 웃음거리가 되어 있고, 또 옛날의 희랍인이나 로마인들에게 보이면 필경 폭소를 자아내었음직한 저 귀부인이라는 요물계급(妖物階級)을 비판해야만 한다.

그렇게 되면 사회적으로나 정치적으로 매우 좋은 결과를 가져오게 될 것이다. 그리고 그때에는 적 사리안인의 법전(法典)도 자연히 필요없게 될 것이다.

어쨌든 유럽의 판에 박힌 귀부인이라는 족속은 절대로 허용해서는 안 되며, 여자로서는 가정부인과 또 그것을 원하는 아가씨가 있으면 충분하다. 젊은 처녀들은 거만한 귀부인이 되기 위해서가 아니라 집안 일을 돌보고 남편에게 순종하도록 가르쳐져야 한다. 유럽에 귀부인이라는 게 있기 때문에 신분이 낮은 여자들, 그러니까 대부분의 부인들은 동양 여성들보다 훨씬 불행한 처지에 놓여 있다. 바이런도 이렇게 말하고 있다. 고대 희랍시대의 부인의 위치는 지금 생각해 보면 상당히 훌륭한 것이었다.

오늘날 여성들의 처지는, 기사제도(騎士制度)와 봉건제도의 만풍(蠻風)에서 비롯된 여폐(餘弊)로서, 인위적이고 부자연스럽다.

여성에게는 충분한 의식(衣食)을 제공하고 가정을 잘 돌보도록 해야 하며, 사회에 내보내지 말아야 한다. 그리고 정치나 시에는 손을 대지 못하게 하고 성실하게 종교적인 교육을 실시하여 단지 종교서적과 요리책이나 읽게 하면 된다. 음악이나 미술, 무용, 그리고 때로는 가벼운 뜰안 일, 또는 논밭 일도 시킬 만하다. 나는 이바이라스에서 여성들이 도로 청소를 훌륭히 감당해 내고 있는 것을 본 적이 있다. 그러니 풀을 베거나 젖을 짜는 일쯤은 할 수 있을 것이다.

8

 일부일처제(一夫一妻制)가 실시되고 있는 유럽에서 남자가 결혼을 한다는 것은, 자기의 권리를 절반으로 줄이고, 의무를 갑절로 만드는 것을 의미한다. 법률이 여성에게 남성과 동등한 권리를 인정해 준다면 미리 그녀들에게 남자와 필적(匹敵)할 만한 이성도 부여해야 할 것이다.

 그런데 법률이 여자에게 권리나 명예는 인정하고 그녀들의 천성을 무시할수록 사실상 이 법률의 혜택을 받는 여자의 수는 점점 줄어들어 대부분의 여자들은 그만큼 훨씬 더 본래의 자연적인 권리를 상실하게 된다. 즉, 법률은 여자가 어느 모로나 남자와 동등하지 않은 데도, 완전히 동등한 것으로 간주하며 일부일처제도와 혼인법으로, 여자에게 유리한, 그러나 부자연스럽기 짝이없는 입장을 부여하게 되므로, 현명하고 사려깊은 남자라면, 결혼이라는 한풀 꺾이는 약정(約定)을 하여 희생되기를 주저할 것이다.

 그러므로 일부다처제의 국민들 사이에서는 여자들이 저마다 생활에 도움을 받고 있는데, 일부일처제를 실시하고 있는 나라에서는 결혼한 여자의 수가 적으며, 나머지 많은 여자들은 생활해 가기 어려운 처지에 놓여 있다. 그리하여 상류계급에 속한 규수들은 시들어빠진 노처녀로 하는 일없이 허송 세월을 하며, 하류층에 있는 처녀들은 고달픈 막노동을 하면서 살아가거나 매춘부가 되는 도리밖에 없다.

그리하여 매춘부로서 삶의 보람도 즐거움도 느끼지 못하고 살아가는 여자들은 이러한 일부일처제의 사회에서 남자의 성욕을 만족시키기 위한 도구가 되고 있다. 이들의 직업은 법적으로 공인되어 있으며, 특수한 목적을 갖고 있다. 그것은 현재 남편을 갖고 있는 여자나 또는 앞으로 남편을 가지려고 하는 여자들이 그릇된 유혹에 빠지는 것을 방지하려는데 있는 것이다. 그리하여 런던만 하더라도 매춘부의 수는 무려 8만에 달한다.

이 여자들은 일부일처제에 희생되어 가장 더러운 수렁 속에 빠져 있으며, 일부일처제라는 제단에 바친 제물인 것이다. 이와 같이 비통하고 추악한 생활을 하고 있는 이들은 한쪽에 거드름을 피우는 귀부인이라는 존재가 있는 한, 없어지지 않을 것이다.

그러므로 대국적인 입장에서 보면, 여인들을 위해서는 차라리 일부다처제(一夫多妻制)가 말썽이 덜할지 모른다. 특히 아내가 만성병에 걸려 있거나, 또는 불임증(不姙症)에 걸려 있거나, 나이를 먹어 성적인 매력이 없을 때에 남편이 두 번째 아내를 맞이하는 것이 어째서 나쁜지, 냉정히 생각해 보아도 그 이유를 알 수가 없다.

모르몬교*가 점점 많은 개종자(改宗者)를 배출해 내고 있는 것은 세상 남자들이 부자연스러운 일부일처제의 폐지를 원하고 있기

---

* 1830년에 미국인 스미드(Joseph Smith)가 창시한 기독교의 방계적(傍系的)인 일파. 모르몬경을 경전으로 하고, 일부다처제를 채택했으나 1895년 이후로 미국 법률에 의해 금지됨.

때문이 아니겠는가? 그리고 오늘의 법률이 여성에게 부당한 권리를 부여하고 있는 것은 동시에 당치않은 의무를 짊어지게 하는 소치로 여성들의 불행은 여기서 비롯된다. 즉, 대부분의 남성들에게 있어서 신분이나 재물은 상당한 두통거리이며 구하여도 좀처럼 손에 넣을 수 없는 무거운 짐이 되기 때문에 달리 특수한 조건이 있지 않는 한, 차라리 정식 결혼을 단념하고 마음에 드는 여자를 택하여 결혼 이외의 조건으로 그녀와 자식을 부양하려는 경향이 있다. 그런데 이런 조건이 정당하고 합리적이며 또 현실에도 부합되어, 여자가 결혼에서 얻게 마련인 불균등한 권리를 내세우지 않고 그 조건을 응락하더라도, 결혼이 사회조직의 토대가 되어 있는 한, 불명예스러운 여자가 될 수밖에 없으며 따라서 암담하고 서글픈 나날을 보내게 마련이다. 그리고 이것은 결국 인간이 자기에 대한 타인의 관심이 매우 큰 가치를 인정하는 경향이 있기 때문이다. 만일 여성이 이 조건에 응하지 않는다면, 자기가 좋아하지 않는 사람을 남편으로 삼거나, 아니면 노처녀로 시들어 버릴 모험을 감수하는 수밖에 없다. 여자가 남성에게 매력있게 보이는 기간이란 매우 짧기 때문이다.

우리의 일부일처제에서 볼 수 있는 이런 폐단에 대하여는 토마디우스가 축첩(蓄妾)을 논한 명저(名著)가 있는데 꽤 읽을 만하다. 거기 보면 모든 문명 국민에게는 옛날부터 루터의 종교개혁 당시에 이르기까지, 이 축첩은 하나의 묵인된 풍습, 아니 어느 정도 공인된 관습으로 인정되어, 전혀 불명예스럽게 여기지 않았다. 그런데 이것이 불명예스러운 비공식 악습(惡習)으로 간주된 것은, 루터의 종교개혁에 기인하는 것으로, 반면에 이 종교개혁은 성직자의 결혼을 인정했으나, 카톨릭에서는 부정하였다.

일부다처주의에 대해서는 별로 논쟁이 일어나지 않는다. 그것은 도처에서 실시되고 있으므로, 다만 어떻게 그것을 조절하느냐가 문제이다. 대체 진정한 일부일처주의가 어디 있단 말인가. 우리는 누구나 적어도 어느 시기는, 그리고 대개는 한평생, 사실상 일부다처주의자가 되어 있다. 남자가 본래 많은 여자를 필요로 하며 또 요구하는 이상, 그가 자유로이 행동하여 자기가 책임을 지고 많은 첩을 먹여 살릴 수만 있다면 이의(異議)가 있을 리 만무하며, 이로 인하여 여자 자신도 종속자(從屬者)로서의 올바른 위치로 들어가게 된다.

유럽 문명과 기독교 및 독일적인 어리석음이 낳은 괴물인 저 귀부인이라는 족속이 남자의 존경과 숭배를 강요하고 있는 웃지 못할 희극은 자취를 감추어, 세상에는 다만 여자가 있을 따름 오늘날 유럽에 우글거리는 불행한 여자는 찾아볼 수 없게 될 것이다. 어쨌든 모르몬교의 가르침에는 정당한 근거가 있다.

9

인도에서는 어떤 여자에게도 독립이 허용되지 않고, 부친이나 남편, 또는 형제의 감시를 받고 있는데, 이것은 메누의 법전(法典) 5절 148절에서 유래된다고 본다. 인도에는 남편이 먼저 죽으면 아내가 그 유해와 함께 화장되는 풍습이 있는데 이것을 비인도적(非人道的)이라고 한다면, 오늘날 유럽에서 찾아볼 수 있는 것처럼, 남편이 자식을 위해 한평생 애써 벌어놓은 재산을 남편이 죽은 뒤 아내가 마구 써버린다는 것도 비인도적인 처사라고 보지 않을 수 없다. 그러므로 그 중간을 취하는 것이 바람직하다. 어머니의 사랑은, 동물에 있어서도 인간의 경우와 마찬가지로, 그것은 본래 오직 본능적인 것이다. 그러므로 자식이 자라 육체적으로 독립하게 되면 사라져 버리고, 그 대신 습관과 인정에서 비롯되는 사랑이 나타나게 되는데, 실제로 그것이 드러나 보이지 않는 경우도 때때로 있다. 이것은 어머니가 남편(그러니까 자식의 아버지)을 사랑하지 않았을 경우에 특히 그러하다. 그러나 자식에 대한 아버지의 사랑은 전혀 다르다. 그것은 매우 견고한 것으로, 자기의 가장 내면적인 자아를 재인식하는 데서 비롯된다. 다시 말하면 그 사랑은 형이상학적인 원천에서 유래되는 것이다.

예로부터 거의 모든 나라에서 재산은 아들에게만 상속되어 왔다. 그런데 다만 유럽에서는 귀족사회를 제외하고는 이 일반적인 원칙이 준수되지 않고 있다. 남자가 오랫동안 땀을 흘려 겨우 모아 놓은 재산은, 나중에 여자의 손으로 들어가게 되며, 여자는 다시 자기의 빈약한 이성에 잘못 인도되어 금세 탕진해 버리거나 그밖의 여러 가지 방법으로 한꺼번에 낭비해 버리는데, 이것은 종종 볼 수 있는 기괴망칙한 일이다. 그러므로 반드시 여성의 상속권을 제한하여 이런 폐단을 막아야 한다.

내 견해로는 과부나 딸에게는 단지 재산을 저당한 이자(利子)를 종신연금(終身年金)으로 물려주는데 그치고, 남자 상속자가 없을 경우가 아니면, 부동산이나 기본 재산의 상속을 허용하지 않는 것이 가장 좋은 제도라고 본다. 재산을 모은 사람은 남자이며, 결코 여자가 아니므로, 여자에게 무작정 재산을 물려주어야 할 하등의 이유가 없으며, 또 사실상 여자는 재산을 관리할 능력도 없다. 그리고 여자가 재산 —— 자본금이나 가옥, 또는 부동산을 상속받아 마음대로 처분하는 것은 절대로 허용하지 말아야 한다.

여자에게는 언제나 후견인(後見人)이 필요하다. 그러므로 어떤 경우를 막론하고 여자는 후견인이 될 수 없다. 여자의 허영심은 남자의 그것보다 작다고 하더라도, 오직 물질적인 면, 곧 자기 얼굴의 아름다움이나, 금빛으로 번쩍이는 장식품이나, 그밖의 값진 소지품 따위의 겉치레에 쏠리는 나쁜 경향이 있다. 그리하여 여성의 허영은 사교생활이라는 넓은 범위에까지 확대되므로, 그녀의 빈약한 이성(理性)의 후원까지 얻어 낭비에 흐르기 쉽다. 그러므로 옛사람도 "여자는 선천적인 낭비가이다"라고 말하고 있다.

이와 반대로 남자의 허영심은 물질적인 우월을 원하기보다 지능이나 학식, 또는 용기 같은 데에 쏠리는 경우가 많다. 아리스토텔레스도 《정치학》 제2권 9장에서, 스파르타인이 여자에게 너무 많은 것을 허용했기 때문에 그녀들은 남편으로부터 물려받은 유산을 개가(改嫁)하는 혼수(婚需) 비용으로 썼으며 방종과 자유가 허용되었기 때문에 결국 국력이 크게 쇠퇴하게 되었고, 끝내는 나라의 멸망을 촉진하였다고 쓰고 있다.

프랑스에서는 루이 13세[*] 이후로 점점 증대해 가기 시작한 여권(女權)이 궁정과 정부를 날로 부패하게 했기 때문에 제1혁명이 일어나고, 그 후 계속해서 혁명과 내란이 일어났던 것이다. 아무

---

[*] 프랑스의 국력을 강성하게 하는 데 업적이 큰 프랑스왕(1585~1643) 대승정 리슐리외를 재상으로 임명하여 귀족과 제후를 억압하고 국권을 신장하고, 군비를 강화하여 영국에 대항했다. 프랑스 예술원은 그가 세웠다.

튼 여자에게 부당한 지위를 부여한다는 것은(귀부인층이 가장 뚜렷한 예인데) 분명히 사회를 위태롭게 하는 근본적인 결함이며, 그 나쁜 영향은 사회의 중심에서 비롯되어 모든 부분에 파급된다. 여자가 선천적으로 남자에게 복종하게끔 되어 있다는 것은 설사 어떤 여자가 부자연한 위치에서 자주 독립해 있어도 한 남자에게 의지하여 그 지도나 지배를 기꺼이 받고 있는 것을 보더라도 분명히 알 수 있다. 요컨대 여자에게는 하나의 여건이 필요하다. 젊어서는 남자 애인이 있어야 하고 늙으면 선법(禪法)을 주는 성직자가 있어야 하는 것이다.

6. 교육에 대하여

　개념*은 직관**을 추상(抽象)해서 생기는 것이다. 이것은 인간이 지닌 지능의 성격에서 비롯되는 것으로, 따라서 직관은 개념보다 먼저 있다. 그리하여 실제로 이 전후관계가 그와 같은 과정을 밟는다고 하면, 사람들은 자기의 하나하나의 개념이 어느 직관에 해당되고, 어느 직관이 어떤 개념을 대표하는지 정확하게 알 수 있다. 이 양자(직관과 개념)에 대한 올바른 지식으로 우리는 자기 자신에게 닥친 모든 일을 정확하게 처리할 수 있다. 이것을 '자연적인 교육'이라고 말할 수 있을 것이다.

　그런데 '인위적인 교육'은 어떤 방법을 취하는가? 직관의 세계에 대하여 두뇌가 넓은 지식을 갖기 전에 강의나 교과나 독서 등을 통하여 머리속에 개념을 잔뜩 주입한다. 이런 개념에 대해서는 경험이 뒤따라 거기 해당되는 직관을 지적해 보여 주지만, 이

---

* 개념. 여러 관념 속에서 공통된 요소를 추상하여 종합한 하나의 관념. 판단의 결과로 얻어지면 또한 판단을 성립시키는 것으로서 인간의 사고는 개념에 의해서 행해진다.
** 직관. 판단이나 추리 등의 사유작용을 보태지 않고 대상을 직접적으로 파악하는 작용.

개념들은 잘못 적용되어 사물과의 인과관계가 잘못 생각되고 판단되며 취급되기 쉽다. 요컨대 이런 교육은 비뚤어진 두뇌를 기르게 되어, 대부분의 젊은이들은 오랫동안 강의와 독서생활을 해 온 연후에 뜻밖에는 우직하고 빗나간 인간이 되어 세상에 배출되어, 매사에 소심하거나 또는 무모하게 고슴도치처럼 처세한다. 머리속에 가득찬 개념을 적용하기 위해 애쓰지만, 언제나 거의 실패하기 때문이다. 그것은 방금 말한 뒤의 것(개념)을 먼저 머리에 쑤셔 넣는 데서 오는 폐단이다. 즉, 우리가 정신능력의 자연스러운 발달과정을 역행하여 우선 개념을 머리속에 넣은 다음에 직관을 받아들이기 때문이다.

그리하여 교육자가 아동의 인식이나 판단 및 생각하는 힘을 기르려고 하지 않고, 다만 그들의 머리속에 그들과의 인연이 먼 기성사상(既成思想)을 주입하는 데만 힘쓴다. 이 때문에 훨씬 나중에는 개념의 그릇된 적용에서 비롯되는 모든 판단을 오랜 경험이 시정하게 마련인데, 이것도 완전히 이루어지는 경우가 드물다. 그러므로 박식한 사람으로서 상식이 풍부한 경우는 매우 드물며, 오히려 무지한 사람들이 건전한 상식을 갖고 있는 경우가 많다.

모든 경험은 세계에 대해 깊이 알려고 한다. 그러므로 이 지식을 올바른 출발점에서 받아들이는 것이, 교육의 요점이다. 그런데 이것은 앞에서 말한 바와 같이, 어떤 사물에 대해서나 직관을 개념에 앞세우고, 좁은 개념을 넓은 개념에 선행(先行)시켜, 모든 교수법은 순서대로 개념을 배치시켜나가야 한다. 만일 한 번이라도 이 순서를 어기면, 불충분하고 불확실한 개념을 얻게 되고, 여기서 또한 그릇된 개념이 파생되어, 나중에는 자기 개인에게만 통용되는 비뚤어진 세계관(世界觀)이 형성된다. 그리하여 모든 사람들이 오랫동안, 아니 한평생 이런 세계관을 갖고 살아간다.

누구나 잘 반성해 보면, 나이를 먹은 후에 비로소, 그리고 대개는 문득 사물에 대한 정확하고 분명한 이해를 하게 되는 경우를 상기할 것이다. 그러니까 그는 지금까지 세계에 관한 지식에 하나의 결함을 갖고 있었는데 그것은 최초의 교육에 의해 사물에 대해 잘못된 개념을 갖게 되었기 때문이다. 교육은 타인을 교사로 하여 배우는 인위적인 경우도 있고, 자기의 경험을 토대로 하여 배우는 자연적인 경우도 있다.

그러므로 교육자는 우선 피교육자의 지식이 실제로 어떤 자연적인 순서를 밟아서 알려지는가를 자세히 알고, 이 순서에 따라 피교육자로 하여금 질서있게 사물에 대한 지식을 얻도록 해야 하며, 결코 머리속에 그릇된 생각을 주입해서는 안 된다. 이 생각은 한 번 주입되면 좀처럼 다시는 버리기 어려우므로, 가장 긴요하고 주의를 필요로 하는 것은 직관이 개념에 앞서게 해야 하는 것으로, 결코 그 반대가 되어서는 안 된다.

그런데 실제에 있어서는 교육적으로 해로운 반대현상이 이루어져, 아이들은 나면서부터 발로 걸어다니고, 시(詩)는 처음부터 운(韻)을 밟아서 짓는 것으로 생각하는 모양이다. 아이들의 머리가 아직 빈약한 직관밖에 하지 못할 때에 선입관념(先入觀念)으로 굳어버릴 여러 가지 개념이나 판단을 주입하기 때문에 나중에 아이들은 직관과 경험에 의해 이것을 추출(抽出)하려고 하지 않고, 오히려 그것을 직관이나 경험에 적응시키려고 한다.

 그런데 직관은 풍부하고 다양한 반면에 추상적인 개념은 생각을 바로 매듭지으므로 간명하고 신속한 점에서도 직관이 개념을 따르지 못한다. 그래서 직관이 이런 선취적(先取的)인 개념을 시정하려면 상당히 오랜 시일이 걸린다기보다는, 전혀 시정할 수 없는 경우도 허다하다. 즉, 직관이 스스로 개념과 충돌할 경우에도 그것은 특수한, 그리고 편견에서 비롯된 것으로 간주하여, 그것을 인정하면 전부터 갖고 있던 개념이 폐물이 되는 것이 두려워 외면해 버린다.

 그리하여 대부분의 사람들은 일생 동안 그릇된 생각과 망상과 편견, 그리고 상상의 부산물(副産物)이나 선입관을 갖고 있으며, 때때로 이것들은 지렛대로도 움직일 수 없는 딱딱한 개념으로 굳어버리는 것이다. 이와 같이 어떤 사람이 모든 사물에 대하여 기성개념(既成概念)만을 받아들여, 이 때문에 한 번도 직관과 경험에 근거를 둔 개념을 끄집어내려고 하지 않는다면, 그의 지식 전체가 얄팍하고 왜곡된 것이 되지 않을 수 없으며, 오늘날은 그 실례를 얼마든지 찾아볼 수 있다.

 그러므로 소년시절에 이런 잘못된 과정을 밟지 않고, 인식 능력의 발달에 따르는 자연스러운 도정(道程)에 따르는 교육을 받아야 한다. 어떤 개념도 직관을 통하지 않고서 주입해서는 안 되며, 적어도 직관의 참여없이 덮어놓고 받아들이게 해서는 안 된다.

이렇게 교육된 아동은 소수의 개념을 갖고 있을 뿐이지만, 모두 올바르고 기본적인 것이다. 그 아이는 사물을 남의 것이 아닌 자기의 척도로 측정할 수 있으며, 따라서, 대다수의 사람들처럼 학교 교육의 대부분을 차지하고 있는 망상(妄想)이나 선입관의 제거에 힘쓸 필요도 없다. 그 정신상태는 근본적이고 명석한 것에 익숙하여, 자기류(自己流)의 판단과 선입관으로부터 벗어날 수 있다. 대체로 말하면, 아동이 인생에 대한 지식을 습득할 경우에 중요한 것은, 원전(原典)에서 직접 배우게 하며, 결코 사본(寫本)에서 배우게 해서는 안 된다는 것이다.

그러므로 교육자는 그들에게 책을 읽히기를 서두르지 말고, 순서를 따라 차츰 사물과 인간의 관계를 알게 해야 한다. 무엇보다도 중요한 것은, 그들에게 사물을 올바로 이해하는 버릇을 붙이게 하는 일이다. 그들이 언제나 개념을 세계에서 직접 끄집어내고, 현실에 의거하여 개념을 파악하도록 지도해야 할 것이다.

그런데 관념을 그밖의 다른 방면, 즉 책의 이론이나 소설, 남의 이야기 등에서 빌어다가 그것을 고정된 것으로 현실에 적용하면 공허한 생각으로 가득찬 머리는 눈 앞의 현실을 잘못 이해하거나, 자기의 망상에 따라 현실을 개조해 보려고 헛되이 노력한다. 그리하여 여기서 오는 그릇된 이론으로 말미암아 실천에서 미궁에 빠지게 된다.

이렇게 일찍이 옮겨 심은 망상과 거기서 비롯되는 선입관은 큰 해악을 초래한다. 그러므로 참된 세계와 인생이 우리에게 베푸는 교육은 주로 그 잘못된 것을 추려내는 데 주력하게 된다. 디오게네스[*]의 《고문 선집》 6권 7장에 보면 안티스테네스^{**}의 답변도 여기 의거해 있다. 교육에 있어서 무엇이 가장 필요한 것이냐고 묻는 물음에 대답하기를, "나쁜 것을 분간하여, 그것을 잊어버리는 것이다"라고 했다.

일찍부터 머리 속에 주입된 오류는 대체로 물리치기 어려우며, 판단력은 제일 나중에 성숙하므로 피교육자가 18세가 되기까지는 큰 오류를 품고 있을지도 모르는 모든 가르침 —— 철학이나 종교 또는 그 밖의 학문의 일반적인 견해에서 그들을 멀리하고, 단지 수학처럼 그들이 잘못을 범할 우려가 없는 학과나 또는 어학, 박물학, 역사와 같은 과목처럼 전혀 오류를 범할 위험이 포함되지 않은 과목을 가르치는 것이 상책이다. 그리고 일반적으로 말하면, 어떤 연령에 있어서나 그 시기의 두뇌에 완전히 해득할 수 있는 학과만을 가르쳐야 한다.

청소년 시절은 재료나 사실을 수집해서 하나하나의 특성을 근본으로 알아야 하는 시기이므로 사물에 대한 판단은 나중으로 미루어, 최종의 설명은 보류하는 것이 바람직하다. 그러므로 이 시기의 피교육자는 지력(知力)의 성숙과 경험에 선행해서 일어나는

---

* Diogenes(B.C. 412?~323?). 고대 희랍의 철학자. 통을 집으로 삼고 세계시장임을 자처하면서 금욕생활을 했음. 알렉산더대왕이 찾아와 통 앞에 서서 소원이 무엇이냐고 묻는 말에, 통에 그림자가 지니 비켜줬으면 좋겠다고 대답했다고 한다. 퀴닉학파의 창시자.
** Antisthenes(B.C. 444?~371?). 고대 희랍의 철학자. 소크라테스의 제자. 세상욕심을 떠난 덕만이 최상의 것이라 하여 거지처럼 살았음.

판단력은 잠재워 두고, 여러 가지 선입견을 받아들여 고정시키는 일이 없도록 조심해야 한다. 그렇게 하지 않으면 판단력은 끝내 절름발이가 되어버린다.

그런데 기억력은 젊은 시절에 가장 정확하므로, 그 훈련은 이 시기가 가장 적합하다. 다만 교재(教材)에 면밀한 주의를 요하며, 세심한 배려와 선택을 가할 필요가 있다. 즉 젊은 시절에 분명히 기억해 둔 것은 일생 동안 고착되므로 이 귀중한 능력을 되도록 유효하게 이용해야 한다.

우리가 일생의 시발에서 22년 사이에 알게 된 사람들을 얼마나 생생하게 기억하고 있으며, 그 당시에 일어난 일들과 그 동안에 경험하고 듣고 배운 여러 가지 것들이 얼마나 깊은 인상을 남기는가를 생각해 보면, 교육의 기초는 이 청소년 시절의 감수성과 고착성(固着性) 위에 뿌리박고 있다는 것을 알 수 있다. 우리는 예리한 이 성능(性能)의 소산인 모든 인상을 엄밀히 규범과 법칙에 따라 조직적으로 선택하고 선도해야 한다.

그런데 인간에게는 이 청소년기가 매우 짧고 또 대체로 개인이 소유하고 있는 기억력은 한정된 능률밖에 발휘하지 못하므로, 사물의 가장 중요하고 필요한 면을 이 시기에 중점적으로 다루게 하고, 그밖의 것들은 취급하지 말아야 한다.

그리하여 이 선택은 개개의 사물에 대하여 가장 적합하고 슬기로운 자에 의해 세밀한 배려를 통해서 이루어져야 하며, 그 결과가 반드시 좋아야 한다. 또한 이 선택에 있어서 근본적으로 인간일반(人間一般)은 개개인에게 특유한 전문적인 직업을 분간해야 하므로 여기 필요한 모든 일을 잘 알고 있어야 한다. 그리고 이 첫 번째의 지식(인간 일반에게 필요한 지식)은 개개인의 환경을 잘 살펴서 교양정도에 따라 단체적으로 일종의 등급별로 학과목을 편성하여, 아래로는 필요한 기본적인 교과에서 위로는 대학의 철학과에서 습득하는 학과목에 이르기까지 각각 등급을 나눠야 한다.

그리고 다음에 두 번째 지식(전문분야의 지식)은, 각각 참된 전문가에게 선택을 맡기는 도리밖에 없다. 이렇게 해서 습득한 모든 지식은, 지적 교육에 있어서 특별히 선정된 경전(經典)이라고 볼 수 있으나, 말할 것도 없이 20년에 한 번쯤 개정할 필요가 있다. 이렇게 해서 교육을 실시하면 청소년기의 기억력을 가장 이상적으로 활용할 수 있으며, 그후의 사리판단에 좋은 재료를 제공할 수 있다.

인식능력의 성숙, 다시 말해서 개개인의 머리 속에서 인식능력이 발달하는 정도로, 추상적인 개념과 직관적인 이해 사이에 이루어지는 정교한 관련에서 비롯된다. 이 경우에 하나하나의 개념이 직접간접으로 모든 개념에 오직 참된 가치를 부여하는 직관의 터전 위에 서게 되며, 따라서 인간은 현재 나타나고 있는 하나하나의 직관을 거기 적응하는 올바른 개념에 귀착시킬 수 있다.

그리고 이것이 이루어지는 것은 오직 경험을 기다려서, 그러니까 시간이 얼마만큼 경과한 후의 일이다. 다시 말해서 우리들의 직관적인 지식과 추상적인 지식은 각각 따로 얻게 되는 것이 상례이며, 전자는 자연적으로 얻어지고, 후자는 타인의 가르침과 전달(그것이 옳고 그른 것은 별문제로 하고)에서 우리의 머리 속에 들어온다. 그러므로 청소년기에는 대체로 말로만 되어 있는 우리의 개념과 직관에 의해 얻어지는 우리의 참된 인식 사이에는 근소한 일치와 관련이 있을 뿐이다.

그리고 이 양자(직관과 개념)는 시간이 경과함에 따라서 점점 가까이 접근시켜 나중에는 서로 합치된다. 인식이 성숙된 상태란 이 경우를 가리키는 것이다. 이 인식의 성숙은 개인의 능력에 따라 도달하게 마련인 다른 방면의 그것과는 다르다. 이것은 추상적인 인식과 직관적인 인식의 연관에 의거하지 않고 양자의 강도에 기인하기 때문이다.

실천적이고 활동적인 사람에게 가장 요긴한 것은 이 세계가 참으로 어떠한 것이며, 어떻게 움직여 가고 있는가에 대하여, 정확한 근본적인 지식을 갖는 것이다. 그런데 이것은 다른 어떤 분야의 연구보다도 오랜 시일을 필요로 한다. 과학 분야라면 청소년 시절에도 중요한 문제를 연구하여 배울 수 있지만, 세계에 관한 지식을 얻으려면 만년에 이르기까지 연구를 계속해야 하며, 이렇게 해도 잘 해득하지 못하는 것이 보통이다. 그러나 청소년들은 이 지식에 관해서는, 누구나 신입생이다. 처음으로 가장 어려운 과목을 배우게 되는 셈인데, 나이가 지긋한 사람도 많은 학습과정을 필요로 한다.

그런데 이 세계에 대한 지식 자체의 학습도 매우 어려운데 그 어려움은 소설을 읽기 때문에 배가(倍加)된다. 즉, 소설은 사실상 현실에 있지 않은 사건이나 인간관계를 그린 것인데, 경솔한 판단을 내리기 쉬운 청소년들은 그것을 사실 그대로 받아들여, 지금까지 지녀온 소극적인 무지와 무식 대신에, 하나의 허망한 가정(假定)이 적극적으로 혼란을 초래함으로써 언제나 경험에 입각한 실제 교육을 훼방하기 때문에 이 올바른 가르침이 오히려 거짓으로 보인다.

그리하여 지금까지 어둠 속에 놓여 있던 청소년들이 이제는 미궁(迷宮)의 요화(妖火)에 접하게 되는데, 이런 폐단이 젊은 여성들에게 더욱 심하다. 즉, 그녀들은 소설을 읽기 때문에 인생에 대한 그릇된 견해가 주입되어, 실제로 실현될 수 없는 기대를 갖게 되며, 이렇게 해서 인생의 첫발을 잘못 디디면, 대개 한평생 가장 불리한 영향을 받게 된다.

그러므로 시간 여유가 없었거나 직업에 매여 소설을 모르고 청소년 시절을 보낸 사람은, 이 점에서는 한결 유리한 입장에 서게 된다. 다만 몇몇 소설은 위에서 말한 비난에서 제외될 뿐더러 정반대의 영향을 주는 것도 있다. 예컨대 르 사아즈[*]의 Gil Blas나 그밖의 작품, Liew of Wahefield, 그리고 부분적으로는 월터 스코트[**]의 소설 등, 또한 《돈키호테》는 지금 말한 혼미(混迷)를 풍자적으로 묘사한 작품으로 보아도 좋을 것이다.

---

[*] Le Sage (1668~1747). 프랑스의 작가. 17세기 초엽의 사회상을 정확하고 상세하게 묘사한 작가로 유명함.
[**] Scott sir Walter (1771~1832). 영국 소설가, 비평가, 역사가. 생후 18개월만에 절름발이가 되었다. 영국 낭만파의 선구자. 처음에 시인으로 출발했으나 바이런에게 압도되어 소설가로 전향.

7. 죽음에 대하여

1

　죽음은 영감(靈感)을 받아들이는 정령(精靈), 철학을 주재(主宰)하는 신…… 인간에게 죽음이 없었던들, 인간은 철학적인 사색을 하는 일이 없었을 것이다. 삶과 죽음은 모두 생존에 속한다. 양자는 서로 의지하여 이것이 저것의 조건이 되어 인생의 모든 현상에 두 극단을 이루고 있다. 가장 우수한 인도의 신화(神話)에 이 사실을 상징적으로 표현하여, 파괴의 신인 시바*는 죽은 자의 해골을 목걸이로 만들어 걸고 생식(生殖)을 나타내는 영감을 휴대하고 있다. 즉, 사랑은 죽음을 보충하며, 이 양자는 서로 중화하고 또 서로 상극(相剋)을 이룬다.

　그리하여 희랍인과 로마인은 죽은 자를 위해 값진 석관(石棺)을 마련하고, 그 조각에 주연(酒宴)이나 무도(舞蹈), 혼례, 사냥, 짐승

---

* Siva. 인도교의 파괴의 신. 과거·현재·미래를 투시하는 세 눈을 가졌다고 함. 불교에서는 대자재천(大自在天)으로 불리고 있다.

들의 싸움이나 바커스제*의 소란 등 —— 한 마디로 말해서 가장 즐거움에 충만하고 활동적이고 긴장된 삶의 이모저모를 표현했으며, 때로는 많은 남녀가 음락(淫樂)에 빠진 장면이나 자타르 신이 양(羊)과 교미하는 모습도 그리고 있다. 그들은 비통한 심정으로 매장하는 개인의 죽음과 자연의 영원불멸한 생명을 대조시켜 앞으로 효과적인 방법으로 살아 남은 자들을 위안하려고 했던 것이다.

2

죽음은 음락을 즐기는 성교를 통하여 결합된 매듭이 처참하게 풀리고 인간의 생존에 따르는 근본적인 미궁이 송두리째 파괴되는 커다란 환멸이다.

3

대다수의 사람들이 지닌 개성은 의의와 가치가 적고, 측은하기 짝이 없는 것이므로, 그들이 죽음에서 잃어버린 아무것도 있을 수 없다. 그들에게 무슨 참된 가치가 있다면, 그것은 모든 사람들에게 공통된 인류의 특질이며, 이 특질은 개인의 죽음에 의해 침해되는 일이 없다. 영원한 생존은 인류에 대해 분명히 기대되는

---

* 바커스 신을 모시는 제사. 바커스는 로마 신화의 술의 신이요, 희랍신화의 디오니소스에 해당됨.

것으로, 결코 개인에게 기대되지는 않는다. 개체로서의 인간에게 영원한 생존이 주어지더라도, 그 성격은 불변하고 그 지능은 좁으므로, 이런 개체로서 살아가기가 오히려 적막하고 단조로워 삶에 염증을 느껴, 차라리 거기에서 벗어나기 위해 스스로 목숨을 끊고 허무를 택하게 될 것이다.

개체의 불멸을 원하는 것은 하나의 혼미를 영원히 지속시키려는 것과 마찬가지이다. 그 이유는 개성은 또 하나의 특수한 혼미와 과오 —— 그러니까 존재해서도 안 되는 것으로, 삶의 진정한 목적은 우리로 하여금 거기서 해탈하게 하는 데 있기 때문이다.

이에 대한 충분한 실증(實證)은, 대부분의 인간, 아니 모든 인간은 자기가 꿈꾸는 어떤 세계에 옮겨 살게 되더라도 절대로 행복할 수 없게 되어 있다는 것이다. 만일 그것이 불행과 고난이 없는 세계라면 그들은 권태의 포로가 되어버릴 것이며, 그리고 이 권태에서 벗어날 수 있다면 그 정도에 따라 불행이나 고민에 빠지게 된다.

그러므로 인간이 행복을 누리게 하려면, 보다 더 좋은 세계로 그들을 옮기는 데 그쳐서는 충분하지 못하며, 반드시 그들을 송두리째 개조하여 지금의 인간이 아닌 전혀 다른 존재가 되어야 한다. 그렇게 되면 인간은 필연적으로 오늘날 살고 있는 모습과도 전혀 다를 것이며, 죽음은 그 예비적인 단계가 될 터이므로, 이런 견지에서 보면 죽음은 도덕적인 필요성이 있다고 보아야 할 것이다. 또한 인간이 하나의 다른 세계로 옮겨진다는 것과, 자기 자신을 완전히 개조한다는 것은 근본적으로 동일하다.

죽음이란 개인적인 의식에 종말을 가져오는 것을 의미한다. 그러므로 이 의식이 죽은 후에도 다시 점화(點火)되어 무한이 존속되리라는 소망은 부당한 것이다. 설사 그렇게 되더라도 영원히 지속되는 그 의식내용은 무엇이겠는가? 빈약하고 하찮고 비속한 사고와 많은 걱정 이외의 아무도 아닐 것이다. 그러므로 개체의 의식은 죽음으로 일단락이 나서 영원히 끝장을 보아야 할 것이다. 모든 생활기능의 움직임이 그쳐버리는 것은 그것을 유지해 나가고 있는 힘에 대해서도 분명히 부담을 덜어주는 것이라고 나는 생각한다. 이렇게 생각할 때 비로소 죽은 자들의 얼굴에 깊은 안식이 깃들어 있는 까닭을 이해할 수 있을 것이다.

4

인간의 이런 한 토막 꿈 같은 생애에 비하면, 그 앞뒤에 놓인 무수한 시간의 기나긴 밤은 얼마나 무한한 것일까? 가을에 곤충의 세계를 살펴보면, 어떤 놈은 오랜 동면(冬眠)에 대비하여 잠자리를 마련하고, 어떤 놈은 그냥 한겨울을 지내고 봄이 돌아오면 다시 먼저대로 재생되기 위해 껍질을 만들지만. 대부분의 곤충은 죽음의 팔에 안겨 영원히 잠들기 위해, 적당한 곳에 알을 낳는 것으로 만족하고, 이 알로 말미암아 다시 새로운 벌레로 재생되려고 한다.

이것은 모두가 자연이 주는 불멸의 가르침이 아니겠는가. 즉, 자연은 이렇게 해서 삶과 죽음 사이에 본질적으로 차이가 없다는 것과, 그 어느 한쪽만이 유독 삶을 위태롭게 하는 것이 아님을 보여 주고 있다. 곤충이 애써 둥지나 구멍이나 굴을 만들어 봄이 되면 태어날 유충을 위해 먹이를 장만하면 안심하고 죽어 가는 것은, 마치 인간이 밤이 되면 다음 날을 위해 옷과 아침식사를 준비해놓고 편히 잠드는 것과 비슷하다.

그리고 만일 곤충이 스스로, 또는 본성에 의해 늦가을에 사멸하는 것이(마치 잠자리에 드는 인간과 눈뜬 인간이 동일한 것처럼) 봄이 되어 태어나는 유충과 동일하다면, 이런 사후의 준비는 하지 않을 것이다.

5

여러분이 기르는 개를 보라. 얼마나 태연스럽게 살아가고 있는가, 그 개가 세상에 출산되기 전에 몇 천만 마리의 개가 죽어 갔지만, 이 사실은 조금도 개의 관념을 손상시킬 수 없고, 조금도 근심에 잠기지 않는다. 당신들의 개는 그처럼 무심히, 마치 오늘이 개로서 마지막 날이나 되는 것처럼 활기있게 살아가고 있다. 그 눈에는 개로서의 영원한 본체가 빛나고 있다.

그렇다면 수천 년 동안에 걸쳐 죽음이 멸망시킨 것은 무엇이겠는가? 그것은 분명히 개가 아니다. 개는 당신의 눈앞에 아무 손상도 입지 않고 앉아 있지 않은가. 다시 말해서 죽음의 손에 멸망된 것은, 형상뿐이다. 그리고 우리의 한정된 빈약한 인식능력은 시간 속에서 그 그림자와 이 형상을 의식하고 있을 따름이다.

6

자기가 죽은 다음의 일에 대해 형이상학적인 위안을 받을 수 없는 사람도 물질이 연속한다는 사실을 생각해보면 그것으로 해서 어떤 불멸관(不滅觀)을 얻어, 어느 정도의 위안을 느낄 수 있을 것이다. 그러나 사람들은 이렇게 중얼거릴지 모른다.

"무엇이라구? 한갓 티끌이나 물질 따위가 영속한다고? 인간의 영생이란 고작해야 이런 거란 말인가?"

"잠깐만, 당신들은 그 티끌에 대해 얼마나 알고 있는가? 티끌이 무엇인가? 그리고 그 티끌이 무엇을 할 수 있다고 보는가? 티끌을 무시하기 전에 티끌이 무엇인지 알아야지. 티끌이나 재에 불과한 물질은 이윽고 물에 녹아서 결정(結晶)이 되기도 하고, 또는 금속과 섞여 빛을 내기도 하며, 전광(電光)을 비추기도 하고, 자력(磁力)으로서의 위력을 나타내기도 하며⋯⋯ 혹은 식물이나 동물도 되고 나중에는 그 불가사의한 품안에서 당신의 협소한 정신이 두려워 하고 고민하는 인간의 생명까지도 탄생되는 것이다. 이와 같은 물질의 존속은 과연 아무 의미도 없는 것일까?"

7

죽음과 삶이라는 유희보다 더 큰 승부가 어디 있겠는가? 우리 눈에는 모든 것이 생사에 관련되어 있는 것으로 보이기 때문에 극도로 긴장하여 불안한 마음으로 이 개개의 승부를 주시한다.

그러나 이와 반대로 절대 에누리가 없고, 언제나 솔직하고 개방적인 자연은 여기 대해 전혀 색다른 의미를 가르쳐 주고 있다. 다시 말해서 자연은 개체의 삶과 죽음이 자기에게 조금도 관심이 없다고 언명하고 있다. 그 증거로는 동물이나 인간의 생명을 사소한 우연(偶然)의 농락에 맡겨, 죽어가도 거들떠보지 않는다. 당신이 걸어가고 있는 길바닥을 기어가고 있는 벌레를 보라. 당신의 발길이 무심코 한 발자국만 어긋나면 그 벌레의 생사를 결정해 버린다. 또 나뭇가지에 달라붙어 있는 달팽이를 보라. 도망칠 수도 없고 몸을 막을 수도, 거처를 속일 수도 숨을 수도 없는 모든 강적의 희생이 되어 있는 것이다. 그런가 하면 물고기는 우리가 손으로 움켜 잡을 수 있는 개울에서 유유히 꼬리를 치고 있지 않은가. 몸집이 둔하여 도망칠 수도 피할 수도 없는 두꺼비며, 높은 하늘에서 솔개가 노리고 있는 것도 모르는 새새끼와 산림 속에서 늑대에게 발각된 산양 —— 이 모든 희생은 연약하고 무기가 없이 시시각각으로 닥쳐오는 위험을 눈앞에 두고서도 무심히 걸어다니고 있는 것이다.

 이와 같이 자연은 그 매우 정교한 피조물인 유기체로 하여금 대항할 힘이 없는 알몸으로 버려 둔 채 더욱더 강한 자의 밥이 되게 할 뿐만 아니라, 맹목적인 우발사건, 다시 말해서 길을 지나가는 바보나 아이들의 희롱에 맡겨두고 있다. 거기서 자연은 이 생물들이 사멸하여도 자기로서는 아무 영향도 받지 않으며, 그 죽음은 자기에게 무의미할 뿐더러 그 삶이라는 원인도 죽음이라는 결과도 자기는 아랑곳하지 않는다고 자명하고도 분명한 말로 언명하고 있다.

 이처럼 자연이라는 우주의 어머니는 아무 생각도 없이 자기가 낳은 자식을 무수한 위험과 고난 앞에 나서려드는데, 그것은 결국 그들이 죽더라도 자기 품으로 다시 돌아올 뿐이며, 그들의 죽음은 처음에 태어난 곳으로 돌아가는 유희, 다시 말해서 하나의 조그마한 손장난에 불과하다는 것을 알고 있기 때문이다.

 그런데 지금 여기서 동물에 대하여 말한 것은 인간에게도 그대로 해당된다. 즉, 자연의 그 위엄이 우리들 인간에게 미치고 있어, 삶과 죽음은 자연에게 전혀 파격을 주지 않는다. 그러므로 우리도 그 때문에 상심할 필요는 없는 것이다. 우리도 자연의 일부이니까.

8

 개체의 죽음에 대해서는 고찰했으니 이번에는 인류라는 종족에게로 눈을 돌려 보자. 우리 앞에 가로놓인 아득한 미래를 바라보고, 앞으로 나타날 허다한 세대 속에 우리들과는 풍속이나 습관이 다른 무수한 개인이 나타날 것을 생각할 때 자연히 다음과 같은 의문을 품게 된다.

 "그들은 대체 어디서 오는가? 그리고 그들은 지금 어디에 있는가? 세계를 잉태하고 미래의 여러 세대를 숨겨 두고 있는 허무의 태반(胎盤) —— 그 풍요한 원천은 어디 있는가?"

 이 질문에 대해서는 그저 웃으면서 이렇게 대답하면 된다.

"그것은 다만 모든 실재가 있던 곳, 그리고 있을 수 있는 곳, 현재의 속, 즉 현재가 거느리고 있는 사물 속이다. 그러니까 당신 속, 바보 같은 질문을 던지고 있는 당신 자신 속이기도 한 것이 아니겠는가. 다만 너는 자기 자신의 본성을 잊어버리고, 마치 가을에 나뭇잎이 말라서 땅에 떨어지는 것을 보고 슬퍼만 하며, 봄이 되면 그 나무가 초록빛 새 단장을 하는 것을 생각하여 위로로 삼지 않고 '그 나뭇잎은 내것이 아니다. 내것과는 아주 다른 것이다.'하며 서글퍼하는 것과 다름없다."

아, 미련한 나뭇잎이여! 너는 어디로 가느냐? 그리고 다른 잎사귀들은 어디서 오는가? 네가 두려워하는 허무의 심연(深淵)은 어디 있는가? 너는 차라리 자기자신이 이 나무 속에 숨어서 끊임없이 작용하고 활동하는 힘 속에 깃들어 있다는 것을 인식하고, 이 힘은 모든 나뭇잎의 세대를 통하여 생사에 구애받지 않음을 깨달아야 할 것이다. 인간의 세대에 대해서 똑같은 말을 할 수 있지 않을까?

8. 문예에 대하여 (I)

　모든 욕망은 필요와 결핍과 가난한 고생에서 생긴다. 그리하여 우리가 그 욕망을 충족시키면, 그것을 가라앉힐 수 있다. 그런데 우리에게는 한 가지 욕망이 채워진 반면에 충족을 느끼지 못하는 욕망이 얼마나 많은가! 게다가 욕망은 오래 계속되고 욕구는 무한히 전개되는 반면에, 향락을 누리는 기간은 짧고 그 분량이 적다. 그리고 설사 욕망을 충족시켜 쾌락을 얻었다고 하더라도 그 쾌락은 외형적인 환상에 지나지 않으며 다음에, 제2의 쾌락이 대신 나타나면, 전자는 소실되어 형태를 찾아볼 수 없고 후자는 환상에 불과하다.

　그러므로 이 세상에는 의지를 진정시켜 잠재우거나 계속해서 붙잡아 둘 힘은 아무데도 없다. 우리가 운명으로부터 받을 수 있는 가장 큰 선물도, 거지의 발 아래 던져 준 푼전과 마찬가지로 다만 오늘의 목숨에 풀칠을 하여 괴로운 생을 내일까지 연장시키는 데 불과하다.

　우리가 이와 같이 욕망의 지배와 의지의 주권 아래 놓여 있는 한, 그리고 우리에게 떼를 지어 달려드는 소망과 우리에게 덮쳐 오는 공포에 사로잡혀 있는 한, 계속해서 안식이나 행복을 손에 넣을 수는 없다. 우리가 기대나 두려움에서 무엇을 열심히 추구하거나 또는 기대하려고 하는 것은 근본적으로 생각하면 동일하다. 즉, 의지의 욕구에서 비롯되는 심려는 소망과 두려움의 여러 가지 형태로 나타나며, 언제나 우리의 존재를 괴롭히고 교란시키지 않고서는 못 견딘다. 그리하여 인간은 의지의 노예가 되어, 언제나 이숀의 불수레에 매어 있으며, 다이나트의 밑빠진 독에 물을 넣고 탄탈로스처럼 끊임없이 갈등에 시달린다.[*]

그런데 우리는 자기자신의 내면적인 조화의 불가사의한 혜택으로, 잠시나마 끊임없는 욕구의 소용돌이에서 벗어나, 우리의 정신을 의지의 압박에서 구출하여, 주의력을 모든 의지의 대상에서 떠나게 할 수 있다. 그리하여 모든 사물은 욕구의 색채를 잃어버리고 탐욕의 대상이 아니라 몰아적(沒我的)인 관조의 대상으로 삼아, 자기의 이해관계에서 떠나 바라볼 수 있다. 이때, 우리는 욕망이 일어나 그 대상을 추구해도 언제나 앞으로 도망치는 마음의 안정이 거의 자연히 나타나 우리에게 흐뭇한 화평을 안겨 준다.

에피쿠로스[**]가 찬양한 최대의 선, 즉 제신(諸神)의 최고 행복도 고통을 초월한 이런 상태를 가리키는 것이다. 우리는 그 동안에 의지의 무거운 압력에서 벗어나, 의욕이라는 가제적인 부역(賦役)

---

[*] 희랍 신화에 나오는 이야기.

[**] Epikuros (B.C. 342?~271?). 고대 희랍의 철학자. 레우키포스와 데모크리토스의 학통(學統)을 이어 원자론에 기초한 에피쿠로스파를 창설함. 그의 실천철학은 올바른 인식에서 정신적 쾌락을 말한 쾌락주의.

을 면하고, 안식을 즐길 수 있으며, 이숀의 불수레는 회전을 멈추게 된다. 이때 궁전 들창가에서 저물어가는 태양을 바라보거나 감옥의 철창에서 바라보거나 느낌은 마찬가지이다. 마음의 조화를 이루고 순수한 사상이 의지를 능가하는 것은 어느 곳에서나 가능한 일이다.

이것을 실제로 입증하는 것은 네덜란드의 화가들로, 그들은 지엽적인 사소한 사물도 객관적으로 바라볼 수 있다.* 그들의 정신이 정의(情意)를 떠나 안식을 누릴 수 있다는 증거로, 그처럼 불후(不朽)의 대작을 남겨놓은 것이다. 그들의 그림을 바라보는 사람은 반드시 깊은 감명을 받으며, 작가의 고요하고 평화로운 심경과 보잘 것 없는 사물에 주목해서 그만큼 섬세한 필치로 묘사하기까지의 그윽한 심경을 상기하게 마련이다. 우리가 자기 자신을 돌이켜보고 이 평온한 마음에 돌아간, 화가와 언제나 불안과 욕망으로 하여 마음이 흐려지고 소동을 일으키는 자기자신을 비교해 보면, 내가 여기서 말한 주장은 더욱 분명해진다.

인간과 인생의 모든 면을 초탈한 눈으로 보고, 그것을 펜이나 화필로 그려놓으면, 그것만으로도 이것들은 흥미와 매력에 가득 차서, 고상하고 심오하게 보인다. 그런데 인간으로는 언제까지나 이런 순수한 감흥 속에만 머물러 있을 수는 없다. "악마라면 가능할 것이다"라는 말은 여기에도 해당된다. 괴테도 위에서 말한 의

---

* 램브란트 (1606~69)와 그 스승 스바덴부르크, 라스트만 들을 가리키는 것 같다.

미에서 이렇게 노래하고 있다.

어지러운 인생도
그림에서는 아름다워 보이나니……

나는 젊었을 때 자기의 행위를 마치 남의 일처럼 하나하나 적어 주려고 한 적이 있는데, 이것은 아마 자기의 행위를 더욱 상세히 감상하며 즐기려는 마음에서 그랬던 것 같다.

대체로 사물은 우리의 이해관계를 떠날수록 아름답다. 그러나 인생은 결코 아름다운 것이 아니라, 아름다운 것은 시의 거울에 비쳐서 반사된 인생의 그림뿐이며, 이 그림이 유난히 아름답게 보이는 것은 우리가 아직도 살아간다는 것이 무엇인지 미처 모르는 청년시절의 일이다.

날아든 영감(靈感)을 붙잡아 시의 형태로 다듬어 놓은 것이 서정시이다. 그리하여 참된 서정시인이 반사적으로 작품을 통해 보여 주는 것은, 인간의 완성된 모습과 그 깊은 내면세계이며, 과거와 현재, 미래의 세대에 속한 무수한 인간들이 수없이 되풀이하고 또 되풀이할 비슷한 환경에서 경험하는 느낌은 한 편의 참된 시 속에 생생하고 성실하게 묘사된다.

시인은 세계적, 보편적인 인간으로, 인간의 마음속에 꿈틀거리고 있는 모든 것과, 인간의 천성이 여러 환경 속에서 경험하는 모든 것이, 인간이라는 허망한 생물에게 몰려 발동하는 시의 소재가 되므로 그 범위는 자연 전체에 미치게 된다.

그러므로 시인은 신비주의자처럼 거룩하고 깨끗한 대환희를 노래부를 수도 있고, 앙겔루스 실레시우스*나 아나크레온**이 될 수도 있고, 자기의 천분과 정감에 따라 희극이나 비극을 쓸 수도 있으며, 고매한 마음씨가 비속한 심정을 모두 묘사할 수 있다.

시인은 인간의 거울이다. 그는 인간이 느낄 수 있는 것을 밝은 이미지(映像)로 묘사하게 된다. 그러므로 누구나 그에 대해 좀더 고상하다든가, 초탈하다든가, 또는 도덕적으로 올바르다거나, 신앙을 가지라거나, 그밖에 이래라 저래라 해서도 안 된다고 명령조의 주문을 할 수 없다.

훌륭한 모든 시가 인간성의 몸서리치는 면이나 말할 수 없는 큰 고의나 우환, 악의 승리, 우발적인 사건의 지배, 정당하고 순결한 자의 파멸에 관해 묘사하고 있는 것은 가장 두드러지게 주목해야 할 사실이다. 이것은 세계의 기능과 존재의 실상이 무엇인가를 분명히 말해 주고 있다.

비극의 작품 내용은 어떠한가? 거기에는 매우 고귀한 인물이 오랜 고투와 수난 끝에 오늘에 이르기까지 애써 추구해 온 목적을 단념하기나 또는 일부러 세상의 모든 즐거움을 단념한 장면이 묘사되어 있다. 《카르네론》의 왕자, 《파우스트》의 그렌체나 또는 햄릿 등이 그것이다. 햄릿의 친구인 호레이쇼는 자진해서 그와 죽음을 함께하려고 했으나, 그의 최후를 후세에 전하여 그 이름

---

* Angelus Silesius 17세기 독일의 기독교 신비주의자, 시인.
** Anacreon(B.C 570~485) 쾌락과 관능미를 노래한 시인.

을 더럽히지 않기 위해, 고뇌로 충만한 이 세상에 잠시 머물러 있으려고 결심한다. 그리고 《올레안》의 폭셀, 《메시느》의 신부(新婦)도 같은 종류의 비극적인 인물들로서, 그들은 모두가 고뇌에 정화되어, 그 속에 깃들인 '살려는 의지'의 멸망하는 것을 기다렸다가 마침내 죽어간다. 비극의 진정한 의미는 주인공에게 나타나는 죄과(罪科)가 그의 죄과에 그치지 않고, 유전의 죄, 즉 존재 자체의 죄라는 깊은 견해 속에 나타나 있다.

비극의 성격과 목적은 우리로 하여금 체념으로 인도하여 살려는 의지를 포기하게 하는 데 있지만, 이와는 달리 희극은 우리로 하여금 삶을 요구하게 하려고 한다. 희극도 물론 인생의 모든 시적인 묘사와 마찬가지로 삶의 고뇌와 그 염세적인 처참한 모습도 보여 주지만, 그것은 어디까지나 일시적인 해악으로, 마지막 환희에 용해되기 마련이며, 드디어 희망과 성취와 승리의 교향악으로서 해소되게 마련이다.

그리하여 세상에는 아무리 불쾌한 일이 많더라도 언제나 재미있고 명랑한 일들도 있어, 웃음꽃을 피울 수 있는 장면이 있다는 것을 분명히 그려 보이므로, 독자나 관객들의 처지에서 그들에게 즐거움을 북돋아 주려고 한다. 요컨대 희극은 결과적으로 인생이란 대체로 살기 좋은 고장이며, 때로는 매우 재미있고 우스운 것임을 보여준다. 그런데 그 즐거운 마지막에 이르러서는 도중에서 미리 빠져 나와 나중을 보지 말아야 하지만, 반대로 거의 모든 비극은 결말에 가서는 별일없이 원만히 끝나게 되는 것이

상례이다.

서사시나 희곡을 쓰는 시인은, 자기가 운명 자체이며 따라서 운명과 마찬가지로 에누리가 없어야 한다는 것을 잊어서는 안 된다. 그는 또한 인간의 거울이므로, 그 시나 희곡이나 소설에 사악한 자나, 때로는 이상한 성격의 소유자. 즉 바보나 못난이, 정신 박약자를 등장시키고, 한편으로는 이지적이고 신중한 인간, 때로는 선량하고 성실한 자를 등장시키며 특별한 경우에는 고귀하고 관대한 인물도 등장시켜야 할 것이다. 호머의 시에는 선량하고 정직한 인물을 많이 볼 수 있는데, 참으로 고귀하고 너그러운 사람은 전혀 볼 수 없다. 그리고 셰익스피어의 희곡에는 이런 인물이 한둘 등장하지만, 그들의 고귀성은 초인적이라고 할 수 없다. 코디리아와 코라이어란 두 사람이 이에 해당될 뿐, 그밖에도 거의 찾아볼 수 없으나, 다른 부류의 인물들은 많다. 렛싱의 〈민나 폰 바른헬름〉에는 등장 인물마다 매우 정직하고 너그러운 성격의 소유자로 묘사되어 있으며, 괴테의 모든 주인공을 한데 묶어도 포자 후작과 같은 너그러운 성격은 찾아보기 힘들다.

어떤 사람의 행동이건, 그 자체가 특별한 의미를 갖고 있으며, 그 하나하나의 행동을 통하여 관념은 여러 모로 스스로 나타나는 것이다. 그리하여 인생의 모든 현상이 그림의 소재가 되지 않는 것이 있다. 따라서 네덜란드 풍(風)의 심묘한 그림에 대해 다만 그 뛰어난 기교만을 찬양하고 그것은 대체로 가까운 일상생활의 정경을 묘사한 것이며, 인생의 중대한 문제를 다루지 않았다고 해서, 기교밖에 볼 게 없다고 경시하는 사람들도 있으나, 이런 감상(鑑賞)은 잘못되어 있다. 그들은 어떤 행위의 내면적인 의미와 외면적인 의미가 서로 상관되어 있지 않으며, 때로는 양자 사이에 많은 차이가 있다는 것을 잊어버리고 있다. 어떤 행위의 외적인 중대성은, 현실에 미치는 영향과 그 결과에 따라 측정되는데, 그 내적인 중요성은 인간성의 깊은 골짜기에 빛을 던지며, 인간생활의 특수한 면을 발굴하여 인간의 본성에 대한 깊은 진리를 깨닫게 하는 데 있다.

그러므로, 예술에서는 행위의 내면적인 의미만이 중요하고, 역사에서는 외면적인 의미가 소중하다. 이 양자는 서로 분리되어 있기도 하고 결합되어 있기도 하지만, 사실은 독립된 것이다. 역사상 으뜸이 될 만한 행위도 그것 자체만 보면 평범하고 무의미하게 생각되는 경우도 있으며, 반대로 하찮은 일상 생활도 인간의 내부에 충분한 광명을 던져 준다면 커다란 진가를 지니고 있다.

인간의 행위는 대체로 그 목적과 결과가 어찌 되었든간에, 본질적으로 동일하다. 가령 몇 명의 장관들이 지도 위에 머리를 맞대고 그 영토나 주민들에 대하여 논쟁을 하는 것과, 한 서민이 선술집에서 화투나 골패의 승부를 가지고 언쟁하는 것은, 본질상 동일한 행위이며, 그것은 마치 장기를 둘 때 금으로 만든 포(包)를 쓰나 나무로 만든 차(車)를 쓰나 마찬가지인 것과 같다.

음악은 결코 현상을 표현하는 것이 아니다. 모든 현상의 내면적인 본질, 즉 현상의 본체, 다시 말해서 의지 자체를 표현하는 것이다. 따라서 특수하고 일정한 어떤 기쁨이나 괴로움, 두려움, 불안, 쾌락, 안식 등을 표현하는 것이 아니라, 오직 기쁨 자체, 슬픔과 고뇌와 두려움, 쾌락, 안식 자체를 표현하는 것이 음악이다. 다시 말해서 음악은 모든 동기(動機)나 상태를 떠나서, 이 기쁨이나 괴로움의 추상적, 일반적인 본질만을 표현한다. 그러나 우리는 이렇게 표현된 추상적인 정수(精髓)로 말미암아 그것들을 완전히 이해할 수 있다.

멜로디의 창조는 인간의 의지와 정감의 모든 비밀스러운 정원을 찾아내는 일이며, 이것이 실로 천재의 작업이다. 천재의 활동은 다른 어느 방면보다도 이 음악 분야에 가장 현저히, 그리고 모든 지적인 면을 떠나서 자유롭게 작용한다. 참된 영감이란 이 정신작용을 말하며, 관념, 즉 사물에 관한 추상적 또는 구체적인 지식은 다른 모든 예술의 경우에도 그렇지만 음악에서도 창작에 절대로 도움이 되지 못한다.

작곡가는 세계의 가장 내면적인 본성을 표현하며 자기의 이성으로는 알 수 없는 언어로 가장 깊은 지혜를 드러낸다. 그것은 마치 몽유병자가 의식을 되찾았을 때에는 전혀 알지 못하던 일에 대해, 곧잘 분명한 대답을 하는 것과 비슷하다.

음악은 말로는 표현할 수 없는 일종의 내면적인 비밀을 전달하며 우리에게 친근하면서도 좀처럼 가까이할 수 없는 한때의 낙원을 보내며, 그 선율은 우리가 알고는 있지만 명확하게 설명할 수 없는 것이다. 이것은 음악이 우리의 가슴 속에서 움직이고 있는 의지의 몸부림을 표현할 뿐, 우리의 안팎에 있는 여러 가지 사정이나 처지에 관해서는 아무 말도 하지 않고, 그 표현에 고뇌의 그림자도 비추지 않기 때문이다.

우리의 마음속에는 두 가지 근본적인 면이 있다. 한쪽에는 기쁨과 즐거움이 있고, 다른 쪽에는 괴로움과 두려움이 있는 것이다. 그리하여 여기에 따라서 음악에도 2자 기호와 6자 기호라는 두 개의 일반적인 악보가 있으며, 모든 악곡에는 거의 언제나 그 둘 중의 하나가 부여되어 있는 것이다.

이 6자 기호에 표현되어 있는 음(音)은 고통을 표현하기 위한 것으로, 그 비통한 소리는 부딪치거나 짤리거나 할 때의 육체적인 감각하고도 다르며, 다만 관습으로서가 아니라 누구나 그 소리를 비통하게 듣는 것은 분명히 일종의 불가사의하고도 놀라운 일이라고 하겠다. 이것을 보더라도 음악이 얼마나 인간과 사물의 내면에 깊이 파고드는가를 알 수 있을 것이다. 참혹한 자연환경 속에서 살아가는 북극 지방의 국민, 그 중에서도 특히 러시아 사람들은 교회의 찬송가로 주로 반음조(半音調)를 쓰고 있다. 이 음조의 빠른 템포는 프랑스 음악이 특징이며, 마치 발에 맞지 않은 구두를 신고 춤을 추는 기분이다.

템포가 대단히 빠른 무용음악의 짤막하고 명쾌한 악사는 쉽사리 느낄 수 있는 일반 쾌락만을 표현한 것처럼 들리지만, 이와 반대로 웅장한 악사의 굵직한 음량과 길다란 곡절을 가진 장중한 쾌속조는 나중에야 겨우 도달할 수 있는 먼 목적을 향해 가는 위대한 노력을 표현하고 있다. 그리고 아다지오는 모든 비열한 기쁨을 멸시하고 고귀하고 장한 노력가의 고민을 나타내고 있다.

그러나 우리가 가장 경탄하여 마지 않는 것은 영음조(瓔音調)와 반음조의 효과이며, 반음만의 변화, 장음계(長音階) 삼단음(三段音) 대신에 단음계 삼단음을 연주하면 즉석에서 반드시 비통하고 불안한 기분을 일으키고, 거기 영음이 나타나면 다시 본래의 고요한 기분으로 돌아가게 되는 것은 놀라운 일이다. 그리고 반음보의 느린 곡조는 가장 심한 고통을 나타내어 우리 가슴을 쥐어뜯는 것 같은 슬픔을 나타내며, 또 반음보의 무도악(舞蹈樂)은 천박하고 배격되어야 할 평범한 행복에 내포된 매혹을 나타내어 엄청난 노력과 산고를 통하여 손에 넣을 수 있는 비속한 목적이 추구되는 모습을 나타내고 있다.

베토벤의 합주곡은 겉으로는 혼란을 일으키지만 그 바닥에서는 놀랄 만한 균형을 이루고 있다. 이윽고 아름다운 조화로 끝나는 치열한 난투, 부조화를 이룬 사물이 명멸하는 무수한 형체와 헤아릴 수 없는 소음(騷音)을 통하여 끊임없이 공간을 횡단하는 이 세계의 본성을 완전히, 그리고 충실히 표현하고 있는 것이다. 또한 이 합주곡에는 인간의 모든 정열과 격정, 기쁨과 슬픔, 사랑과 미움, 불안과 소망을 풍부한 뉘앙스를 섞어서 추상적인 방법으로, 그 하나하나의 흑백을 가리지 않고 표현하였다. 그것은 마치 물질이 없는 형체, 영혼만이 충만한 하늘나라의 모습과 같은 느낌이다.

나는 오랫동안 음악의 본질에 대해 깊이 생각해 보았는데, 모든 즐거움 가운데서 가장 미묘한 음악을 즐길 것을 권고하고 싶다. 음악은 세계의 참된 본성을 가장 직접적으로 심각하게 드러내 보여주므로 우리에게는 이처럼 심각하게 직접 작용하는 것은 없다.

　웅장하고 화려한 하모니를 들으면 그것은 정신의 목욕이라고 할 수 있다. 정신은 이렇게 모든 때를 씻어 버리고 사악하고 비열한 것들을 모조리 제거하게 된다. 이런 하모니는 인간을 한결 높은 데로 끌어올리고, 가장 고귀한 사상과 융합되므로, 우리는 거기서 자기의 참된 가치와 의의, 아니 자기가 가질 수 있는 모든 가치와 의의를 분명히 느끼게 된다.

　나는 음악을 들으면 언제나 모든 인간의 생애와 나 자신의 생애는 어떤 영원의 꿈이며, 선악과 그밖의 여러 가지 꿈이며, 개인의 죽음은 이 꿈이 깨어 나는 것으로 생각된다.

9. 문예에 대하여 (Ⅱ)

—— 흥미를 중심으로 ——

 시, 특히 서사시나 희곡에는 미 이외의 특질, 곧 '흥미'라는 것이 있다. 예술 작품이 아름다움을 갖고 있는 것은 그것이 인간의 이데아를 분명히 재현시켜, 우리에게 이데아가 무엇인지 알게 하는 데 가치가 있다. 작품은 이 목적을 달성하기 위한 수단이며, 뚜렷한 개성을 가진 인물을 등장시켜 여러 가지 사건을 전개시킴으로써 이들 등장인물의 각자 성격상으로 독특한 기질을 드러내기 때문에 그 내면 세계를 헤쳐보일 수 있는 특수한 입장이나 처지를 조성하게 되며, 인간의 여러 가지 이데아는 이런 묘사를 통하여 분명히 그 전모를 알 수 있다.
 그런데 대체로 미는 인식할 수 있는 이데아의 고유한 특질로서, 그 안에 하나의 이데아가 인식되는 한, 무엇이든지 아름답다. 아름답다는 것은, 하나의 이데아가 분명히 드러나 있다는 표시이기 때문이다. 그리고 미는 언제나 인식에 속해 있으므로 인식에만 호소하고 의지에 호소하지 않는다. 그리고 미의 이해는 의지에 선행되어야 한다.

한편 우리는 어떤 희곡이나 소설이, 묘사된 사건이나 행위에 의해 우리의 공감을 불러일으켜, 그 사건 당사자의 한 사람으로 느끼는 듯 싶을 때, 우리는 이 소설이나 희곡을 재미있다고 한다. 이 경우에 거기 묘사된 인물의 운명이 자기자신의 운명과 동일하게 느껴지기 때문에 우리는 긴장된 마음으로 사건의, 하회를 기다려 정신없이 그 진행과정을 주시하고, 무슨 위난(危難)이라도 닥쳐오면 정말 가슴을 두근거리는 것이다.

그리하여 드디어 그것이 최고조에 이르면, 가슴을 조이다가 그 위안의 주인공이 갑자기 구출되기라도 하면 다시금 가슴이 두근거리기 시작하여 끝까지 읽어버리기 전에는 손에서 책을 놓기가 어렵다. 주인공의 비운에 동정하여 마치 자기가 당하기라도 한 것처럼 밤새워가면서 읽는다. 사실 이런 작품에 대해서는 위안이나 즐거움이 아니라 현실의 삶이 가끔 우리에게 경험하게 하는 모든 고통 —— 적어도 악몽에 사로잡혔을 때와 같은 고통을 느끼게 된다.

이런 고통에서 벗어나려면 이런 소설이나 희곡을 읽을 때, 언제나 싸늘한 현실의 땅바닥에 눈을 돌려 작품을 통해 너무 심한 괴로움을 받아 마음이 짓눌리는 듯 싶을 적마다 바로 현실 속에 뛰어들어 작품의 환상을 끊어버리는 수밖에 없다. 그렇게 하지 않으면 그 책을 읽어버릴 때까지는 초조해 하고 괴로워해야 한다. 악몽 속의 기이한 괴물에 대한 두려움이 잠을 깨자마자 사라져 버리는 경우처럼 말이다.

이와 같은 시적인 묘사에 따라 움직이는 것은 분명히 우리들의 개체적인 의지이며, 결코 순수한 종족의 의지는 아니다. 따라서 흥미있다는 말부터가 우리의 개체적인 의지에 공감을 강요하여 우리에게 흥미를 일으키게 하는 것을 의미한다. 미(美)가 흥미(興味)와 명확하게 구분되는 것은 이 점에서이며, 전자는 인식, 특히 가장 순수한 인식에 속해 있지만, 후자는 의지에 작용한다. 따라서 미는 이데아를 해득하는 데서 비롯되며, 이 해득은 '근거의 원리'를 떠나서도 가능하지만, 반대로 흥미는 언제나 사건의 진행과 갈등에서 비롯되며, 이것은 여러 가지 형태의 '근거의 원리'를 통해서 가능하게 된다.

그러므로 이 양자의 근본적인 차이는 분명하다. 모든 예술, 따라서 희곡이나 소설의 참된 목적이 미(美)에 있다는 것도 상세히 설명했으니, 이번에는 다음과 같은 의문에 대해 살펴보기로 하자. 즉, 흥미는 문예의 제2목적이 될 수 있느냐, 아니면 미(美)를 표현하기 위한 수단에 지나지 않느냐, 또는 미의 속성으로서 공존하여 미(美)가 있는 곳에는 자연히 나타나게 되느냐, 또는 흥미는 적어도 미(美)라는 중요한 목적과 합치될 수 있느냐, 아니면 미의 장애물이 되느냐?

그런데 흥미는 희곡이나 소설 같은 작품에서만 느끼게 되며, 조형미술이나 음악, 건축 등에는 나타나지 않는다. 그러니까 이런 종류의 예술과 흥미는 아무 관계가 없으며, 단지 어떤 특수한 감상가가 개인적인 흥미를 느끼는 경우가 있을 뿐이다. 예를 들면, 어떤 상상화가 자기의 애인이나 원수의 얼굴을 닮았다든지, 어떤 건물이 자기집이거나 자기가 갇혀 있는 감옥이든가 또는 어떤 음악이 신혼 무용곡이라든가, 아니면 자기가 싸움터에서 쳐들어가는 행진곡이라든가 할 경우가 그것이다. 그런데 이런 종류의 흥미는 예술의 본질이나 목적과는 전혀 관계가 없다. 아니, 예술의 본질에서 떠나 있다는 점에서 하나의 장애가 된다. 이것은 모든 예술적인 흥미에 대하여 정도의 차이는 있으나, 한결같이 적용된다

 이 흥미는 어떤 아름다운 표현에 대한 우리의 공감이 사실처럼 느껴지는 데서 비롯되며, 표현이 일시적으로 독자를 매혹 시키는 것을 전제로 하고 있는데, 이 예술적인 매혹은 진실을 통해서만 작용하는 것이다. 즉, 예술이 존귀한 것은, 진실을 표명하기 때문이다. 아름다운 묘사는, 자연과 마찬가지로 진실해야 한다. 또 그것은 본질적인 특성을 강조하고, 묘사된 모든 자기 표현을 요약하여 즉, 우연이 가지게 된 중요하지 않은 것들을 제외함으로써 순수한 입장에서 이데아를 뚜렷이 나타낸다. 그리하여 이렇게 묘사된 이데아를 하나의 진실로서 자연 이상의 것으로 만들어야 한다. 이 경우에 진실이 사람을 매혹하므로 흥미는 진실을 통하여 미와 공존할 수 있다.
 그러나 진실 자체는 시와 현실 사이에 분명한 구분을 세워, 흥미를 감소시키지만, 현실도 어느 정도 이상적으로 될 수 있으므로, 이러한 구분은 모든 매혹을 제거할 수 없다. 조형미술은 그 수법상 어느 정도 매혹을 제거할 여지가 있다. 그리하여 조각은 형체와 빛깔만 보여주고, 시야나 운동을 보여 주지 않으며, 그림은 어느 지점에서 본 일정한 넓이만 표현하여, 그 주의에는 싸늘한 현실이 연속된다.

그러므로 이 경우에 느끼는 매혹이나 또는 실물을 대했을 때와 같은 공감과 흥미가 가미되지 않기 때문에 의지는 침묵하고 표현된 미술만이 순수한 관조의 대상이 된다. 여기서 특히 주의해야 할 것은, 열등한 조형미술은 이 한계를 벗어나 현실적인 매혹과 흥미를 느끼게 되어, 순수한 예술적인 효과가 사라지고, 미를 나타내기 위한 하나의 방편, 즉 이데아의 인식을 전달하는 작용을 하지 못한다. 예를 들면 석고상 같은 것으로, 이것은 미술의 범주에서 제외되어야 한다. 이 중에서 정교하게 된 것은, 사람을 완전히 매혹할 수 있는 힘을 발휘하기 때문에 우리는 이 작품을 볼 때, 실제의 인간을 대하는 것처럼 느끼며, 실제의 인간은 본래 의지의 대상, 즉 흥미로운 존재이므로 이런 초상은 바로 우리의 의지에 작용하여 순수한 의식을 훼방하며, 우리는 실제로 인간 앞에 있을 때처럼 경계심과 불안감을 갖고 그 앞에 나서게 된다. 그리고 우리의 의지는 활동을 개시하여, 그것을 사랑할까, 미워할까, 또는 피할까, 대항할까, 하는 몸가짐을 취하려고 한다. 그러나 이 초상은 생명이 없으므로 결국 시체와 같은 불쾌한 인상을 주어 재미라는 목적은 이루었지만, 예술적인 가치는 상실한다.

이것을 보더라도 흥미가 있다고 해서 미술작품이 될 수 없다는 것을 알 수 있다. 그리고 이것은 다음과 같은 사실에서도 확인할 수 있다. 즉, 시에 있어서도 흥미로울 수 있다는 것은 희극과 설화적(說話的)인 종류뿐이며, 만일 흥미가 예술의 목적으로서 미 자체와 대등한 것이라면, 서정시는 사건에 의한 흥미가 없으므로 희곡이 소설보다 훨씬 하위에 속하겠지만 실제는 그렇지 않다.

그럼 둘째번 의문에 대해 생각해 보기로 하자. 만일 흥미가 미를 나타내기 위한 수단이라면 흥미 있는 시는 동시에 아름다워야 할 텐데 사실은 그렇지 못하다. 어떤 소설이나 희곡이 재미있다는 점에서는 우리 마음을 끌기는 하지만 거기에는 예술로서의 미가 결여되어 있으므로 읽고 나면 시간 낭비를 했다는 사실이 부끄럽게 생각되는 경우가 많다. 이런 작품 가운데는 희곡이 많으며, 개중에는 인간의 본성과 삶의 진상에 관한 순수한 표현이 없고, 그 성격묘사는 전혀 거짓이거나 과오로서, 인간의 천성에 어긋난 이상한 인물을 등장시키고 있다. 그러나 사건의 진행과 갈등이 복잡하게 뒤엉켜 주인공의 처지가 우리 마음을 끌게끔 되어 있으므로 이 갈등이 해소되고 주인공이 안전지대로 들어가기까지는 호기심이 가라앉지 않는다. 그리고 막과 막 사이의 이동이 기술적으로 꾸며져 있으므로 우리는 언제나 그 다음 장면에 호기심을 갖게 되며, 결과의 예측을 불허하므로 기대와 경이 사이에서 마음은 자못 초조해지며, 이런 재미에 혹자는 시간이 가는 줄을 모른다. 코체부*의 각본에는 이런 것이 많다.

그러나 대부분의 인간들은, 순수한 인식이 아니라 심심풀이를 원하므로 이런 작품이 이들의 비위에는 맞는 것이다. 그런데 미는 인식에 속해 있으므로 그 감수력(感受力)에는 지적 능력처럼 개인차가 심하다. 작품으로 묘사된 세계의 내면적인 진실, 즉 그것

---

* Kotzebue, August von, (1761~1819). 독일 극작가. 그의 작품은 모두 통속적이었다.

이 인간의 본성에 적합하느냐 하는 점에 대해서는 이들이 알 바가 아니며, 오직 표면적인 흥미만으로 족하기 때문에 인간의 진실을 드러내 보여 줘도 아무런 반응도 없다.

그러나 다음과 같은 점은 유의해야 한다. 즉, 흥미본위의 묘사는 반복해서 읽을수록 효력을 상실하여, 벌써 다음 장면에 대해 별로 기대를 갖지 않게 되며 여러 번 되풀이 해서 읽으면 독자나 관객들은 희곡 전체를 무미건조한 보잘것없는 것으로 보게 된다. 그러나 미에 가치를 둔 작품은 되풀이해서 읽을수록 독자의 이해를 도와 더욱 많은 예술적인 효과를 거두게 된다.

이상에서 말한 대로 대중적인 희곡 따위의 부류에 속하는 것이 통속소설이다. 이탈리아의 베니스나 나폴리에는 거리에 모자를 벗어놓고 지나가는 사람을 모아 재미있는 이야기로 마냥 흥미를 돋구어 놓은 다음, 그것이 최고조에 도달하여 듣는 사람들이 군침을 흘리게 되었을 때, 다음 이야기를 계속하기 전에 미리 호주머니를 터는 일이 있으며, 독일에서는 이런 부류에 속하는 값싼 천재가 그렇게까지 직접적인 방법은 쓰지 않지만, 출판사나 라이프찌히 시장이나 대본점(貸本店)에 한 몫 끼어 있으며, 이들의 몸차림은 이탈리아의 동지들처럼 남루하지는 않으나, 그 상상과 귀동자들은 소설이나 야담, 낭만적인 장시, 사화(史話) 등의 초라한 표지 속에 수록되어 있다.

그리하여 대중들은 이 책을 사다가 잠옷 바람으로 난롯가에 앉아 뱃속 편하게 읽고 즐기려고 한다. 이런 싸구려 저작들의 거의 대부분이 전혀 미적인 가치가 없는 것은 잘 아는 사실이지만,

흥미라는 특징이 있는 것은 부인할 수 없다. 그렇지 않다면 무엇 때문에 그 많은 사람들이 그런 책들을 읽으려고 하겠는가. 그러니 흥미가 필연적으로 미를 낳지 못한다는 것은 분명한 일이다. 그렇다고 해서 미가 자연히 흥미를 자아내느냐 하면, 그렇지도 않다.

작품에서 등장인물의 뚜렷한 성격 묘사로 인생의 깊은 내면세계가 제시되고, 그곳이 비범한 행위와 고뇌를 거쳐서 표면화되어, 세계와 인간의 본성이 분명히 드러나 있으면, 예술적인 아름다움을 지니게 마련이다. 그밖에 사건의 갈등을 일으키거나 복잡대담하게 구성하거나 혹은 갑자기 극적으로 해결을 지어 독자의 흥미를 끌려고 할 필요는 없는 것이다.

셰익스피어의 불후의 명작을 놓고 보더라도, 거기에 흥미는 극히 적으며, 사건들이 줄기차게 진행되지 않는다. 《햄릿》은 중간에서 침체되고, 《베니스의 상인》은 이야기가 궤도에서 벗어나 있으며, 《헨리 4세》에서는 아시다시피 흥미있는 대목은 직선적으로 연결이 되어 있으나 장면과 장면 사이는 잘 연결되어 있지 않다. 그래서 셰익스피어의 희곡은 많은 사람들에게 선풍적인 인기를 일으키지는 못한다.

아리스토텔레스는 극의 요건 중에서도 특히 행동의 통일을 주장하였는데, 그것은 흥미에 관련된 것이며, 미에 관련된 것은 아니다. 일반적으로 말하면, 이 요건은 근거의 원리에 준하여 생각해낸 것으로, 이데아는 따라서 미는 근거리의 원리의 지배에서 벗어난 인식에서만 있을 수 있다. 그런 점으로 보더라도 흥미와 미의 구별은 분명하며, 흥미는 근거리 원리에 따르는 관찰에 예속되며, 미는 언제나 이 원리에서 벗어나 있다. 그리고 아리스토텔레스의 통일설에 가장 맹렬히 반대한 작품으로는 만초니*가 쓴 비극을 추천하고 싶다.

내가 지금 셰익스피어에 대하여 한 말은 그대로 괴테의 희곡에 대해서도 말할 수 있다. 그의 《에그몬드》도 이야기의 줄거리에 갈등이라고는 전혀 찾아볼 수 없다. 그러므로 대다수의 관객들의 비위에는 맞지 않을 것이며 《타소》와 《이피게니아》에서는 더욱 그러하다.

그리고 희랍의 비극시인들도 흥미로 독자들을 끌려고 하지 않았다는 것은 그들이 그 걸작의 소재로서 거의 모두가 이미 세상 사람들에게 알려진 사건, 또는 전에 극으로 공연된 적이 있는 사건을 택한 것을 보더라도 잘 알 수 있다. 그러니까 그들은 미를 즐기는 데, 예상치 않은 사건으로 관객들의 흥미를 끌거나 전대미문(前代未聞)의 사건으로 흥미를 느끼게 하는 조미료(調味料) 같은 것은 필요로 하지 않았던 것이다.

또한 옛날의 걸작들을 보아도 흥미있게 된 것은 극히 드물다. 호머는 세계와 인간의 전체성을 묘사하고 있지만, 사건에 갈등을 일으켜서 우리의 흥미를 북돋아 주거나 뜻밖의 미궁에 끌어들여 우리를 놀라게 하지 않고 이야기의 줄거리는 침체되기 일쑤요, 장면마다 침착하게 차례차례 순서를 밟아서 빈틈없이 묘사하려고 유의했을 뿐, 결코 흥미 본위로는 쓰지 않았다. 그러므로 호머

---

* Manzoni, Alessandro (1785~1873). 이탈리아의 작가. 진리 탐구와 도덕적인 것을 예술의 주요 목표로 삼음. 대표작은 〈약혼자〉.

를 읽으면 어떤 격정적인 공감을 일으키는 것이 아니라, 순수한 인식의 입장에 서게 되며, 우리의 의지가 어떤 사주(使嗾)를 받지 않고 조용히 가라앉아 별로 긴장을 느끼지 않으므로 언제나 천천히 읽어 내려갈 수 있다.

그리고 이런 경향은 단테의 경우에 더욱 뚜렷이 나타나 있다. 그는 서사시가 아니라 서술시(敍述詩)를 썼다. 또한 네 편의 뛰어난 소설 《돈키호테》와 《트리스트람 샨디》 《누우벨 에로이즈》 그리고 괴테의 《빌헬름 마이스터》를 보더라도 결코 독자들이 흥미를 끄는 것을 주요 목적으로 삼고 있지 않다. 특히 《트리스트람 샨디》의 주인공은 이야기의 마지막에 가서야 겨우 8세 된 어린아이로 되어 있다.

그렇다고 걸작은 으레 흥미가 없다고 단정할 수는 없다. 쉴러의 작품들은 대단히 재미있으며, 따라서 많은 애독자들을 갖고 있다. 그리고 소포클레스*의 《오이디푸스왕》도 그렇고, 산문적인 걸작으로는 아리오스토**의 《오르란도》도 이에 속하며, 고도의 흥미와 미가 함께 병존하고 있는 실례로는 월터 스코트의 명작 《우리 영주의 이야기》(the tailes of my landlord) 5편을 들 수 있다. 스코트의 이 작품은 참으로 재미 있으며, 읽은 사람은 지금까지 내가 흥미의 효능에 대해 한 말을 잘 이해할 수 있을 것이다. 이 작품은 그처럼 재미있고, 또 전편이 매우 아름다우며, 놀랄 만큼 진실하게 인생의 다채로운 모습을 보여 주고 등장인물들의 상반되는 여

---

* Sophokles (B.C. 496?~406). 희랍의 희극시인. 《오이디푸스 왕》 《안티고네》 《에렉 드라》 등 여러 편의 시가 전해지고 있다.

** Ariosto, Lodovoc (1474~1533). 문예 부흥기를 대표하는 이탈리아 시인.

러 가지 성격이 정확하고도 충실하게 묘사되어 있다.

그러므로 흥미가 미와 공존할 수 있음도 사실이다. 이것으로 제3의 의문은 풀린 셈이다. 그러나 미를 뚜렷이 나타내기 위해서는, 단지 어느 정도의 흥미가 가미되면 충분할 뿐 예술의 목표로 삼을 것은 미(美)이지 결코 흥미일 수 없다. 본래 미는 두 가지 점에서 흥미와 대립된다. 첫째로, 미는 이데아의 인식에 의존하고 있으며, 이 인식은 그 대상에서 조기의 원리에 의해 나타나는 형상을 제거해 버리지만, 반대로 흥미는 주로 사건(현상) 속에 깃들어 있으며, 사건의 갈등은 조기의 원리에 의해 생긴다. 둘째로, 흥미는 우리의 의지에 의해 이루어지지만, 미는 언제나 의지에서 떠나 순수한 인식에서 비롯된다.

그러나 희곡이나 소설은 어느 정도 흥미가 가미될 필요가 있다. 그것은 한편으로는 흥미가 사건 자체로부터 자연히 생기게 마련이며, 또 한편으로는 독자가 흥미라는, 눈에 보이지 않는 실에 이끌려야 할 필요가 있기 때문이다. 그렇지 않을 경우에는 공감이 없이 인식능력만으로 장면(場面)에서 장면, 정경(情景)에서 정경으로 옮아가는 가운데 싫증이 나서 지쳐버린다.

하긴 사건의 줄거리가 있는 이상 독자는 공감을 느끼는 것이 당연하며, 이 공감은 주의력을 집중시키는 길잡이가 되어 독자의 마음을 이끌어가며, 작가가 그린 모든 장면을 샅샅이 구경시켜 준다.

한 가지 조심해야 할 것은, 흥미가 이와 같은 역할을 담당할 수 있을 정도면 족하다는 것이다. 흥미는 작가가 우리에게 이데아를 인식시키려고 묘사한 정경을 연결시켜 주는 역할, 다시 말해서 실로 여러 가지 구슬을 꿰어, 염주라는 전체의 형태를 이루면 그만이다.

그러므로 흥미가 그 도를 넘으면 미는 곧 침해된다. 흥미가 지나친 공감을 일으켜, 작가가 하나하나의 장면에 필요 이상으로 세밀한 묘사를 한다거나, 등장인물에 대한 감회를 길게 늘어놓으면, 민망스러운 마음에서 사건을 빨리 전개시켜 주었으면 하고, 작가에게 채찍질이라도 하고 싶어질 정도이다.

서사시나 희곡에서 미와 흥미가 공존하면, 흥미는 마치 시계를 움직이게 하는 태엽과 같다고 하겠다. 태엽을 조절하지 않으면 시계는 불과 몇 분도 못가서 결단이 나며, 한편 미는 사건의 경과를 떠나 내용에 대한 상세한 묘사나 관념과 친숙하게 하는 역할을 하므로 태엽의 동체(胴體)에 견줄 수 있다. 흥미는 시의 육체이며, 미는 시의 혼이다. 서사시와 희곡에서는 사건이나 행위에서 스스로 일어나는 흥미를 물질이라고 보고, 미를 형상이라고 볼 수 있다. 그러니까 후자가 존재하기 위해서는 전자가 필요하다.

10. 윤리에 대하여

덕은 천재와 마찬가지로 가르칠 수 있는 성질의 것이 아니며, 우리가 덕에 대해 생각하더라도 실제 덕을 실천에 옮기게 되는 것이 아니다. 예술의 기법과 마찬가지로 그것은 단지 도구로서의 역할밖에 하지 못한다. 도덕적인 주장이나 윤리학의 덕스러운 인간과 고결한 인간 또는 성스러운 인간을 만들 수 있으리라고 믿는 것은, 마치 미학이 시인이나, 조각가, 화가, 음악가를 낳는다고 생각하는 것처럼 어리석은 일이다.

"인간의 행위는 세 가지 기본적인 토대 위에서 일어난다. 첫째는 자기자신의 이익을 바라는 이기심에서이고, 둘째로 남의 손실을 바라는 배타심에서이며, 셋째는 남의 복리(福利)를 바라는 동정심에서이다. 그러므로 이것이 발전하면 고귀하고 관대한 덕성이 길러지는 것이다. 그러므로 인간의 모든 행위는 이 세 가지 원천의 하나 또는 둘로 귀결지어 말할 수 있다."

1. 이기심(利己心)

　인간의 이기심은 실로 무서운 것이다. 그래서 우리는 예의라는 것을 생각해 내어, 마치 음부(陰府)처럼 그 이기심을 숨겨두려고 하지만 언제나 껍질을 뚫고 나와, 남과 새로 사귈 때마다 상대방을 이용하여 자기의 무수한 계획의 어느 한 구석이라도 부려 먹으려는 본능을 드러낸다. 남을 대할 때, 우리는 우선 상대가 자기에게 어떤 이득을 줄 수 있는가를 생각해 본다. 만일 자기에게 이득을 줄 수 없다고 생각되면, 곧 무가치한 사람으로 간주하여 무시해 버린다. 뿐만 아니라 우리는 남도 이와 같은 생각을 한다고 추측하기 때문에 남의 충고나 권고를 듣게 될 때 상대방이 자기의 이득을 염두에 두고 하는 말이라고 조금이라도 생각되면 자기를 도구로 삼으려 한다고 단정하여 그의 말을 믿지 않으며, 그 말은 순수한 이성의 목소리가 아니라 무슨 꿍꿍이 속에서 나온 것이라고 생각하게 된다.

　이기심은 본질상 끝이 없다. 즉 인간은 자기의 삶을 유지하고 모든 곤궁을 면하려는 절대적인 욕구를 갖고 기대할 수 있는 최대의 안락을 확보하려고 한다. 그리하여 모든 쾌락을 염두에 두고, 여러 모로 머리 속에 그리며 온갖 향락을 누리려고 한다. 만일 이 이기심과 욕구의 대상 사이에 어떤 장애가 생기면 으레 불쾌를 느끼거나 증오와 분노를 일으켜 그것을 타파하려고 한다.
　인간은 될 수 있는 대로 모든 일을 즐기고 모든 것을 소유하려고 하며, 만일 그것이 불가능하면 적어도 그것들을 자기의 지배 아래 두려고 한다. "나에게 모든 것을 다오. 다른 사람은 아무 것도 갖지 못해도 상관없다." —— 이것이 인간의 표어(標語)이다. 인간의 이기심처럼 큰 것이 없다. 우주도 그것을 다 포용하지 못한다. "만일 우주의 멸망과 당신의 멸망 중에서 하나를 택하라면 어느 쪽을 택하겠소?"하고 누구에게나 물어보라. 그가 어떤 대답을 할는지 듣지 않아도 뻔하다.

인간은 누구를 막론하고 자기를 세계의 중심에 놓고 모든 것을 자기와 결부시켜 생각한다. 작은 일에서 큰 일에 이르기까지, 심지어 국가의 파멸까지도 자기와의 이해관계에서 계산해 본다. 세상에 이처럼 현저한 대조가 있을까. 누구든지 우선 자기의 이해관계를 앞세우고, 남의 입장은 돌아보지 않는다. 그리하여 대다수의 사람들은 마치 자기만이 참된 존재이며, 남들은 단지 그림이나 초상 같은 것으로 보고 있으니, 얼마나 가소로운 일인가.

나는 비대한 이기심에 대해 지나치게 과장하려다가 드디어 이런 생각을 하게 되었다. "대다수의 사람들은 남을 죽여서 그 기름을 짜가지고 자기의 장화를 닦는 것도 사양치 않는다." 다만 나는 여기서 하나의 의문을 갖고 있다. "이것은 지나친 비유일까?"하고.

이기주의는 지능과 이성의 도움을 받아 이루어진 걸작이다. 그리고 개개인의 모든 이기주의의 총화가 곧 국가이며, 이 국가는 개인의 권리보다 훨씬 탁월한 권능의 손에 각개인의 권리를 위임하고 있다. 그리하여 국가의 이 유일한 권능은 개인으로 하여금 남의 권리도 존중하게 한다. 그 결과 거의 모든 개인에게 깃들어 있는 무한한 이기주의와 비뚤어진 마음과 일부 인간들의 포악성은 사슬에 매여 밖에 나타나지 않기 때문에 표면상 거짓에 불과한 평화가 유지된다.

그러나 국가의 이런 보호기능이 힘을 발휘하지 못하게 되면, 지금까지 여러 번 있었던 바와 같이 인간의 그칠 줄 모르는 물욕과 비천한 탐욕, 위선, 불성실, 사악, 불의, 불신 등이 곧 활개치며 나타난다. 우리는 그런 광경에 몸서리치며 비명을 지르고, 마치 처음보는 무슨 거물에게 습격이라도 당한 것처럼 느끼지만, 만일 법률의 제재가 없고, 또한 인간이 피차에 체면을 소중히 여길 필요가 없었던들 그날 그날의 인간생활은 방금 말한 바와 같은 사욕의 포로가 되어버릴 것은 당연한 일이다.

인간의 가슴 속에는 무엇이 깃들어 있는가? 인간의 윤리는 어느 정도의 가치가 있는가? 그것을 알려고 하면 유명한 소송사건이나 역사상의 무정부시대에 관하여 쓴 글을 읽는 것으로 족하다. 우리의 눈앞을 오가는 수천 수만의 인간들은 서로 평화를 유지하려는 것처럼 보이지만, 그들은 실상 호랑이요 늑대이다. 다만 입에 두터운 마스크를 하고 있기 때문에 물어뜯지 않을 따름이다. 사회의 억압이 없어지고 마스크를 벗어버리면 어떻게 되겠는가? 그 순간부터 나타날 무서운 광경에 대해서는 누구나 쉽사리 상상하고도 남을 것이다. 이렇게 볼 때 우리의 종교나 양심이 다 선천적인 선이라는 것이 어떤 토대 위에 서 있다고 하더라도 여차하면 거의 아무 소용도 없다는 것을 알 수 있다.

그런데 이렇게 되면, 으레 자기만을 내세우려는 이기적이고 비도덕적인 인간의 근성이 분명히 드러나지만, 한편으로는 인간이 갖고 있는 진실한 도덕적인 권능도 위력을 나타내어 우리가 무엇을 할 것인가를 지시한다. 그리고 이 경우에 인간의 도덕적인 성격에는 지력에 차이가 있는 것처럼 많은 개인차가 나타나며, 이러한 개인차는 윤리학의 연구에서 소홀히 볼 수 없는 측면이다.

인간의 양심은 천성에서 생기는 것일까? 이것은 의심할 여지가 없다. 적어도 여기서 우리는 불순한 양심과 진정한 양심이 엇갈리는 것을 볼 수 있다. 우리가 행한 어떤 행위 때문에 고민하거나 후회하는 것은 다만 그 결과를 두려워하는 데 지나지 않는 경우가 많다.

법률은 때로는 전제적으로 제정되기로 하고 가소롭게 제정되기도 했다. 그리하여 우리는 양심의 가책과 다름없는 심한 불안을 느낄 때가 있다. 그것은 마치 일부 유태인이 토요일에 담배불을 붙여 물고, "너희는 안식일에 집에서 어떤 불도 켜지 말라"는 모세의 율법을 어겼다고 해서 괴로워하는 것과 같다.

그리고 우리 유럽 사람들 사이에도 어떤 일에 체면 —— 바보와 미치광이가 만든 법도인 —— 을 지키지 못한 데 대해, 마음에 무거운 부담을 느끼는 신사나 군인이 많다. 극단의 경우에는 대수롭지 않은 약속을 지키기 위해 또는 체면이라는 법도에 어긋나서는 안 된다는 생각에서 권총 자살을 하는 사람도 있다(내가 알고 있는 실례도 한두 건이 아니다). 이것은 자기가 한 일에 괜히 체면이라는 악마적인 딱지를 붙이기 때문인데, 이 단순한 인습상의 명분만 잊어버리면 그들은 얼마든지 약속을 어길 것이다.

일반적으로 말해서 사람들이 당치 않은 일이나 부주의에서 생긴 일, 자기의 의도나 계획에 반대되는 일, 어떤 관습에 위배되는 일, 또는 어떤 경솔한 일, 치사한 일, 어리석은 일을 하게 되면 나중에 몰래 마음을 깨무는 벌레와 찌르는 가시가 마음속에 나타나게 된다. 그리하여 만일 대다수의 사람들이 끔찍하게 여기는 양심이 어떤 요소로 이루어져 있는가를 안다면, 그들은 상당히 놀랄 것이다. 즉, 양심의 1/5은 타인에 대한 두려움에서 비롯되며, 1/5은 종교적인 꺼리낌에서, 1/5은 선입관에서 오는 공포, 1/5은 허영에서 생기는 꺼림칙함, 1/5은 관습상의 불안에서 비롯된다. 영어의 I can not afford to keep a conscience.(나는 양심을 지킬 여유가 없다)라는 말도 방금 말한 바와 같은 의미에서 비롯된 것이다.

추상적인 원칙이나 이성은 도덕의 첫째 가는 본원이다. 기초가 되어 있지 않지만, 도덕으로 살기 위해서는 반드시 필요한 것이다. 즉, 원칙이나 이성은 모든 도덕의 원천에서 흘러나온 것을 모아둔 저수지이다. 그러므로 거기서 곧 저절로 도덕이 흘러나올 수는 없으며, 평소에는 저수지로 존재하고, 필요에 따라 물을 길어내게 되는 것이다. 만일 원칙이 마련되어 있지 않으면, 인간의 부도덕한 본능은 외부에서 좋은 기회를 노려 반발하여 큰 힘을 발휘한다. 이 원칙을 잘 지키면 자기에게 다가오는 비도덕적인 동기를 물리칠 수 있다. 그러므로 이 원칙을 따르는 것이 자기를 지키는 길이다.

개인이나 국민의 일반 행위는 교리나 관습에 따라서 상당히 변한다. 그러나 모든 행위는 그 자체로 볼 때, 공허한 현상에 불과하며 거기에는 다만 정신의 경향이 있을 뿐이다. 그리하여 이 경향이 우리로 하여금 어떤 행위를 하게 하며, 여기에 하나의 도덕적인 의의를 부여하게 된다. 이 정신적인 경향은 누구에게나 동일하게 존속하는 것이 상례이며, 다만 그 외면에 여러 가지 차이가 있을 뿐이다. 가령 같은 정도이 고약한 마음씨를 가진 두 사람이 있는데 한 사람은 한길에서 비참하게 쓰러져 죽고 다른 사람은 친척들에게 에워 싸여 고요히 세상을 떠날 수도 있을 것이다. 그리고 같은 사악이 어떤 국민에게는 만행과 살상 및 인육식(人肉食)으로 나타나고, 다른 국민에게는 궁정의 음모나 학대, 간계 등으로 별반 눈에 뜨이지 않게 나타나는 경우도 있는데, 근본적으로는 두 가지 경우가 다 같은 행위이다.

또한 우리는 모든 범죄를 막을 수 있는 안전한 국가나, 사후의 형벌이라는 신앙의 가르침을 생각할 수 있다. 이것은 정치적으로 보면 매우 바람직한 일이지만 도덕적으로는 전혀 기여하는 바가 없다. 이 경우에 의지가 아니라, 행위만 사슬에 매여 있으며, 행위는 올바르다고 하여도 의지는 사악한 채 그대로 있는 것이다.

2. 동정(同情)

동정은 신비롭고 놀라운 것으로 이성의 눈으로 보면 인간과 인간 사이에는 엄연히 경계가 있으나 동정의 눈으로 보면 이 경계선이 허물어져 나 아닌 남이 참된 의미의 '나'로 간주되며, 모든 자발적인 정의와 순수한 자선은 이 동정을 유일한 그리고 진실한 토대로 하고 있다.

동정은 인간의 양심에 속한 부인할 수 없는 사실이며, 양심의 본성의 고유한 발로이다. 그러므로 외부에서 주입된 사상이나 어떤 관념, 종교의 교리, 신화나 교육, 그리고 수양을 근원으로 하고 있지 않으며 인간의 천성으로부터 직접 자발적으로, 또한 한결같이 솟아나 모든 시련을 견디고, 어느 시대나 어떤 나라에도 나타나는 것이다.

그러므로 우리는 동정이 누구에게나 있음을 확신하고 어디서나 분명한 기대를 갖고 거기에 호소하고 의지하려 한다. 동정의 신(神)에 기댄 자는 일찍이 한 번도 이단의 신으로 보인 적이 없었다. 만일 남을 동정할 줄 모르는 자가 있다면 그는 인간 세계에서 멀리 떠나 사는 특별한 생물이다. 세상에서는 인도(人道)라는 말이 가끔 동정과 같은 의미로 사용되고 있다.

다만 종교적인 신념에서 비롯된 선행(善行)이라면 그것은 마땅히 자기가 받아야 하는 상벌이라는 생각에서 비롯된 것으로 순수한 도덕적인 선행이 아니라고 할 수 있다. 이와는 달리 동정이라는 도덕적인 원동력에 대해 생각해 보면 누구든지 다음과 같은 사실을 부인할 수 없을 것이다. 어느 시대, 어떤 국민에게도 인생의 모든 현실, 다시 말해서 무정부 상태에서나 또는 혁명과 전란 속에서나 크고 작은 모든 사사건건 속에서 날마다 시시때때로 동정은 놀라운 자비를 베풀어 무수한 불의와 부정을 미연에 방지하며, 인간으로 하여금 대가를 원치 않고 여러 가지 선행을 행하게 한다. 또한 어떤 경우에도 우리는 동정이 다른 의도가 없이 그 자체에 의해서 나타날 때, 감동과 찬사를 아끼지 않게 되며, 순수한 도덕적인 가치를 인식하게 되는 것이다.

누구를 막론하고 선망(羨望)과 동정이라는 두 가지 정반대되는 심정을 갖고 있다.
이것은 인간이 자기의 입장과 남의 처지를 견주어 보는 데서 생긴다. 그리고 이 비교가 인간의 개성에 어떤 반응을 일으키느냐에 따라서 이 둘 중 어느 하나가 기본이 되며 그것을 토대로 해서 행동하게 된다.
선망은 자기와 타인 사이에 놓인 장벽을 높이고 견고히 할 뿐이지만, 동정은 이와 반대로 그 장벽을 한층 낮게 만들고 투명하게 할 뿐만 아니라 때로는 그것을 뿌리째 뽑아 버리기도 한다. 이렇게 되면 자기와 타인의 구별은 완전히 사라진다.

우리는 남과 어울리기 시작하면 언제나 상대방의 지능이나 덕성(德性)을 알려고 하며, 이때 상대방의 마음씨가 고약하고 분별력이 좁고 판단력이 불확실하다는 것을 알아내면 멸시하거나 혐오하게 된다.

그러나 우리는 오히려 상대방의 고뇌와 불행과 번민, 우환 등을 생각해 주어야 한다. 그렇게 되면 우리는 그와 매우 가까워 진 것을 느끼게 되고 동정심이 생겨 그를 미워하고 무시하는 대신 그를 측은히 여기고 사랑하게 된다. 복음서(福音書)가 우리를 불러 들이는 유일한 '사랑의 만찬회'는 이런 마음씨를 가리킨다.

어떤 사람의 사악함은 보고 분노를 느끼게 되면, 즉시로 관점을 돌려 그의 삶이 얼마나 참혹하고 고된가를 한번 생각해 보아야 하며, 그들의 참상과 고뇌를 목격하고 두려움을 느끼면 반대로 그의 사악함을 상기해 보라. 그렇게 되면 양자가 균형을 이루고 있음을 발견하고 거기 영원한 정의(情誼)가 이루어져 세상은 스스로 판결을 내리고 있음을 알게 될 것이다.

우리에게 피해를 입힌 자에 대한 분노가 아무리 정당하다고 하더라도 상대방이 불행한 인간이라는 것을 상기하면 곧 마음이 부드러워지고 진정될 것이다. 불에는 물, 분노에는 동정을 베풀어야 한다. 어떤 가해자에게 참혹한 보복을 하고 싶으면 우선 앙갚음을 끝낸 것으로 치고, 상대방이 고뇌에 시달리고 불행과 궁핍에 허덕이는 모습을 머리 속에 분명히 그리고 "이것이 내가 하려던 보복"이라고 말하는 것이 옳다. 그러면 그 보복 결과가 너무나 참혹함을 깨닫고 실제로 보복을 가할 엄두가 나지 않을 것이며, 나중에 할 후회를 미리 막을 수 있을 것이다. 세상에서 분노의 불길을 끄는 방법은 이것뿐일 것이다.

병신 자식일수록 사랑스럽게 보이는 것이 부모의 마음이다. 그 자식을 보면 언제나 동정을 금할 수 없기 때문이다.

모든 도덕의 근원이 되는 이 동정은, 짐승에게까지 애호와 자비의 손길을 뻗치게 된다.

그런데 나 이외의 다른 유럽 철학자들의 윤리학설을 보면 동물에 대한 인간의 도덕적인 관계는 매우 찾아보기 어렵다. 동물에게는 전혀 권리가 주어져 있지 않다거나 동물에 대한 위의 행동에는 윤리적인 의미가 없다거나 인간이 동물에 대해 어떤 의무를 갖는다는 것은 있을 수 없다고 하는데, 그들의 이와 같은 그릇된 주장은 몰인정하기 짝이 없고 도저히 귀로 들을 수 없는 서양의 야만적인 태도로, 그 근원은 유태교에 있다.

동물에 대하여 이런 견해를 가지고 유태화(猶太化)한 서양사람들에게 상기시키고 싶은 것이 있다. 즉 그들이 젖을 먹고 자란 것과 마찬가지로 개도 그 어미의 젖을 먹고 자랐다는 것이다.

동물에 대해 자비심을 갖는 것은 선량한 성격과 긴밀한 관계를 갖고 있다. 동물을 학대하는 인간은 선량한 사람이 아니라고 단정해도 좋다.

모든 생물에 대하여 무한한 자비심을 갖는 사람은 무엇보다도 선량한 사람임을 보증할 수 있으며, 이에 대해서 선학적인 양심 운운할 필요가 전혀 없다. 적어도 이런 자비심이 많은 사람은 남을 해치는 일이 없고, 남의 권리를 침해하려고 하지 않으며 남에게 악을 행하지 않고, 누구나 용서하고 사랑하며, 그들을 힘껏 도와 그 모든 행위에 정당성과 인간애의 날인(捺印)이 찍히게 한다. 예를 들어 이렇게 말해 보라.

"저 사람은 도덕가이지만 동정심이 없다."

"저 사람은 흉악한 인간이지만 동정심은 많다."

사실, 이 양자가 평행선을 이루고 있다. 인간은 서로 취미가 다르지만 내가 보기에는 기도(祈禱) 가운데 인도의 고대극 마지막 장면에 나오는 기도처럼 아름다운 말은 없을 것이다. 그것을 의역(意譯)하면 이렇다.

"모든 중생(衆生)이 괴로움에서 벗어나게 되기를 비노라."

3. 사리(捨離)·금욕·해탈(解脫)

혼미(混迷)의 안개가 벗겨지고 자기와 타인을 차별하지 않게 된 사람은 남의 괴로움에 대해서도 자기의 괴로움과 같은 느낌을 갖게 되어 남을 헌신적으로 도우며 그들의 복리를 위해 자기 일신의 희생도 주저하지 않는 경지까지 도달한 사람은 모든 생물 중에서 자기자신을 재인식하고 뭇 생명체의 괴로움을 자신의 괴로움으로 간주하므로 그에게는 전 세계의 참상과 고뇌가 자기 것이 되어 어떤 사람의 고통도 남의 일이 될 수 없다. 자기가 목격하면서도 도와 줄 힘이 부족하여 어떻게도 할 수 없는 모든 괴로움과 등뒤에서 들려오는 남들의 모든 슬픔과 자기 가슴 속에 떠오르는 모든 번민을 그는 자기 일처럼 여기고 자기가 희생당하는 것처럼 마음 아프게 느낀다.

자기자신의 운명 속에 계속해서 나타나는 선악(善惡)과 행·불행을 도외시하고 모든 이기심에서 벗어난 그에게는 개체로서의 혼미한 안개가 빤히 들여다 보인다. 살아서 괴로움을 겪고 있는 모든 중생은 다 자기 인척관계(姻戚關係)가 되어 사물의 본질, 끊임없는 유전(流轉), 헛된 노력, 마음의 불안, 그리고 사라지지 않는 괴로움을 통찰하고 어디를 둘러보나 괴로움에 가득 찬 인간과 괴로워하는 동물, 끊임없이 열망하여 소실되는 삼라만상을 목격하고, 그는 마치 이기주의자가 자기에게만 집착하는 것처럼 자기자신을 세계의 고뇌에 밀착시킨다.

세계를 이렇게 인식한 이상, 그가 어찌 욕심만 부려 자기를 내세우고 악착같이 삶에 집착할 수 있겠는가. 개체적인 혼미에 빠진 자나 이기심의 노예가 된 자는 사물 속에서 자기자신과 관련되는 면만을 눈여겨 보고, 거기서 새로운 욕망의 동기가 생기기 마련인데 반대로 사물의 본성을 투시하여 그 전모를 여실히 통찰하는 사람에게는 모든 욕심이 사라진다. 즉 그는 생존의지가 개체의 영속을 도모하는 쾌락이 두려워 자기자신을 여기서 멀리한다. 이 경지에 도달한 사람은 자발적으로 체념, 사리, 진리 속의 안주, 생존의지의 단멸(斷滅) 등을 체득하게 된다.

악한 자는 생존의지와 욕심이 강하므로 언제나 몸과 마음을 찢는 듯한 깊은 고뇌에 사로잡히게 되어 모든 쾌락의 원천이 고갈되어 버리면 남의 불행에서 욕심의 갈등을 면하려고 하는데 이와 반대로 방금 말한 욕구의 절대적인 번뇌를 떨쳐버릴수 사람은 외관상 아무리 탈취당하고 또 어떤 기쁨이나 소유물이 그에게서 제거되더라도 충만한 환희 속에서 별개의 안위를 맛볼 수 있다.

그는 이미 어떤 불안과 초조도 느끼지 않고, 또 커다란 기쁨(이런 기쁨은 인간이 생존에 애착을 느끼고 있는 한, 그 삶에 있어서는 안되는 조건이며, 고민에 선행되며, 고민에 그치게 마련이다)도 모르고 살면서 하나의 확고한 안식과 내면적인 명랑성을 지닐 수 있다. 이것을 꿰뚫어 보는 사람은 누구든지 가장 위대하고 올바른 유일한 세계로서 동경해 마지않는 최상의 경지, 즉 현자(賢者)와 지자로서의 내부의 소리가 우리를 인도하는 경지다.

충족된 모든 욕망과 현실의 비참한 고뇌 속에서 쟁취한 행복은 거지가 손에 넣은 푼돈과 같은 것이다. 그는 그 푼돈으로 오늘을 보낼 뿐 내일은 다시 목마름에 시달리게 되는데, 욕구의 단절(사리)은 조상 대대의 부동산과 같은 것으로 그 복된 소유자는 영원히 삶의 노고에서 벗어날 수 있다.

그림을 감상하고 삼매경(三昧境)에 이르면 모든 탐욕에서 떠나 마치 이 세상의 무거운 대기 위에 떠 있는 것처럼 느낀다. 그리하여 그 한동안은 우리가 경험할 수 있는 가장 행복한 시간이 계속되는데, 우리도 이런 미의 몰아적인 관조에 있어서처럼 잠시 동안이 아니라 영원히 자기의 생존의지를 진정시킨 사람, 다시 말해서 그 생존의지가 전혀 발동하지 않고 오직 마지막 희미한 불꽃을 튀며 남은 삶을 유지해 나가는데 그치며, 늙어서 죽어 가게 마련인 사람이 안주하고 있는 지상의 복된 경지가 어떤 것인지 상상할 수 있다.

이런 사람은 자기 허욕에 반항하여 많은 투쟁을 거쳐서 비로소 세상에서 진정한 승리자가 된 것이며, 어떤 무엇으로도 결코 흐려질 수 없는 세계의 거울, 즉 참된 눈을 가진 자로서 살게 된다. 그리고 그는 우수한 허욕의 사슬 —— 우리를 세상에 붙잡아 매고 욕구와 공포, 질투, 분노의 끊임없는 괴로움 속에서 사망으로 끌고다니는 —— 을 끊었으므로, 이미 그는 고민이나 유혹을 느끼지 않는다.

그는 얼굴에 조용히 미소를 띠면서 일찍이 자기를 괴롭히고 혼란에 빠지게 한 세상의 어지러운 환영(幻影)을 몰아내고 마치 승부가 끝난 장기판을 바라보듯이, 또는 사육제(謝肉祭) 전날밤에 기뻐서 미칠 듯이 날뛰게 한 카니발의 가면이 이튿날 아침 여기 저기에 흩어져 있는 것을 바라보듯이 세상에 대해 무심한, 그리고 담담한 시선을 던질 따름이다.

그 눈앞에서는 삼라만상이 흡사 눈앞에서 번쩍이다가 사라져 버리는 영상이요, 선잠을 잔 자의 가벼운 새벽 꿈이요, 진리의 빛을 흡족히 받아 이미 흔들리지 않은 야음(夜陰)처럼 흘러간다. 그리하여 그의 생존은 담담한 꿈결처럼 가볍게 사라져 버리므로 죽음은 삶에서 급격히 옮아가는 과정일 수 없다.

우리는 구원에 있어서 불행과 궁핍이 얼마나 필요한가를 안다면 남의 행복을 부러워할 것이 아니라 오히려 그 불행을 부러워해야 할 것이다. 그리고 같은 이유로 운명의 압력을 무시하려는 스토아주의*가 실제로 혼령에 두터운 껍질을 씌워 삶의 괴로움에서 벗어남으로써 현실을 쉽사리 견뎌나가게 할 뿐 참된 영혼의 구제를 위한 길이 아니라는 것을 알 수 있다. 즉 그것은 마음을 견고하게 만들 뿐이므로 이 스토아주의를 신봉하여 목석처럼 감응(感應)이 없는 사람은 도저히 삶의 고뇌를 물리칠 수 없는 것이다. 그리고 웬만한 스토아주의는 별로 보기 드물지 않으며, 오히려 하나의 허세 —— 도박에 지고 억지로 웃는 얼굴을 하는 —— 에 해당하는 것이다. 설사 진정한 금욕생활을 하더라도 그것은 큰 고뇌를 느끼는 데 필요한 감수성과 예리한 감각과 상상력의 결핍에서 오는 경우가 많다.

자살자의 대부분은 역시 삶을 원하며, 단지 자기에게 주어진 조건에 절망하고 있을 뿐이다. 즉 그는 살려는 의지가 아니라 현재의 삶을 단념하는 것은 삶을 원하지 않을 수 없기 때문이며, 이 경우에 자기라는 생명의 한 현상을 단절시켜 살려는 자기 의지를 주장하는 것이다. 다시 말해서 그가 벗어나려고 한 것은 생존 자체가 아니라 고뇌이며, 이 고뇌는 오히려 의지를 설복시켜 그를 사리와 해탈로 인도하는 것이다.

그러므로 대개의 자살자는 고통이 많으나 반드시 완쾌할 수 있는 외과수술을 감당치 못해 병을 기르고 있는 환자와 같다. 만일 그가 용기를 내어 고뇌를 견디었던들 의지의 절멸을 감행할

---

* Stoicism. 명칭은 이 학파의 창시자인 제논이 스토아 포이킬레라는 주랑(柱廊)에서 강의한 데서 유래. 철저한 금욕생활을 통한 극기를 목표로 함. 또 신은 우주 이성으로서 만물에 편재하며, 그 필연성은 합목적적이라고 주장.

수는 있을지 언정 고뇌에서 벗어나기 위해 즉 의지의 현상인 자기 육신을 멸하려고는 하지 않았을 것이다. 그러므로 살려는 의지자체는 이런 죽음으로는 조금도 지장을 받지 않고 존속된다.

세계나 인간사회를 깊이 파고 들어갔을 뿐, 개별적 원리는 혼미를 간파하는 사람은 극히 드물며, 또 선량하고 박애정신이 충만한 자, 한 걸음 나아가서 세계의 온갖 고뇌를 재인식하여 살려는 의지까지도 포기하는 경지에 도달한 사람은 더욱 드물다. 이 최고의 경지에 가장 가까이 다가선 사람에게는 자기 한몸의 안락이나, 그때 그때 생존의지에 아부하는 즐거움이나, 희망의 유혹, 끊임없는 욕정은 사리에의 정진(精進)을 훼방하는 장애물이요, 또한 생존의지가 던지는 저주스러운 미끼다. 그러므로 우리를 유혹하는 무수한 사념(邪念)과 탐욕은 옛날부터 악마로 의인화하여 왔다.

우리의 생존의지가 자진해서 자신을 포기하려면, 그 전에 어떤 커다란 고뇌에 의해 좌절될 필요가 있다. 날이 갈수록 심해지는 여러 가지 고뇌를 통하여 힘껏 저항을 거듭한 후에 드디어 절망의 나락에 이르면 인간은 갑자기 제정신으로 돌아와 자연히 세계 자체를 인식하게 되며, 그 영혼은 돌변해서 자기를 초월하고, 모든 고뇌에서 벗어나 일찍이 보지도 듣지도 못한 높은 경지로 앙양되는 것이다.

그리하여 그는 정화(淨化)되고 성화(聖化)되어 하나의 안식을 얻으며 확고한 복지(福祉)와 일반 사람들이 접근하지 못할 세계에 도달하여 지금까지 자기가 몹시 바라던 모든 것을 버리고 다가오는 죽음도 안정된 마음으로 맞아들이게 된다. 이때 해탈(즉 생존의지의 포기)은 고뇌의 불더미에서 푸른 전광처럼 갑자기 튀어나온다.

그리고 죄인이라고 생각되는 사람도 역시 큰 괴로움으로 말미암아 새 사람이 되는 경우가 있다. 그렇게 되면 그들은 과거의 잘못은 이미 마음의 짐이 되지 않고 얼른 죽어서 그 죄과를 보상하려고 하며 자기라는 하나의 가상(假象)이 이미 자기와는 관계가 없는 것으로 간주되어 그것이 자기의 죄상과 더불어 소멸되기를 원한다.

괴테는 《파우스트》에서 그레첸의 입을 빌어 의지가 커다란 불행과 절망을 통하여 자기 단절에 도달하는 모습을 묘사하고 있는데 그 솜씨가 매우 훌륭하다. 이 그레첸의 이야기는 사물의 이치에 이르는 제2의 도전, 즉 온세상의 고뇌를 관망하고 자기자신을 모든 중생과 동일시하여 그 고뇌를 몸에 질머지는 것이 아니라, 큰 고뇌를 맛보았기 때문에 해탈에 이르는 간접적인 길을 제시한 본보기가 되는 묘사이다.

큰 고뇌와 불행은 우리로 하여금 살려는 의지가 자가당착(自家撞着)에 빠져 있다는 것을 깨닫게 하며, 이 의지에서 비롯되는 모든 노력이 공허한 것임을 분명히 보여 준다. 국왕이나 영웅, 그 밖에 기구한 생애를 보낸 사람들이, 강한 정욕을 추구하여 파란 많은 세월을 보낸 후에 사리와 회오(悔悟)로 말미암아 승려나 은거자가 되는 것은 이 때문이다.

윤리에 대하여

그리고 진정한 심적(心的) 전환에 대해 쓴 모든 이야기도 이런 내용을 소재로 삼은 것이며, 예를 들면 레이몬드 루레에 관한 이야기가 그것이다. 그는 어느날 오랫동안 연모해 온 어떤 아름다운 여인으로부터 처음으로 만나자는 기별을 받고 미칠 듯이 기뻐하며 그녀의 방에 뛰어들어갔더니, 그녀는 웃통을 벗고 흉한 암종으로 덧난 가슴을 그에게 보여 주었다. 그는 마치 지옥이라도 엿본 듯 싶어 곧 마음을 돌려 마욜크 왕궁을 등지고 거친 황야에서 고독과 고행 속에 생애를 보냈었다.

 랑세의 발분(發憤)도 레이몬드와 비슷하다. 그는 젊었을 때 온갖 향락에 빠졌으며, 나중에는 만바존의 귀부인을 정부(情婦)로 삼았다. 그런데 하루는 약속된 시간에 그녀를 찾아갔더니 인기척이 없고 어두컴컴한 방안에는 여러 가지 물건들이 흩어져 있었다. 그 때 난데없이 그의 발길에 채이는 것이 있었다. 그것은 바로 정부의 머리였다. 그녀가 갑자기 죽었으므로 사람들이 그 시체를 연관(鉛管) 속에 넣으려고 했는데 들어가지 않자 머리는 베어서 동댕이쳤던 것이다. 랑세는 말로 다 할 수 없는 괴로움을 겪고 나서 1663년 당시에 트라피스트 교단*이 전혀 본래의 가르침을 저버리고 있는 것을 통탄한 나머지 그 개혁에 나섰으며 드디어 오늘날 우리가 찾아볼 수 있는 바와 같은 철저한 금욕생활을 실천하게 했던 것이다. 이 교단은 의지를 포기하는 실천도장이라고도 할 수 있으며 거기 입단한 사람은 심한 궁핍 생활을 감수하며 생

---

* 1098년 프랑스의 시토 황야에 창립된 엄한 규율을 가졌던 시토 수도회. 1664년 랑세기 개혁을 단행하여 세운 한 기독교 분파의 속칭. 침묵, 기도, 전진, 노역의 엄숙한 계율 아래 노동에 종사함.

존의지의 단멸(斷滅)을 위해 외부세계에서는 믿을 수 없을 정도로 엄격한 교리와 노동에 종사하고 있다.

그들의 수도원을 찾아갔던 사람은 수도사들이 단식과 추운 밤의 성행(聖行)과 기도와 노동으로 온몸이 여위어 가면서도 속세의 아들이며 죄인인 방문객의 무릎에 엎드려 그들의 복을 빌어주는 순수한 태도에 일종의 경외감까지 느끼게 된다고 전한다.

여러 교단 가운데서도 이 교단만은 많은 풍파를 잘 견디어 오늘에 이르기까지도 순결한 모습을 계속 보존하고 있는데, 이러한 지속성은 그 생명이 되어 있는 정신이 심오하고 진실하여 2차적인 모든 교의에 매이지 않기 때문이다. 한데 우리가 유의해야 할 것은 이런 유일한 교단이 가장 쾌활하고 낙천적이며 명랑한 국민성을 가진 저 프랑스인들 속에서 나왔다는 사실이다. 다른 종교는 타락해도 이 교단만은 그 영향을 받지 않고 있다. 그것은 필경 그 깊은 뿌리가 어느 기성 교리보다도 한층 더 깊은 인간성에 닿아 있기 때문일 것이다.

우리는 마땅히 자기 자신의 빈약한 성품과 좁은 소견과 여러 가지 선입견에서 떠나 세계를 극복한 사람들 —— 즉, 그 의지가 자기자신에 대해 충분한 인식에 도달하여 모든 사물 속에서 자기를 재인식하고, 자발적으로 자기를 포기하고 남은 목숨이 붙어 있는 육신과 함께 사라져가는 것을 기다리는 사람들의 모습을 잘 보아야 할 것이다. 그렇게 되면 우리는 불가항력적(不可抗力的)인 성욕의 발동과 욕구에서 두려움으로 전환되고, 즐거움에서 괴로움으로 옮아가며, 무엇으로도 만족을 느끼지 못하고 언제까지나 고개를 드는 욕구 대신 모든 이지(理智)를 초월한 평온, 고요한 마음의 바다, 깊은 안식, 흔들리지 않는 확신, 혼령의 숭고한 명랑성 등을 찾아볼 수 있을 것이다.

생존의지에 얽매여 움직이는 사람은 모든 사념(邪念)과 허욕만을 삶의 보람으로 삼고 있으나 생존의지의 구속에서 벗어난 사람의 심경은 그 얼굴에도 나타나 있다. 라파엘이나 코레로가 보여주고 있는 존엄한 용모는 단지 그것만으로도 우리가 머리를 수그릴 만한 참된 복음이라고 하겠다. 요컨대 그들에게서는 벌써 인식만 남아 있고 생존의지는 소멸되어 있다.

수도원 생활이나 그 밖의 고행을 일삼는 생활을 순수하고 진실하게 받아들이는 사람의 내면적인 정신과 의도는 그 장본인이 이 세상에서 살아가고 있는 자기보다 더 고귀한 존재가 될 만한 가치가 있으며, 또 자기는 그것을 감당할 수 있다고 자부하고, 이 세상의 모든 공허한 쾌락을 무시하고 배격함으로써 자기의 그런 확신을 지지 강화하려는 데서 오는 것이다. 그리하여 이들은 죽는 날과 시간을 오직 해탈에 이르는 계기로 조용이 맞이하기 위해 분명한 기대를 갖고 모든 의혹이나 유혹을 물리치고, 그날그날 조용히 살아가면서 그 종말을 기다리고 있는 것이다.

조용한 신자의 생활 —— 첫째로 모든 욕심을 버리고, 둘째 고행, 즉 일정한 방법으로 이기적인 의지를 좌절시키며, 셋째 자기자신이 모든 사물 또는 우주의 근원과 동일한 존재라는 것을 깨닫고 있는 신비가(神秘家)의 생활 —— 인간의 영혼에 일어나는 이 세 가지 성향은 서로 긴밀한 관련을 갖고 있어 누구든지 그 하나를 터득하면 어떤 체험을 통해서나 스스로 특이한 삶을 영위하게 된다.

오늘날 이 가르침을 가장 놀라운 사실로서 역설한 사람들은 시대적으로 상당히 거리가 있고, 국가나 종교를 달리하여도 그 정신에서 서로 일치하며, 그 내면적인 체험을 전달하는 말에 한결같이 확신과 반석 같은 부동의 심증(心證)이 나타나 있다.

실제로 '모든 것이 이상적이다'*는 입장에 서는 유태교를 바라문교**와 불교에 비교해 보면, 그 진정한 정신과 도덕적인 색채가 기독교와 밀접한 관계를 갖고 있는 것은 전자가 아니라 후자이다. 그런데 종교의 본질은 그 참된 정신과 도덕적인 행위에 있는 것이지 그 표면을 휘감고 있는 신화나 교의에 있는 것은 아니다.

구약성경에 나와 있는 "모든 것이 이상적이다"가 순수한 기독교에서 이단적(異端的)인 세계관임은 의심할 여지가 없다. 즉 신약성경을 통독해 보면 세계는 가는 곳마다 우리에게 마땅치 못한 곳이며, 우리가 애착을 느낄 수 없는 곳이요, 악마의 지배 아래 있는 곳으로 보고 있다.***

---

* "하나님이 그 지으신 모든 것을 보시니 보시기에 심히 좋았더라"(창1: 31).

** 불교 이전에 인도 바라문족을 중심으로 고대 인도의 경전인 베다 신앙을 근거로 발달한 종교. 우주의 본체(梵天)를 중심으로 희생을 주장하고 고행과 정결(淨潔)을 위주로 함.

*** 신·구약은 긴밀한 관련을 갖고 있으며, 아담과 이브가 하나님의 명령을 어긴 후부터 이상적이던 세계가 죄악의 세계로 변모된 것으로 설명하고 있다.

그런데 세계를 이와 같이 보는 것은 고행과 사리와 현세 극복의 정신과 합치되며, 이 정신은 이웃 사람을 사랑하고 남의 부정을 용서하라는 가르침과 함께 기독교와 바라문교, 불교의 근본 특징이다. 따라서 이 세 종교 사이에는 긴밀한 관련이 있다. 다만 기독교에 대해서는 역사적인 여러 가지 사실을 제외하고 참된 내부 세계를 주시해야 할 것이다.

프로테스탄트는 그 금욕주의와 독신주의를 폐지한 것으로 기독교 정신에서 벗어났으며 이런 견지에서 하나의 배교적(背敎的)인 태도라고 할 수 있다.

오늘날 신교는 평범하고 합리적이고 근대적인 펠라기아니즘*에 빠져 있으며, 그 교리를 개관하면 어떤 착한 할아버지가 세계를 만들어 그것을 보고 스스로 즐긴다는 데 불과하다. 그리고 이 인심 좋은 할아버지는 인간이 자기의 신자가 되어 어떤 조건만 이 행하면 세상이 끝장난 다음 훨씬 더 좋은 세계에 옮겨 주는 모양인데, 그렇다면 거기 자리를 옮기는 징검다리에 불과한 죽음은 어째서 그렇게 두려운가? 이런 가르침은 마누라도 두고 문명에 젖은 안일주의의 신교승(新敎僧)에게는 편리한 가르침이 될 수 있겠지만, 진정한 기독교는 아니다. 진정한 기독교의 가르침은 인간 세상에 태어났다는 사실만으로도 무거운 죄과(罪科)를 짊어지고 있다고 주장하여 인간의 해탈은 가장 쓰라린 희생, 욕심의 포

---

* A.D. 400년경의 영국 신학자 펠라 기아너가 원죄설을 부인한 가르침.

기, 자아(自我)의 단멸(斷滅) 등, 다시 말해서 인간성의 전면적인 개변(改變)에 의해서만 이루어진다고 가르친다.

낙천주의(樂天主義)의 근원을 생각해 보면 세계의 유일한 제1원리인 살려는 의지가 조성한 현상을 거울에 비춰 보고 자기 스스로의 모습에 현혹된 나머지 멋대로 떠들어대는 찬사(讚辭)의 일종에 불과한 것이다. 그러므로 그것은 허망하기 짝이 없는 주장일 뿐 아니라 사람의 마음을 타락하게 만든다. 즉 이 낙천주의는 인생을 하나의 이상적인 것으로 보고, 인생의 목적은 인간의 행복을 누리는 데 있다고 가르친다. 그리하여 모든 인간은 자기의 행복과 환락에 대하여 가장 적합한 청구권(請求權)을 갖고 있다고 생각하며, 대다수의 사람들은 그것을 손에 넣지 못하면 자기는 고약한 운명의 농간으로 말미암아 삶의 목적을 달성하지 못했다고 생각한다.

그리고 참된 인생관에 의하면, 인간의 생존은 노고와 궁핍, 불행, 고뇌, 그리고 마침내 죽음을 맞이하는 것이 그 참된 모습이며 바라문교나 불교, 또 진정한 기독교는 다 이렇게 보고 있는 것이다. 이런 견해만이 정당하다는 것은 이러한 해악이 살려는 의지의 기각(棄却)으로 우리를 인도한다는 것을 보더라도 알 수 있다. 신약(新約)에는 이 세상을 눈물의 골짜기라고 표현하고 있고 인생은 혼령을 정화하는 고장이라고 하며, 또한 기독교의 상징으로 되어 있는 것은 순교의 도구인 십자가이다.

인도인의 윤리는 바라문경과 시편(詩篇)과 처세도와 격언 속에 여러 가지 형태로 주장되어 있는데, 특히 강조하는 것은 '나'를 버리고 이웃을 사랑할 것, 인간뿐만 아니라 모든 생물을 사랑할 것, 자비를 위해서는 피땀을 흘려 얻은 하루하루의 소득까지도 내던질 것, 자기를 괴롭히는 자에게 끊임없는 온정과 인내를 베풀 것, 남이 자기를 아무리 해치더라도 호의와 사랑으로 대할 것, 남의 모든 부정을 기꺼이 용서할 것, 일체의 육식을 금할 것, 그리고 참된 거룩한 경지에 도달하려는 자는 순결한 동정(童貞)을 지켜 모든 향락을 멀리할 것, 모든 재물을 천시할 것, 집과 모든 소유물은 버릴 것, 깊은 고독에 잠겨 정관(靜觀)과 회오(悔悟)와 의지를 소멸하기 위해 꾸준한 고행으로 밤과 낮을 보내고 마침내 굶어 죽어 악어의 밥이 되거나 혹은 히말라야 산정에서 몸을 던지고 혹은 성행(聖行)을 마친 자로서 자기 자신을 땅속에 생매장하거나 또는 군중들의 환호와 무기(武器)의 춤과 찬가(讚歌) 속에 지나가는 거대한 꽃상여에 치어 죽는 것 등이다.

이 가르침은 4천 년 이상의 역사를 갖고 있는데 오늘날에도 인도인 사이에는 권위를 갖고 생생하게 남아 있다. 무수한 사람들 사이에 이처럼 오랫동안 실천해 온 관습과 이와 같이 큰 희생을 강요하는 가르침은 결코 한갓 환상에 사로잡힌 몇몇 사람이 독단적으로 지어낸 것일 수 없고, 반드시 인류 본성 자체에 깊이 뿌리박고 있지 않으면 안 된다. 그리고 이런 경우도 유의하도록 하자. 즉 인도인 고행자의 전기와 기독교 금욕주의자의 그것을 견주어 보면, 거기에는 전적으로 공통된 심리상태를 엿볼 수 있어 우리를 놀라게 한다.

그들의 성스러운 행동과 내면생활의 교의나 습관이나 환경이 다른 데도 교묘한 일치점을 보여주고 있는 것이다. 그리고 기독교의 신비설(神秘說)과 베다 철학은 모두 외부 행동과 신앙생활이 완전히 거룩한 경지에 도달한 사람에게는 불필요한 것으로 보는 점도 일치하고 있다.

모든 면이 다른 유럽인과 인도인 사이에 시대적으로 많은 간격이 있음에도 불구하고 이와 같은 일치가 이루어지고 있다는 것은 양쪽의 고행주의와 금욕주의가 결코 평범한 낙천주의자들의 의기양양해서 주장하고 있는 그런 안이한 것이 아니며, 정신과 상식의 착각으로 말미암은 것이 아님을 입증하고 있으며, 거기에는 인간 본성이 드러나 있기 때문이다.

이런 성자들과 같은 시대에 태어나 살아서 그 모습에 접하기를 바라는 것은 희귀한 일이지만, 우리는 그들의 전기를 읽고 덕이 있고 거룩한 승자(勝者)의 생활도 허망하기 그지없다는 암담한 생각을 버려야 할 것이다.

우리는 아이들이 어두운 밤을 무서워하는 것처럼 이 허무를 두려워 한다. 그리고 고대 인도인들이 여러 가지 신화나 범*에의 귀의나 열반 등 무의미한 말을 빌려 이 두려움에서 벗어나려고 했는데 우리가 올바른 인식을 갖고 있다면 이에 대해 다음과 같이 생각해야 할 것이다. 즉 살려는 인간의 의지가 전면적으로 단절된 후에 아직도 삶에의 의욕이 강한 사람들에게는 아무것도 존재

---

* 범(梵, Brahmam). 인도의 바라문교에서의 우주의 최고 원리 또는 신.

하지 않으며, 따라서 그것은 허세임에 틀림없으나 그 의지가 의욕 대상이 되지 않고 자기 자신을 기각하기에 이른 사람에게는 오히려 실재하고 있는 것처럼 그럴 듯하게 보이는 세계, 모든 항성(恒星)과 성운(星雲)을 포함한 이 우주가 허무인 것이다.

11. 종교에 대하여

 인간이 철학적인 사색을 하여 형이상학적으로 세계를 해석하려고 한 가장 큰 이유는 삶이 괴로움과 불행에 빠져 있을 뿐만 아니라 반드시 죽어야 한다는 사실을 인정하지 않을 수 없었기 때문이다. 만일 우리의 생존이 무한하고 괴로움이 없다면, 아무도 무엇 때문에 세계가 존재하며 어찌하여 이 지경이 되었느냐고 의문을 품지 않았을 것이고 인생의 모든 현상은 스스로 해명되었을 것이다. 우리가 철학적인 학설이나 종교에 많은 관심을 갖는 것도 이 때문이며, 우리의 이러한 관심은 주로 죽은 다음 어떤 형태로든지 살아남을 수 있다는 가르침에 쏠려 있다.
 따라서 종교는 무엇보다도 우선 신의 존재를 주장하여 그 변증(辯證)에 힘쓰고 있는데, 이것도 그 근저를 살펴보면, 이런 신의 존재에 인간 불멸의 교리를 결부시켜 신과 인간 불멸은 서로 떼어놓을 수 없는 긴밀한 관련이 있다고 주장하기 위해서이며, 여기서 특히 강조하려는 것은 인간의 불멸이다. 그런데 만일 어떤 다른 방법으로 인간의 영생(永生)이 확인된다면 기성 종교의 신에 대한 뜨거운 신앙은 순식간에 식어 버릴 것이다.

그리고 이와 반대로 만일 영생이 불가능하다는 사실이 분명히 밝혀지면, 아무도 종교를 거들떠보지 않을 것이다. 그리하여 대체로 철저히 유물론적이거나 회의적인 세계관은 그 옳고 그른 것은 어찌되었든 간에 도저히 일반인에게 계속해서 감동을 주지 못할 것이다.

어느 시대를 불문하고 건축미의 극치로서 세워진 사당(祠堂)이나 교회 사원(寺院), 가람(伽藍) 등은 인간이 형이상학적인 욕구를 갖고 있다는 것을 보여주는 증거물이며, 이 욕구는 물질적인 욕구에 뒤이어 나란히 나타나게 된다. 다만 형이상학적인 욕구는 물질적인 그것보다 미약하여 어느 정도만 제공되면 만족하게 여긴다고 말해도 무방할 것같다. 즉 형이상학적인 욕구에는 심히 조잡한 인위적인 이야기나 천박한 신화만으로도 만족해하는 경우가 더러 있다. 인간의 정신발달이 어렸을 때부터 그런 조작된 이야기를 들려주면, 그것이 곧 자기 생존에 대한 충분한 설명 또는 도덕생활의 지주(支柱)가 되는 것이다.

예를 들어 코란*의 경우를 생각해 보자, 그런 유치한 책이 하나의 종교를 낳게 하고, 그 종교는 전세계에 퍼져 1200년 이래 수천만 명의 형이상학적인 욕구를 만족시키고, 이들의 도덕적인 이념이 되어 죽음도 돌아보지 않게 하는 것이다. 그리하여 때때로 인

---

* Koran. 회교의 경전. 교조 마호메트가 말한 신화, 훈계 등을 모은 책으로 114장으로 되어 있음.

간을 피비린내 나는 격전에 몰아넣어 큰 승리를 얻게 했는데, 실상 그 경(經)에도 가장 비속하고 경박한 유신교(有神敎)의 주장이 들어 있을 뿐이다. 우리가 현재 읽고 있는 코란경은 여러번 번역에 의해 개악(改惡)된 면도 많이 있을 테지만, 나는 그 경에서 어떤 의미로나 가치있다고 느낀 대목은 하나도 찾아볼 수 없었다. 이와 같은 사실은 인간의 형이상학적인 이해력이 그 욕구와 병행하지 않음을 입증하는 것이다.

인간은 세상에서 일어나고 있는 괴로움이나 걱정만으로는 모자라, 수백 가지 미신의 형태로 또 하나의 공상세계를 형성하여 여러 모로 심신을 고달프게 만들고 있다. 즉 인간은 현실 세계가 조금이라도 휴식을 제공하면, 그 휴식을 즐기지 못하고 이 공상세계를 위해 시간의 대부분과 최선의 정력을 소비한다. 이런 일이 어떻게 일어날 수 있는가? 우리는 우선 고대 인도인 다음에 희랍인과 로마인, 그리고 훨씬 후대의 이탈리아인과 스페인들의 생활상태를 보면 그 이유를 알 수 있다. 즉 그들은 온화한 기후와 기름진 땅의 혜택을 받아 평안히 살아가면서 현실에서 충분한 휴식을 취할 수 있었다. 그러나 이들은 자기들과 비슷한 모습을 한 악마나 신을 만들어 성도(聖徒)로 자부하고 언제나 거기 제물을 바치고 기도를 드리며, 사원(寺院)을 훌륭하게 장식하고 자기의 소원을 빌고 풀기도 하기 위해 엎드려 절하였다. 그리고 성지순례를 한다, 그림을 봉납한다, 초상(肖像)을 새긴다, 하여 여러 가지 일이 생기게 된다.

이런 행동에는 공상과 현실이 혼동되고 전자가 후자를 은폐하여 인생의 모든 일이 신의 조화로 보인다. 그 신비스러운 신과의 교섭으로 하루의 절반이 소모되며, 항상 신에 의지하여 모든 소망을 걸고, 또 신을 섬김으로써 때때로 미묘한 영상을 일으켜 산 사람을 상대하기보다 훨씬 더 즐거움을 누릴 수 있다.

우리의 내면적인 불행으로 말미암아 마치 굶주림에 빠진 것처럼 의지할 데와 도움과 위안을 필요로 한다는 사실이 이를 뒷받침하고 있는 것이다. 그리고 별안간 예상하지 않은 위험이 닥쳐오면 자기가 신봉하고 있는 영계(靈界)를 우러러보고 귀한 시간과 소중한 정신을 부질없이 기도나 제물을 바치는 데 소비하면서 그것만을 당면한 위안에 대한 응급대책으로 간주하고 다른 일은 돌아보려고도 하지 않는다. 하긴 여기에는 미신에서 오는 이득도 있으므로 함부로 무시할 수는 없다.

인간의 야수성(野獸性)을 조절하여 부정이나 횡포에서 벗어나게 하려면 무엇이 필요할까? 진리는 쓸모가 없다. 왜냐하면 사람들이 깨닫지 못하기 때문이다. 그렇다면 하나의 혼미 또는 어떤 꾸며낸 이야기나 비유를 사용할 수밖에 없다. 그래서 이들에게 기성종교를 믿게 할 필요가 생기는 것이다.

또한 기독교와 어느 정도의 차이는 있지만 그밖의 종교가 가르치고 주장하는 숭고한 윤리와 그 신도들이 실제로 하고 있는 행위를 비교해 보라. 그리고 정부나 국가의 권위가 죄악을 제지할 수 없다면 이 윤리만으로 과연 어느 정도의 효과를 거둘 수 있는

가를 생각해 보라. 또한 만일 단 하루라도 모든 법률이 폐지된다면 얼마나 무서운 일이 벌어지겠는가를 생각해 보라. 그러면 누구나 모든 종교의 도덕적인 이념에 대한 감화가 사실상 매우 미약하다는 것을 실토하지 않을 수 없을 것이다. 이것은 분명히 신앙의 약점이 아닐 수 없다.

하긴 이론상으로는 신도가 경건한 상념(想念)에 잠겨 있는 한, 저마다 깊은 신앙을 갖고 있다고 볼 수 있을 것이다. 그러나 모든 신자에 대한 시금석은 행위이다. 그러므로 그가 어떤 일을 실천에 옮겼을 경우에 큰 손실과 어려운 희생으로 말미암아 자기의 신앙을 포기하지 않을 수 없다면 그 신앙의 미약함을 분명히 밖에 드러내는 것이다. 어떤 사람이 이러저러한 죄악을 저지르려고 했다면, 그는 벌써 순수한 의미에서 덕을 범한 것으로, 이때 그가 그 일을 실천할 수 없었던 것은 무엇보다도 사법권과 경찰권이 버티고 있다는 사실에 생각이 미치기 때문이다. 그런데 그가 이것을 면할 수 있다고 생각하여 행동을 개시하려 해도 이번에는 자기 체면이 손상된다는 제2의 난관이 따르게 된다.

그가 만일 이 두 가지 난점을 무사히 넘길 수 있다면 어떻게 될까? 그들의 종교적인 교리에 그 실천을 제지할 만한 힘이 있을까? 없다고 보는 편이 진실에 가까울 것이다. 눈앞에 두려움이 사라졌을 때 단지 신앙에 의한 두려움이 악에 대한 유혹을 어떻게 물리칠 수 있단 말인가?

희랍 종교에 포함된 윤리는 점점 시들어 버려 나중에는 맹세를 시킬 정도로 위축되고 윤리나 교의로 공인된 것은 없어졌다. 그렇다고 해서 대부분의 희랍인들이 기독교 시대의 여러 나라 국민들에 비해 손색이 있었다고 볼 수는 없다.

기독교 윤리는 유럽의 다른 어느 종교 윤리보다 매우 우수하지만 결코 유럽인들의 윤리가 그만큼 향상되었다거나 다른 민족들보다 실제로 우월하다고 볼 수는 없다. 만일 우월하다고 생각하는 사람이 있다면 그것은 큰 잘못이다. 회교나 배화교도(拜火敎徒), 인도교도, 불교도 등을 살펴보아도 그들에게는 적어도 기록교 국민들과 같은 정도의 정직함과 성실, 관용, 온유, 선량(善良), 자비, 극기 등을 찾아볼 수 있다.

한편 기독교로 말미암아 일어난 야만적인 참극을 열거하면 매우 긴 도표가 된다. 부정한 십자군, 미국 대륙과 아프리카에 침입하여 많은 원주민을 학살하고, 부당하게 그들의 정든 고향을 빼앗아 식민지로 만들고, 그들의 재물을 약탈했으며, 그것도 모자라 그들 일족을 사방에 흩어지게 만들어 죄수와 같은 노예생활을 강요하였다. 그리고 이교도에 대한 무자비한 박해, 하늘나라의 죄악인 종교재판소, '상팔레비'의 밤, 알브후의 1만 8천 명의 네덜란드인 처형사건 등등 헤아릴 수 없이 많다. 이런 사건으로 미루어 보더라도 기독교가 다른 종교에 비해 훌륭하다고 보기 어렵다.

카톨릭은 천국에 들어가기가 매우 어려워 그것을 구걸하려는 종교이다. 사제(司祭)들은 이런 걸인이 천국에 들어가는 중개 역할을 담당하고 있다.

신부(神父) 앞에서 고해(告解)를 한다는 것은 대단히 재미있는 발상(發想)이다. 왜냐하면 우리는 누구나 정의를 분명히 판별하여 훌륭히 도덕적인 재판관이 될 수 있기 때문이며, 성자도 선을 사랑하고 악을 미워하는 한, 그런 역할을 할 수 있다. 그런데 여기 한 가지 조건이 있다. 즉 이 재판의 심문(審問)은 자기자신에 대한 것이 아니라 남에 대한 것이며, 자기는 다만 가부를 분간할 뿐, 재판 결과는 타인의 부담이 된다는 것이다. 그러므로 지나가는 아무나 붙잡고 시켜도 참회승으로서 신의 대리 역할을 훌륭히 할 수 있다.

종교는 대중에게 많은 혜택을 주는 필수품이다. 그러므로 그것이 진리 인식을 배격하여 인류 발전을 가로막는 일이 있더라도 종교에 대한 비난은 되도록 삼가야 한다. 그러나 괴테나 셰익스피어와 같은 위대한 정신의 소유자에게 어떤 종교의 교리를 문자 그대로 믿을 것을 바란다면, 그것은 마치 거인에게 난쟁이의 구두를 신으라고 하는 것과 다름이 없다.

모든 기성 종교는 철학의 왕좌를 빼앗으려고 한다. 그래서 철학자는 종교를 하나의 필요악(必要惡), 대다수 인간의 빈약하고 병적인 정신을 돕기 위한 지팡이로 보며, 언제나 적대시하며 싸워야 한다.

근대 철학에서 문제 삼는 신은 궁중 감독관의 실권 아래 놓인 미래의 프랑크 왕과 같은 존재다. 신이라는 말은 교권(敎權)이나 정부에 매달려 손쉬운 영달을 꿈꾸는 속된 학자들에 의해 신 자체의 관념보다 자기들의 이익과 편의 때문에 보존되고 있다.

12. 정치에 대하여

 국가란 무엇인가? 인간이라는 육식동물에게 해독을 끼치지 않고 육식동물과 같은 겉모양을 보여 주기 위한 구실에 지나지 않는다.

 인간은 속을 들여다보면 결국 야수요 맹수이다. 우리는 문명에 젖은 인간에 대해서만 알고 있지만, 그들도 기회만 있으면 야수성을 발휘하는 것을 보면 새삼 소름이 끼친다. 국법의 사슬이 풀려 무정부 상태가 돌발하면 인간이 무엇인가를 잘 드러낼 것이다.

 인간의 사회조직은 전제정치와 무정부 상태의 두 극단, 즉 두 개의 대립된 해악(害惡) 사이에 놓여 있으며, 그 한쪽에서 멀어질수록 다른 쪽에 가까워진다. 그렇다고 그 중간이 이상적이라고 생각하는 것은 잘못이다. 이 두 개의 해악은 결코 똑같이 위험하거나 부당한 것은 아니다. 전자는 후자의 경우에 비하면 별로 두려워할 것이 못된다.

전제정치의 폐단은 한정되어 있으며, 그것이 행동으로 옮겨져도 피해를 입는 사람은 백만 명에 한 명 정도다. 그러나 무정부 상태에서는 모든 백성들이 날마다 그 피해를 입게 마련이다. 그러므로 어떤 정치체제이든 무정부 상태보다 전제정치로 기울어지는 편이, 다시 말해서 약간의 전제적인 가능성을 갖고 있는 편이 바람직하다.

국왕은 "우리들은 하나님의 은총으로 말미암아"라고 말하는 대신에 "큰 악이 아니라 작은 악을 거느린다"라고 말해야 할 것이다. 국왕이 없으면 나라 일이 하나도 제대로 되지 않는다. 국왕은 건물이 쓰러지는 것을 막는 돌기둥이다.

어느 나라, 어떤 시대를 막론하고 정치와 법률, 제도에 대해 불만의 소리가 높게 마련이다. 이것은 결국 인간의 생존에서 떼어놓을 수 없는 고뇌가 언제나 이 정치와 법률 및 제도의결함에서 오는 것처럼 보이기 때문이다.

그런데 기독교 신화에 의하면 삶의 고뇌는 아담의 범죄 때문에 모든 후손들이 신의 저주를 받은 결과로 비롯된 것이라고 하는데, 이 신앙을 공격의 손잡이로 삼아 감히 철면피와 허구(虛構)의 극단을 주장하는 것이 소위 국민론자들이다. 이들은 기독교를 증오한 나머지 자기들을 낙천주의자로 자부하고, 이 세계는 자기 이외의 아무 목적도 없으며, 세계 자체가 본질적으로 잘 되어 행복의 이상향(理想鄕)인데 정치제도가 잘못되어 현실은 낙관주의에 위배되는 참상과 고뇌를 빚게 된다고 한다. 그러니 만일 정부가 그 임무를 정당하게 수행한다면 지상에 천국이 실현되어 누구나 고생도 하지 않고 아무 걱정 없이 식성대로 배불리 먹고 생활을 즐길 수 있으리라는 것이다. 그들은 생존과 세계의 목적이 인류의 무궁한 발전에 있다고 하며 이에 대해 그럴듯한 말들을 많이 하지만 이들이 말하는 발전이란 물욕이 한층 더 만족을 누리는 것을 의미할 뿐이다.

인간이라는 족속은 본래 세상에 태어날 때부터 고뇌와 멸망의 운명을 짊어지고 있다. 그러므로 아무리 국가의 힘이나 인위적인 정치제도의 도움으로 부정과 노고가 제거되어 이 지구가 일종의 극락세계로 변하였다고 하더라도, 인간은 권태 때문에 서로 처참하게 싸우거나 또는 인구과잉으로 기근이 일어나 전멸되고 말 것이다.

누구나 거울에 자기의 행동을 비춰보면, 거기에는 마음속에 숨어 있는 무서운 사욕이 다 드러날 터이지만, 이것을 똑바로 보는 자는 극히 드물다. 그런데 당신네들은 진심으로 로베스피에르*나, 마르크의 제왕, 그리고 길목의 암살자들만을 우리들 중에서 악인이라고 생각하는가? 그렇게 생각한다면 그것은 큰 잘못으로 안팎

---

* Robespierre (1758~1794). 프랑스의 혁명가, 정치가. 자코뱅당의 지도자로서 왕정을 폐지, 1793년 공안위원회 의장으로 취임하여 공포정치를 하다가 1794년 쿠데타로 실각, 사형됨.

의 사정만 허락하면 이런 부류의 인간은 세상에 득실거릴 것이다.

보나파르트*는 사실 대다수의 인간 이상으로 포악하지는 않았다. 그가 갖고 있던 것은 남을 희생시키고 자기가 득을 보겠다는 일반 사람들에게 공통된 이기심에 불과했었다. 그가 보통 사람보다 다른 존재가 된 것은 자기의 의욕을 충족시키기 위한 더욱 강한 욕구와 지능과 이성 및 용기를 갖고 있었기 때문이다.

그에게는 이 모든 조건이 구비되어 있었으므로 다른 사람들이 마음속으로만 원하고 실천에 옮기지 못한 일을 실제로 행했을 뿐이다. 그러므로 날품팔이 일꾼이 타고난 고약한 마음으로 동료에게 해를 끼쳐 얼마간의 이득을 보았다면 그 동료에게 준 손해가 아무리 사소한 것이라도 그가 나쁜 사람인 것은 보나파르트와 다름이 없다.

만일 여러분이 유토피아를 꿈꾼다면 나는 이렇게 충고하고 싶다. 즉 그것은 정치와 사회 문제의 유일한 해결방법은 소수의 현명한 자와 고결한 자가 전제정치를 해야 한다는 것이다. 이 소수의 인사들은 진실한 귀족계급이라고 볼 수 있으며, 이런 인사들을 세상에 배출시키려면 성품이 고귀한 남자와 지능이 우수한 여자를 결혼시키는 것이 가장 정확한 방법이다. 이것이 유토피아와 플라톤**의 이상국을 세워 보기 위한 나의 제의다.

---

* 여기서는 나폴레옹 1세를 가리킴.
** Platon (B.C. 427~347). 희랍의 철학자. 소크라테스의 제자. 그의 〈국가론〉은 처자식까지도 공유하는 철저한 공산국가를 주장한 것으로 유명함.

13. 사회에 대하여

 세상에서 일어나는 모든 일들은 마치 고티에*의 희곡을 보는 것 같다. 그의 희곡에는 어디에서나 본질적으로 동일한 인간이 같은 소원과 운명을 짊어지고 등장한다. 그리하여 하나하나의 사건마다 동기와 상황이 다르지만 그 정신은 같으며, 어느 한 장면의 등장인물은 다른 장면에서 어떤 일이 일어났는지 전혀 모르고 있지만, 어쨌든 그들은 거기서 출몰(出沒)하고 있었던 것이다.

 그러므로 그의 희곡을 통하여 몇번을 두고 어떤 행동을 하건 그리고 어떤 경험을 쌓든지, 판타론은 전보다 더 똑똑하지도 않고 너그럽지도 않으며, 탈타그리아도 별로 정직하지 않고 브리게라도 용감하지 않으며, 코론비스도 선량해진 것이 없다.

 우리의 문명세계는 하나의 커다란 명목에 지나지 않는다. 거기에는 장교가 있고, 졸병이 있고, 친구, 의사, 변호사, 목사, 철학자

---
* Theophile Gautier (1811~1872). 프랑스의 시인, 작가. 위고를 도와 낭만주의 운동의 선두에 섰음.

가 있고, 이밖에도 수없이 많으나 그들의 직업은 참으로 그들 자신을 대표하고 있지는 않다.

직업이란 하나의 가명(假名)에 불과하며, 거의 모든 직업에 돈벌이꾼들이 숨어 있다. 그들은 누구나 자기가 제일 잘난 듯이 보이려고, 어떤 자는 변호사가 되어 정의와 권리의 가면을 쓰고, 어떤 사람은 성직자가 되어 종교의 가면을 쓰고 있다.

그리고 자선이니 뭐니 하는 가면 아래 숨겨 둔 남모를 의도는 여러 가지이지만, 심지어 철학이라는 가면 아래에도 으레 두셋은 숨겨져 있다. 다만 여성용 가면만은 얼마되지 않아 그 대부분은 정조를 지키고 선량하고 얌전하고 상냥하다.

그리고 가면 무도회의 도노미처럼 남다른 특징도 없이 사람들이 어디나 갖고 다니는 가면이 있다. 이를테면 의리, 예절, 그럴듯한 동정, 히쭉히쭉 곧잘 웃는 우정 등이 그것으로 앞에서 말한 바와 같이 그 가면 아래에는 날품팔이꾼, 장사꾼, 사기꾼 등이 숨어 있는 것이다.

이렇게 보면 가장 정직한 것은 상인이다. 이들만은 돈벌이라는 가면을 쓰지 않고 돌아다니며, 사회적으로도 알맞는 낮은 지위에 놓여 있다.

의사의 눈에는 어디나 병자가 우글거리며, 법관의 눈에는 곳곳이 악의(惡意) 투성이요, 신학자의 눈에는 언제나 죄가 득실거리게 마련이다.

식물학자가 풀잎사귀 하나만 보아도 나무 전체를 알고, 퀴비에*라면 한 토막의 뼈만으로도 능히 그 동물 전체의 형체를 알 수 있는 것처럼 인간의 행위도 그것이 마음속에서 나온 이상 그 하나만 보고도 어떤 성격의 인간인지 정확하게 짐작할 수 있다. 그러므로 그가 평소에 살아가는 것을 보고 그를 평가할 수 있다.

 이런 관찰을 할 때는 상대방의 일상생활에서 기회를 택해야 한다. 인간은 중대한 일을 당하면 자기를 굽히고 은폐하게 마련인데, 사소한 일에는 천성대로 자유롭게 행동한다. 만일 누가 조그마한 일에도 남의 존재를 전적으로 무시한 이기심을 드러내어 정의와 성실을 완전히 저버린 것이라고 생각되면 충분한 저당을 잡지 않고는 한푼도 꿔 주지 말아야 한다.

 그리고 같은 이유에서 우리의 친구로 자체하는 사람도, 어떤 사소한 일에나마 사악하고 위선적인 행동을 하거나, 또는 비열한 성격을 드러내면 큰일을 당했을 때, 그의 속임수에 넘어가지 않도록 곧 그와 절교하는 것이 상책이다. 또한 이 말은 우리의 하인에게도 해당된다고 본다. 아무튼 사기꾼에게 에워싸이기보다 혼자서 지내는 것이 얼마나 마음 편한지 모른다.

 자기의 분노나 증오를 얼굴에 나타내는 것은 부질없고, 위태롭고 어리석은 일이며, 저속하고 우스꽝스러운 일이기도 하다. 분노나 증오는 행동을 통해서 나타내야 한다. 진실로 독(毒)한 것은

---

* Cuvier (1769~1832). 프랑스의 고생물학자. 비교해부학의 창시자.

냉형동물뿐이다.

 예절은 지자(智者)가 하는 일이고, 무례는 어리석은 자가 하는 일이다. 함부로 무례한 짓을 하여 적을 만드는 것은 어리석은 일이며, 마치 자기 집에 불을 지르는 격이다. 예절은 일종의 부도수표이며 현찰로서의 가치가 없다는 것은 누구나 다 아는 일인데도 예절에 인색하다는 것은 우매한 짓이요, 반대로 예절의 낭비는 상식이 풍부한 소치다.

 우리가 남을 신뢰하는 것은 오직 우리의 게으름과 이기심과 허영심에서 비롯되는 경우가 많다. 자기가 깊이 생각하거나 감시하거나 행동하는 것이 귀찮기 때문에 남을 의지하는 것은 나태심에서 비롯되며, 자기를 내세우기 위해 상대방을 신뢰하는 것은 이기심에서이고, 자기자신을 과장하기 위해 이야기하는 것은 허영심에서이다. 그런데 이 경우에 상대방이 과연 자기의 신뢰에 보답할 수 있는 위인인지 확인하지 않는 것은 이상할 정도의 불찰이다.

 누구에게나 자기는 상대방과 언제 발을 끊게 되어도 전혀 아쉬움을 느끼지 않는다는 것을 상대방에게 가끔 암시해 두는 것이 현명하다. 이렇게 하면 그들과 언제나 우의를 두텁게 할 수 있을 것이다. 그리고 대다수의 사람들에게도 이야기를 주고 받는 가운데 때때로 상대방을 무시하는 듯한 암시를 주는 것도 하나의 방법이다. 그렇게 하면 그들은 당신과 우의를 유지하는 것을 소중히 생각하게 된다. 이탈리아 속담에 "남의 존경을 받는 사람은 남을 존경하지 않는다"는 말이 있다.

그리고 어떤 사람에게 이용가치가 많다고 생각되면, 이쪽의 그런 내색은 그에게 죄를 범하는 일이기나 한 것처럼 숨겨 두어야 한다. 이런 은폐는 결코 은폐되지 못하지만, 거기에도 그렇게 해야 할 이유가 있다. 개는 주인이 귀여워하면 주인을 우습게 아는데, 인간에게도 이런 경향이 있다.

우리의 유일한 친구인 개에게는 다른 동물에게서 찾아볼 수 없는 독특한 점이 있다. 그것은 부드러운 표정으로 꼬리를 치는 모습이다. 이 개의 인사와 허리를 굽신거리거나 얼굴을 히죽거리면서 깎듯이 예절을 갖추는 체하는 인간의 인사를 견주어 보면 어떤 대조를 이루게 될까? 개의 동작에 나타난 우정과 성실은 적어도 그 순간만은 인간의 그것보다 몇 천 갑절 순수하고 정직하다.

나는 개와 사귀기를 무척 좋아한다. 왜냐하면 개는 솔직하기 때문이다. 특히 내가 지금 기르고 있는 개는 유리알처럼 투명한 마음씨를 갖고 있다. 나로서는 세상에 개라도 있어야 그렇지 않으면 도저히 살아갈 수가 없을 것이다.

당신이 만일 어떤 사람이 친구들을 많이 갖고 있다고 해서 그가 큰 역량과 가치가 있기 때문이라고 생각한다면, 이것은 인간학에 대한 무지에서 오는 것이다. 도대체 인간이 남의 진가를 인정하는 데 따라 그에게 우정을 베푸는 것으로 생각하는가? 천만의 말씀이다. 인간도 개와 마찬가지로 별로 수고한 것도 없는데 이쪽에서 어루만져 주거나 먹다 남은 뼈다귀라도 던져주면 그를 따르게 마련이다. 그러므로 인간을 교묘히 다루는 자가 많은 친구를 두게 되며 얼마나 열등하고 어리석은 자냐의 여부는 문제가 되지 않는다.

'남을 사랑하지 않고, 미워하지도 않는다'는 것은 인간학의 전반부이고, '남에게 아무 말참견도 하지 않고 아무도 믿지 않는다'는 그 후반부이다. 이와 같은 신조(信條)가 필요한 세계라면 차라리 등지고 마는 것이 얼마나 유쾌한 일인가.

우리는 오랫동안 자기의 적수(敵手)요 반대당이던 자가 죽으면 거의 자기 친구의 죽음에 접했을 때처럼 유감스럽게 생각한다. 앞으로 아무리 빛나는 승리나 발전을 하더라도 그에게 자랑할 수 없기 때문이다.

허영심과 자만심의 다른 점은 후자가 남보다 우월하다는 확신에 대하여, 전자는 이런 확신을 남들에게 일으키려는 욕구이다. 거기에는 이렇게 해서 스스로 자기를 우월자로 자부하고 싶어하는 은밀한 기대도 섞여 있다.

자만심은 자기 가치에 대한 직접적인 확신에 의거해 있으나 허영심은 반대로 자기가 그런 확신을 얻기 위해 남에게 의지해서 남들이 그렇게 생각하게끔 하려고 한다.

허영심은 인간을 수다스럽게 만들고 자만심은 침묵하게 만든다. 그러나 허영심이 강한 사람은 다음과 같은 이치를 잘 분별해야 한다. 즉 그가 바라는 남들의 존중은 수다보다 계속적인 침묵에 의해 더 많이 얻을 수 있으며, 자기가 설사 큰소리를 칠 수 있는 경우라 하더라도 입을 다물어야 한다는 것이다.

거드름을 피우고 싶어하는 사람은, 참된 고답성(高踏性)을 갖고 있지 않으며, 다만 그런 듯이 보일 뿐이지만 그것은 모든 가장과 마찬가지로 도저히 언제까지나 그런 연극을 부릴 수는 없는 노릇이다. 참된 자만은 자기가 우월한 특성을 소유하고 있다는 확고하고 깊은 신념에서 비롯되는 것이다. 이 확신은 물론 사실과 다른 경우가 있으며 또 외부적으로 인습적인 특질에서 오는 경우도 있지만, 그 확실한 이상이기 때문에 그 자만이 손상되지는 않는다. 왜냐하면 자만은 자기자신의 확신에 의존하며, 따라서 자기자신에 대한 지식과 마찬가지로 자기 멋대로의 기분에서 일어나는 것이 아니기 때문이다.

그리고 자만의 최악의 적이요, 최대의 장애인 허영은 먼저 남의 찬양을 토대로 하여 자기가 높은 평가를 얻으려는 반면에 자만은 이 평가가 확정된 것이라고 간주하고 있다. 자만을 비난하고 공격하는 사람들이 많은데, 그들은 아마도 자기자신 속에 자부할 만한 것을 아무것도 갖고 있지 못하기 때문이다.

세계에서 가장 귀족적인 것은 인간 자신이다. 유럽에서 귀중하게 여기는 지위나 재물과 인도의 문벌은 인간과 인간 사이에 벌어진 차이는 자연이 덕성이나 지능이 개인차로 인정한 불가변적(不可變的)인 간격에 비하면 매우 작은 것이다.

그런데 인위적인 귀족계급에서와 마찬가지로 자연이 결정한 귀족계급에 대하여 살펴보아도 만인의 평민에 대하여 일인의 귀족으로 되어 있고 백만인의 평민에 대해 일인의 왕자로 되어 있어 대다수의 인간은 단지 비천한 민중에 지나지 않는다.

그리고 방금 말한 이유에서, 자연이 정한 특권계급이나 귀족은 국가가 정한 그것과 마찬가지로 일반 대중 속에 어울리지 않고 고답적으로 살아가며, 그들의 지위가 높을수록 가까이 대하기가 힘들다.

사람들은 흔히 큰 인물의 넓은 도량을 찬양한다. 그런데 이러한 도량은 타인에 대한 커다란 모멸에서 비롯되는 것이 보통이다. 위대한 정신의 소유자가 이 모멸감에 충만해지면 주위 사람들을 자기와 동등하게 보지 않으며 그들에게는 자기자신에 대해 능히 가질 수 있는 기대를 하지 않게 된다. 그리하여 마치 우리가 다른 동물이 미욱하고 분별력이 없는 것을 탓하지 않는 것처럼 세상의 저속한 사람들에게 큰 아량을 베푼다.

미 —— 육체적인 미든 지적인 미든 간에 —— 에 대해 감수성(感受性)이 있는 사람이라면 이 인간이라는 생물을 볼 때마다, 그리고 그들과 어울릴 때마다 언제나 추악, 평범, 비열, 부정, 어리석음, 흉악 등으로 이루어진 생물의 표본, 그나마 아주 새롭고 독특한 표본을 보는 느낌을 갖지 않을 수 없을 것이다.

처음 대하는 많은 사람들에게 에워싸여 있으면 테니에가 그린 성 안찬느의 유혹 또는 그와 비슷한 그림을 상기하게 된다. 이 대작(大作)을 보면 연달아 눈앞에 어른거리는 악귀나 요물의 괴상한 얼굴을 바라보고는 천하의 흉악한 모습이 독창적으로 잘 그려져 있는 데 경탄하지 않을 수 없다.

천재는 한편으로 저주받은 인간이라고 볼 수도 있다. 남들의 눈에 위대하고 놀라운 존재로 보일수록 그 장본인은 타인이 보잘 것 없는 가련한 인간으로 보이는 법이다. 그리하여 다른 사람들은 이 굴욕적인 감정을 덮어 두려고 하지만, 그는 평생 존재한 자기를 마치 고독 속에 유배된 자처럼 여겨야 하는 것이다.

그가 살아가는 주위에는 원숭이나 앵무새가 있을 뿐, 자기와 비슷한 자를 찾아볼 수 없다. 그리하여 언제나 멀찌감치 바라보는 저것이 인간이거니 하고 생각했는데, 나중에 보니 원숭이였다는 사실에 실망하고 한심스럽게 생각한다.

솔직히 말해서 나는 동물을 보면 금새 마음이 밝아지고 저절로 즐거워진다. 특히 개와 자유를 얻은 모든 동물, 즉 새나 곤충같은 것을 보았을 때 그렇다.

그런데 이와는 달리 인간을 보면 거의 언제나 으레 혐오를 느꼈다. 왜냐하면 약간의 예외는 있겠지만 인간은 누구나 다 가장 서투른 그리고 가장 흠이 많은 실패작 — 추한 육신과 천한 욕정과 속된 야망, 온갖 어리석음과 사악으로 가득 차 있는 외모와 부자연스럽고 타락한 생활에서 오는 천박하고 횡포한 모습을 하고 있으니 말이다. 그래서 나는 되도록 그들과 마주치는 것을 피하고 자연의 품에서 동물들과 사이좋게 지내면서 즐거움을 나누고 싶다.

나의 반생*

　나의 반생(半生)에 대한 글을 쓰려고 하니 다른 글을 쓸 때보다 할 이야기가 한층 많은 것 같다. 내가 하고 있는 철학의 탐구는 우연한 동기에서 시작한 여느 직업이 아니고, 또 남들이 신중히 생각해서 나한테 맡긴 일도 아니며, 내가 스스로 택한 것이다. 내가 지금까지 걸어 온 길은 평탄하고 즐거운 길이 아니고 가는 곳마다 장해물이 놓인 험한 길이라 처음에 나도 이렇게 시작해야 할지 알 수 없었다.

　나는 1788년 2월 22일 단치히에서 출생했다. 부친은 하인리히 프로리스 쇼펜하우어이다. 그리고 어머니는 아직도 생존해 계시며, 몇 가지 책을 써서 이름이 알려져 있다. 어머니의 처녀 때 이름은 요한나 헨리에테 트로지나이다. 나는 하마터면 영국에서 태어날 뻔했다. 어머니는 해산달이 가까워서야 영국에서 우리 나라로 돌아왔던 것이다. 나의 존경하는 부친은 부유한 상인

---

* 이 글은 쇼펜하우어가 32세 때(1820년) 베를린 대학의 사강사(私講師)로 취임하기 위해 제출한 이력서이다.

이며, 폴란드 왕국의 궁정 고문관이기도 했었다. 그러나 부친은 그 칭호를 별로 탐탁하게 생각하지 않았다. 그는 성격이 급하고 근엄했으며, 성품이 방정(方正)하고 정의감이 강하며 신의를 지키면서도 사업에 비상한 두뇌를 갖고 있었다. 나는 이런 부친의 신세를 많이 졌는데, 여기에는 여러 가지 사연들이 있다.

부친이 내게 바라는 직업은 그의 견해로는 적합한 것이었을 테지만 내가 보기에는 그렇지 못하였다. 그러나 나는 부친의 이런 소망 때문에 젊을 때부터 실리적인 지식을 얻을 수 있었다. 그리고 내가 천직으로 생각한 학자로서의 교양을 얻는 데 필요한 모든 것, 즉 자유와 여가를 위시하여 이 뜻을 이루는 데 필요한 모든 수단을 손에 넣을 수 있었다.

또한 나는 성인이 된 후에는 부친 덕택에 여러 가지 이득을 얻게 되었는데, 이것은 나의 성격이나 기질로 보아 매우 바람직한 일이었다. 즉 나는 충분한 시간 여유를 가질 수 있었고 먹고 사는 걱정에서 해방되었던 것이다. 내가 오랫동안 돈과는 거리가 먼 철학 연구와 어려운 명상에 잠길 수 있었던 것은 이 때문이다. 내가 번거로움이나 방해를 받지 않고 철학을 연구하고, 사색한 것을 글로 쓸 수 있었던 것은 부친 덕택이다. 아마 어떤 왕도 나에게 이런 여유를 주지 못할 것이다. 나는 살아 있는 한 부친의 큰 은혜를 잊지 않고 아름다운 추억으로 간직하려 한다.

1793년, 프러시아 왕 —— 선정(善政)을 베푸는 고귀한 어버이라고 할 수 있는 —— 이 단치히를 다스리게 되었을 때, 자유보다도 고향의 시가지가 어떻게 되느냐에 더욱 많은 관심을 갖고 있던 부친은 구(舊) 공화국의 멸망을 바라보고만 있을 수 없어 프러시아 군이 단치히를 점령하기 몇 시간 전에 처자를 데리고 단치히를 벗어나 교외에 있는 별장에서 하룻밤을 묵고 이튿날 함부르크로 떠났다.

부친은 가족들을 단치히의 운명에서 벗어나기 위해 적지 않은 재산을 포기해야 했다. 사업하는 사람이 거처를 옮긴다는 것은 매우 불리한 일이며, 당시의 관례로 보아 부당한 발언을 한 탓도 있어 부친은 재산의 1/10을 국고(國庫)에 바쳐야만 했다. 그대신 그는 이렇게 해서 단치히의 사슬에서 벗어날 수 있었다.

그리하여 나는 어렸을 때부터(당시의 내 나이는 16세) 고향을 등지게 되었으며, 그 후 새로운 고향은 전혀 갖지 못하였다. 부친은 함부르크로 이사하여 평생을 두고 장사를 하면서도 끝까지 시민권을 얻으려고 하지 않아 외국인에 대한 법규대로 보호시민으로서 살았다.

부친은 외아들인(내 여동생은 나보다 열 살 아래였다) 나를 훌륭한 상인으로 키우는 한편, 세상 물정에도 밝고 고귀한 인품을 소유한 인간으로 키우기 위해서는 내가 프랑스어를 잘 알아야 한다고 생각했다.

부친은 1797년 나를 데리고 영국과 프랑스로 관광여행을 떠났다. 당시에 나는 아홉 살이었으며, 개인교수에게서 일반 학과목을 배우고 있었다. 우리는 파리를 구경하고 르아브르에 갔다. 부친은 나를 아주 프랑스 사람으로 만들어 버리려는 생각에서 그 시에 살고 있는 친구의 집에 나를 맡기고 떠나 버렸다.

부친의 친구는 선량하고 점잖은 분으로, 나를 친자식이나 다름없이 잘 돌봐 주었으며 가정교사를 시켜 같은 또래의 자기 아들과 함께 나를 정성껏 가르치게 했다. 우리는 출퇴근하는 가정교사에게서 소년에게 적합한 지식과 교양을 배우게 되었다. 나는 불어 이외에 여러 가지 과목을 배우고, 초급 라틴어도 공부했다. 그리하여 나는 후에 라틴어도 곧잘 알아듣게 되었다. 나는 바다를 낀 센 강이 있는 이 아름다운 도시에서 어린 시절을 즐겁게 보냈다. 나는 그곳에 2년 남짓 머물러 있다가 11세가 끝나갈 무렵에 배를 타고 혼자서 함부르크로 돌아왔다. 부친은 내가 프랑스 사람 못지않게 프랑스 말을 지껄이는 소리를 듣고 무척 대견하게 생각하였다.

 그러나 나는 덕분에 자기 나라 말을 아주 잊어버리다시피 했으므로 부친은 나에게 사리를 분별케 하는 데 꽤 고심했을 것이다. 나는 함부르크에서 어느 사립학교에 다니게 되었다. 교장은 룬게 철학 박사로 지체 높은 집안 자녀들의 교육에 관한 저술도 낸 분이었다. 나는 이 훌륭한 교장 선생을 위시하여 많은 선생님들에게서 상인에게 유익하고, 교양인으로서도 필요로 하는 여러 과목을 배웠다.

 그러나 라틴어는 겨우 한 주일에 한 시간을 그것도 형식적으로 가르치는 것이었다. 나는 이 학교에 4년 동안 다녔다. 졸업할 무렵 장차 학자가 되겠다는 생각을 굳히고 부친에게 내 장래에 대해 무리한 요구를 하지 말라고 간곡히 부탁하고 더구나 아예 장사를 시킬 생각은 말아 달라고 요청하였다.

그러나 부친은 내가 학자가 되려는 것을 매우 못마땅하게 여겼으며, 자기가 가는 길이 가장 바람직하다고 단정하고 내 청을 좀처럼 들어주지 않았다. 나는 부친이 이렇게 완강하게 거절하여도, 굽히지 않고 1년 내내 내 소원을 들어달라고 부친에게 간곡히 요청했다. 한편 룬게 박사가 내게는 한층 더 높은 학문을 할 만한 소질이 있다고 보장해 주었으므로 반석 같던 부친의 신념이 흔들리기 시작했던지, 부드러워졌던지, 아무튼 본의는 아니지만 내 의견을 존중하여 고등학교에 보내 줄 것을 약속했다.

부친은 나에 대한 사랑으로 내가 무엇보다도 안정된 생활을 하기를 원했으며, 그의 머리 속에서는 '학자'와 '가난'이라는 두 단어는 뗄 수 없는 관련을 가지고 있었다. 내가 이 두렵고 험한 길을 가는 것을 미리 막으려고 한 것은 이 때문이었다. 그는 나를 함부르크의 카노니쿠스*로 만들려는 마음에서 이 지위를 차지하는 데 필요한 조건을 따져보고, 상당한 비용이 든다는 것을 알고는 그만 단념해 버렸다.

한동안 내 앞날의 진로 문제는 보류되었다. 부친의 속셈은 이에 대해 오랫동안 단안을 내리기를 보류하면, 내가 스스로 뜻을 굽힐 것을 기대했던 모양이다. 그는 본래 자유를 존중했으므로 억지로 자기 주장을 우길 생각은 없었으나 어떤 책략을 써서 내 마음을 시험하려고 했다.

부친은 내가 세계를 두루 구경하고 싶어하며, 르 아브르에 가

---

* Kanonikus. 종교 참사회 의원.

서 그리운 옛 친구들을 만나고 싶어한다는 것을 잘 알고 있었다. 그래서 그는 이듬해 어머니와 함께 유럽 일대를 전보다 더 오랫동안 구경하러 떠날 계획이면서 만일 내가 상인이 될 것을 약속해 주기만 하면 이 여행에 함께 데리고 갈 뿐만 아니라 르 아브르에 다시 찾아갈 기회도 주겠다고 했다. 그리고 만일 내가 끝까지 학자가 되기를 고집한다면 라틴어 공부를 위해 함부르크에 남아 있어도 무방하니 어느 쪽이든 마음대로 택하라고 했다.

젊은이로서 이런 유혹에 항거한다는 것은 매우 어려웠다. 나는 한참 생각한 끝에 부친의 뜻대로 상인이 되겠다고 약속했다. 그리하여 1803년, 15세가 된 나는 부모를 따라 함부르크를 떠났다. 우리는 먼저 네덜란드를 두루 구경하고 프랑스를 거쳐서 영국으로 행하였다. 런던에 두 달 반 동안 머문 후에 부모님은 스코틀랜드로 떠나고 나는 런던 교외의 머스 신부의 집에 머물게 되었다. 그것은 내가 영어 공부를 하기 위해서였으며, 나는 이 집에서 석 달 동안 머물면서 그 목적을 거의 달성하였다.

얼마 후에 부모님은 런던으로 돌아와 함께 지내게 되었다. 우리는 런던에 한 달 반 동안 머물고 나서 다시 네덜란드로 갔다가 겨울을 보내기 위해 벨기에를 거쳐 파리로 향하였다. 파리에서 다시 르 아브르를 방문하고 보르도, 몽펠리에, 님스, 마르세이유, 쏘론 그리고 이르에의 여러 섬들을 찾아보았다. 이어서 리용을 거쳐 스위스를 두루 찾아본 다음 빈으로 향해 가다가 다시 드레스덴, 베를린을 거쳐 단치히에 이르렀다. 이리하여 그리운 옛 고향을 찾은 후에 거의 2년이나 지나 1805년 정초에 함부르크로 돌아왔다.

 나는 이 2년 동안의 긴 여행 후에 젊은이로서 고전(古典) 공부를 해야 할 가장 소중한 시기를 헛되이 보냈다는 후회도 했으나, 오늘에 와서 생각해 보니 그 긴 여행은 나에게 큰 도움이 된 것 같다. 그 여행이 없었더라면 도저히 얻을 수 없었을 이득, 아니 그 이상의 깊은 것을 얻게 되었다는 생각이 든다. 즉 인간이 여러 가지 외부의 인상에 가장 민감한 반응을 보이고 모든 사물을 철저히 인식하려는 호기심이 강한 젊은 시절에 나는 바른 예비 지식을 전혀 갖지 못했지만 공허한 이야기와 사물에 대한 헛된 보고에도 접할 기회가 있었으며, 또 이런 견문에 내 이해력이 결코 둔해지지는 않았다. 나도 사물을 내 눈으로 확인하고 올바른 지식을 얻어 사물이란 무엇이며, 어떻게 되어 있는지, 그 형태와 변화에 대한 여러 가지 견해를 그대로 받아들이기 전에 직접 배울 수 있었던 것이다.

 내가 특히 다행스럽게 여기는 것은 이런 기회에 교양을 얻는 방법을 강구했기 때문에 나는 젊었을 때부터 사물에 대하여 그 명칭이나 아는 정도로는 만족치 않고 그 사물을 관찰하고 탐구하고 확인하여 재인식하게 되었다. 그리하여 이것은 말만 듣고 마음으로 추측하는 것보다 훨씬 정확하게 생각하는 버릇을 나에게 길러 주었다. 그 결과 나는 사물의 명칭만으로 그 전체로 간주하는 위험에 빠지는 일이 없게 되었다. 이런 견지에서도 이 여행에 불만을 품을 이유가 없다.

 그러나 나는 이 여행에서 돌아온 후로 한심스럽게도 매우 난

처한 처지에 빠지게 되었다. 나는 함부르크로 돌아오자 약속대로 곧 장사에 관한 일을 익혀야 했기 때문이다. 나는 이 목적을 달성하기 위해 함부르크의 유명한 상인이며, 시의 참사회 위원이기도 한 사람에게 가서 견습을 해야만 했다.

그런데 나만 못한 상인은 한 사람도 없었다. 나의 성격은 이런 일에 철저히 거부반응을 보였다. 나는 언제나 딴 일에만 관심을 갖고 자기 임무에 등한했을 뿐만 아니라 날마다 집에 돌아오면 책을 읽거나 생각에 잠기고 하다못해 공상이라도 할 수 있는 시간을 얻는 데만 정신이 팔려 있었다. 그리고 가게에서도 언제나 책을 몰래 감춰 놓고 남들의 눈을 피해 독서에 열중했다.

저명한 천문학자이자 두개골에 관한 학문의 창시자이기도 한 가르가 함부르크에 왔을 때 나는 그 강연을 계속해서 듣기 위해 날마다 주인을 속이고 가게에서 빠져나가가곤 했었다. 이런 짓을 해서는 안되겠지만 나는 그 무렵 실의에 빠져 있었으므로 자연히 태도가 양순치 못했으며 남들에게도 불쾌한 인상을 주게 되었다. 내가 이렇게 된 큰 이유의 하나는 언제나 기분전환을 할 수 있던 오랜 여행과는 달리 1년 내내 하기 싫은 일을 억지로 하고 굴종을 참아야 하는 데 있었다. 그리고 나는 날마다 길을 잘못 들었다는 생각이 절실했을 뿐더러 내가 저지른 실수를 돌이킬 수 없다는 생각에서 절망에 빠져 있었다.

나는 이런 불행한 시기에 무서운 타격을 받게 되었다. 사랑하는 부친이 갑자기 세상을 떠난 것이다. 나는 이 비통한 사건 때문이 마음이 더욱 암담해지고 거의 우울증에 빠져 있었다. 나는 어디까지나 나의 주인이었으며, 어머니가 뭐라고 성화를 한 것도 아닌데 슬픔에 너무나 깊숙이 빠져 정신을 차리지 못하였다. 그리고 부친이 별세했다고 해서 그의 의사를 저버린다는 것은 양심에 꺼리는 일이었다. 뿐만 아니라 다시 고전을 공부하기에는 이미 나이를 너무 먹었다는 생각도 들어 나는 상인 견습을 계속하였다.

나는 옛날 시비르*가 다르키니우스 사람들을 다루듯 운명이 나를 다루고 있으리라고는 꿈에도 상상할 수 없었다. 그리하여 나는 근 2년 동안 가게에서 보냈는데, 결국 헛되이 음식만 축낸 셈이었다. 나는 그럭저럭 이런 생활로 끝장이 날 무렵 큰 번민에 빠져 당시 바이마르에 살고 있던 어머니에게 편지를 내어 삶의 목적을 잃어버리고 헛된 일로 세월을 낭비했기 때문에 젊음도 활기도 잃고 말았으며, 나이가 나이므로 일단 선택한 길을 버리고 딴 길을 찾을 수도 없게 되었다는 고충을 호소했다.

그런데 마침 재능이 뛰어나고 어머니와도 가까이 지내던 유명한 페르노 씨가 그 편지를 보고 나와는 전혀 모르는 사이였지만 나에게 편지를 보내왔다. 그 편지에서 그는 내가 지금까지 헛되이 보낸 것으로 알고 있는 세월도 결코 헛되이 보낸 것이 아니며, 자기도 그렇지만 상당히 나이를 먹은 후에 공부를 시작해서 학구생활을 하게 된 저명한 학자들의 예를 들고, 나더러 하던 일을 버리고 우선 고전어부터 공부해 보라고 충고해 왔다.

나는 이 편지를 읽고 너무도 감격하여 울음을 터뜨리고 말았다. 어떻게 해야 할지 갈피를 못잡고 있다가 나는 한 번 해 보자

---

* 희랍 신화에 나오는 예언의 여신.

는 결심을 하게 되었다. 가게 주인에게 작별을 고하고 곧 바이마르로 떠났다. 1807년 내 나이 19세 되던 해의 일이다.

나는 페르토 씨의 충고대로 주저하지 않고 고타에 가서 그 시의 유명한 학교인 김나지움(고등학교)에 입학했다. 그러나 나는 라틴어 실력이 없어 독일어로 강의하는 수업에만 참석했다. 그 대신 김나지움의 교장으로 이름을 떨친 데오링은 내게 날마다 두 시간씩 라틴어를 따로 가르쳐 주었다. 당시의 내 라틴어 실력은 한심스러울 정도여서 낱말 변화부터 암기해야만 했다. 그러나 데오링은 내가 믿을 수 없으리만큼 빨리 따라오므로 앞으로 전도가 매우 밝으며 자신이 있다고 했다. 나는 그의 말을 듣고 나서 처음으로 실의에서 벗어나 다시 새로운 소망을 갖고 긴장된 마음으로 당초의 목표를 향해 나가게 되었다.

그런데 다시 뜻밖의 불운이 닥쳐왔다. 나는 얼굴도 모르는 교사가 신문에 오만불손한 내용의 논설을 실었는데, 내가 식탁에서 잡담을 하던 끝에 이 기사를 익살까지 섞어 가며 반박했더니 나의 이런 담대한 언동이 곧 그 교사에게 밀고 되어 데오링 교장은 나에게 라틴어 가르치는 것을 중단해 버렸다. 그는 즐거운 마음으로 나를 가르쳤는데, 일단 약속한 일은 지켜야 하니 그 학교에서 그대로 다니라고 했다. 그러나 딴 사람에게서 라틴어를 배우도록 하라고 말했다. 나는 그것을 원치 않았다. 그래서 한 학기를 마치고 고타를 떠나 바이마르로 가서 파소우(지금 브레스라의 대학교수로 있다)에게서 처음에는 라틴어를, 다음에는 희랍어의 개인교수를 받았다.

얼마 후에 파소우는 나에게 희랍어만 가르치게 되었으므로, 나는 당시 라틴어 회화로는 제일인자라고 하던 바이마르 김나지움의 렌쯔 교장에게서 라틴어 회화를 배우게 되었다. 나를 위해 수고해 주신 두 분 선생님에게 어떻게 감사해야 할지 모르겠다.

나는 오랫동안 세월을 헛되게 보냈으므로 뒤늦게나마 잃어버린 시간을 되찾기 위해 미친 사람처럼 공부에 열중했다. 그래서 나는 생활을 즐기는 데 필요한 돈에 대해서는 무관심했으나 조금이라도 시간을 내기 위한 욕심은 대단했다. 나는 자기 육식에 날마다 영양을 공급하기 위해 애쓰듯이 밤낮을 가리지 않고 지식을 흡수하기 위해 읽기와 쓰기에 전력을 기울였다. 나는 당시에 어머니 곁을 떠나 파소우 선생과 한 집에서 지냈으므로 언제나 선생을 마주 대할 수 있었다. 내가 가장 열심히 공부한 것은 고전이었으나 전부터 공부해 온 수학과 역사에도 힘을 기울였다.

나는 바이마르에게 이렇게 꼬박 2년을 지냈는데, 선생은 나에게 대학에 들어갈 자격이 있다고 인정해 주었다. 이렇게 말하면 좀 우습게 들릴지 모르지만, 나는 2년 남짓되는 동안 전에 허송한 세월의 공부까지 다 했다고 자부하고 싶다.

나는 곧 이것이 사실이라는 반가운 증거를 얻을 수 있었다. 나는 대학에 들어가 고전어에서 다른 학생들과 실력을 겨루게 되었을 뿐만 아니라 거의 모든 학생들이, 아니 어느 학생도 내 실력을 당하지 못한다는 것을 알게 되었다. 독학생인 내가 일정한 과정을 거쳐 공부한 김라지움 출신보다 고전을 많이 읽었기 때문이다. 나는 대학에 다닐 때 언제나 옛 희랍 로마 작가들의 작품을 읽기 위해 날마다 두 시간씩 소비했다.

나는 이 고전어 공부를 하는 동안 차츰 고전에 익숙해져 고대 사회가 얼마나 훌륭했던가를 날로 절실히 느끼게 되었다. 게다가 그해 말에 이탈리아로 갈 기회가 있어 존귀하고 장려한 고대 유물들을 보고 사소한 것에도 당대의 독특한 정신이 깃들어 있음을 알게 되었을 때 고대사회의 위대함을 새삼 실감하게 되었다.

그리고 고전 작가, 특히 희랍 철학자의 저술들을 계속해서 읽었으므로 나의 독일어 문장과 문체가 근본적으로 개선되고 아름다워졌다. 뿐만 아니라 이 고전 작가들의 책을 즐겨 읽었으므로 단 시일에 배우기는 했지만 나의 고전 지식은 좀처럼 잊히지 않았다.

이와 같이 내 마음에 고전이 깊이 뿌리박고 있었기 때문에 나중에 다른 학문을 연구했는데도 오늘에 이르기까지 내 머리 속에 생생하게 남아 있다. 그리하여 최근 라틴어 회화나 작문 실력을 익히는 데 해가 된다는 이탈리아어를 계속해서 써야 하는 입장에 처하게 되었을 때는 나는 조금도 해를 받지 않았다.

나는 이것을 입증하기 위해 이 이력서를 라틴어로 쓰면서 남의 도움을 전혀 받지 않았으며, 이것을 베를린에 발송하기 전 아무에게도 보이지 않았다는 것을 분명히 말해 두고자 한다. 하기야 나도 문장을 잘못 쓰는 경우가 있을 것이다. 그러나 그것은 어디까지나 인간이 지닌 약점과 미숙함에서 비롯되는 것이지 결코 내 실력 때문이 아니다. 설사 내가 글을 잘못 썼다고 할지라도 그것은 내가 열아홉 살에 처음으로 mensa(책상)라는 낱말의 활용을 배웠다는 사실을 고려하여 너그럽게 봐주시기 바란다. 그렇지 않다면 내 말은 허영심을 드러낸 터무니없는 소리라고 해야 할 것이다.

나는 1809년 말에 성년이 되자 어머니로부터 부친의 유산 중에서 이미 버린 재산을 제외한 나머지 1/3을 물려받았다. 그것으로 나의 생계를 유지하기에는 충분하였다.

그 후에 나는 괴팅겐 대학에 입학하여 의과에 적을 두었다. 그러나 내 본성을 깨닫고 초보적인 것에 지나지 않지만 철학을 공부하면서부터 의학을 버리고 철학에 전념하게 되었다. 그러나 내가 의학 공부에 쓴 시간은 결코 헛된 것은 아니었다. 나는 철학에도 유익하고, 그 밖에는 나에게 필요한 강의만 골라서 들었던 것이다.

나는 괴팅겐 대학에서 2년 동안 종전대로 학물 연구에 몰두했으며, 학우들과 어울리느라고 학업이 중단되거나 등한시 하는 일은 결코 없었다. 나이도 지긋하여 경험이 많고 또 남들과 잘 어울리지 않는 성격이었기 때문이다. 그래서 나는 늘 혼자서 고독하게 지냈다. 강의에는 꼬박꼬박 출석했으나 책을 읽기에는 충분한 시간 여유가 있었으므로 특히 플라톤과 칸트의 저서를 탐독하였다.

나는 근 2년 동안 슐체에게서 논리학(論理學)과 형이상학, 심리학 강의를 듣고 티보트에게서는 수학 강의, 헤렌으로부터는 고대사와 근대사, 십자군 역사와 민속학, 루우러에게서는 독일 제국사를, 브루엔바하에게서는 자연사, 광물학, 생물학, 비교 해부학을 배우고, 멘풀에게서는 인체 해부학을, 슈트로마이어에게서는 화학을, 그리고 토비어스 마이어에게서는 물리학과 천문학, 슈라이더에게서는 식물학을 배우게 되었다. 내가 이런 훌륭한 학자들로부터 배운 학문도 수확이 많았으므로 지금도 고맙게 생각하고 있다.

나는 1811년 가을, 베를린 대학에 적을 두게 되었다. 그리하여 이 대학의 저명한 교수들에게서 내 정신과 정서를 가꾸고 닦는 일에 많은 힘을 기울였다. 나는 이 대학에서 볼프로터 희랍과 로마의 시인들과 희랍 고대사와 희랍 문학사 강의를 듣고, 에르만의 공개강의에서 전자기(電磁氣)에 대한 공부를 할 수 있었던 것을 기쁘게 생각한다. 그리고 리히텐슈타인에게서 동물학을, 크라프코트로부터 화학을 배우고, 피셸에게서 물리학을, 보오데에게서 천문학을, 바이스에게서 지질학, 호츠켈에게서 생리학, 로젠타르에게서는 뇌수 해부 강의를 들었다. 나는 훌륭한 교수들로부터 엄청난 지식을 얻게 된 것을 언제나 고맙게 생각하고 있다.

나는 피히테의 철학 강의도 열심히 들었다. 나중에 적당한 평가를 내리기 위해서였다. 하루는 피히테가 자기 강의를 청강한 학생들을 위해 마련한 토론회에 나가 나는 오랜 시간을 두고 그와 논쟁을 벌였다. 그때 한자리에 있었던 사람들은 아마 이때의 광경을 기억하고 있을 것이다.

1813년 후반 나는 전란 때문에 2년 동안 베를린에 더 머물러 있었다. 나로서는 그곳을 떠나는 것이 유감천만이었다. 나는 당시에 유명한 베를린 대학 철학과에서 박사학위를 얻기 위해 열심히 준비하고 있었다. 나에게 특별히 호의를 갖고 있던 유능한 리히텐슈타인으로부터 나는 학위를 얻는 데 필요한 지도를 받고 〈충족근거율(充足根據律)의 네 가지 근원에 대하여〉를 쓰기 시작했다. 내가 이 논문을 독일어로 쓴 것은 당시에 명성이 높은 철학과의 규칙에 따르기 위해서였다.

당시에 루체른의 전투*의 결과가 아직 판가름나지 않고, 베를린도 위협을 받고 있었으므로 많은 사람들이 피난을 가기 시작했다. 그들의 대다수는 프랑크푸르트나 브레스라우로 향했지만, 나는 차라리 적을 맞으러 나가는 것이 현명하다는 생각으로 드레스덴으로 떠나기로 했다. 나는 도중에 여러 가지 사건과 위험을 겪으면서 하루 만에 겨우 목적지에 도착했다.

처음에는 그곳에 눌러 있을 심산이었지만, 나는 이 시에도 위험이 닥칠 것 같은 예감이 들어 다시 바이마르로 향하였다. 나는 그곳에서 어머니의 집에 있었지만 가정 환경이 언짢아 다른 장소를 물색한 끝에 루들슈타트로 떠났다. 나는 그곳 여관에 머물면서 그 해의 나머지를 보냈는데 그곳은 고향을 등진 사람에게는 가장 알맞은 피난처였다. 나는 그 무렵 다시 정신적인 고민에 빠져 몹시 고심하고 있었다. 내가 살아 가고 있는 세상은 내 재능과는 다른 것을 필요로 하는 듯 싶었기 때문이다.

나는 이곳에 머물러 있는 동안 그 지역에 대해 큰 매력을 느끼

---

* 나폴레옹과 프러시아 사이에 일어난 싸움.

게 되었다. 나는 성격상 군사적인 것은 무척 싫어했으므로 전쟁이 한창 치열하던 여름에도 병정은 단 한 사람도 얼씬하지 않고 군대 소리도 전혀 들리지 않는 나무가 무성한 골짜기에게 행복하게 지냈다. 나는 고독했다. 아무에도 한눈 팔지 않고, 무엇에 의해서도 훼방받지 않은 채 세상의 소란과 동떨어진 여러 가지 인생 문제에 대하여 생각하고 규명했다. 책을 읽고 싶을 때는 언제나 바이마르의 도서관을 찾아가기만 하면 되었다.

나는 이렇게 해서 〈충족근거율의 네 가지 근원에 대하여〉라는 논문을 완성해서 박사학위를 얻기 위해 베를린으로 돌아가려 했으나 그렇게 할 수 없었다. 왜냐하면 베를린으로 가는 길은 휴전중에도, 그리고 그 후 전투가 재개된 후에도 막혀 있었기 때문이다. 그런데 당시의 나에게도 박사학위를 얻는 것이 매우 유리하였으므로 나는 예나대학의 존경할 만한 철학자에게 그 논문의 서론을 써 보내고 학위를 수여해 줄 것을 부탁했다. 그 대학 철학과에서는 내 소원을 받아 주었다.

겨울이 되니 내가 머물러 있던 한적한 전원(田園)에도 군대가 침입하여 부근 일대가 온통 쑥밭이 되었으므로 나는 다시 바이마르로 돌아와 한 겨울을 지냈다. 한데 이 무렵 내 고민을 위로해 주었을 뿐만 아니라 내 생애에 가장 즐겁고 행복한 일이 생겼다. 그것은 이 세기(世紀)의 영광이요 명예이며 독일 국민의 자랑이고 그 이름이 모든 세계 사람들의 입에 오르내리게 된 위대한 괴테가 나에게 우정을 표시하여 가까이 사귀게 된 것이다.

나는 그때까지 그를 먼 발치로 바라보기만 했을 뿐 그가 나에게 말을 걸어오는 일은 없었다. 그런데 그가 내 논문을 읽고 나서 나에게 자기의 〈색채론〉 연구를 해 줄 의사가 없느냐고 문의해 온 것이다. 만일 내가 이 요구에 응하면 연구에 필요한 도구를 빌려 주고 아울러 설명도 해 주겠다고 약속했다. 나도 이 〈색채론〉에 대해서는 그의 견해에 공감한 적도 있고 반대한 적도 있지만, 아무튼 그 해 겨울 서로 가끔 주고받는 우리의 대화에서는 이 〈색채론〉이 주제가 되었다.

우리가 처음 이야기를 시작한 지 몇 주일이 지나 그는 색채 현상을 재현하는 데 필요한 기계와 도구를 나에게 보이고 나서 손수 실험해 보여 주었다. 괴테는 내가 어떤 선입견에 구애받지 않고 그의 견해의 정당성을 인정한 것을 기뻐했다. 여기서 이에 대해 자세히 설명할 수는 없지만, 그의 〈색채론〉은 많은 사람들로부터 당연히 받을 만한 공감과 인정을 받지 못하였다.

나도 이 해 겨울에 가끔 괴테의 집을 찾게 되었다.

내용은 〈색채론〉뿐만 아니라 철학적인 문제도 포함되었으며, 우리도 몇 시간씩 이야기를 나누기도 했다. 나는 그와의 이런 친밀한 교제에서 큰 이득을 얻게 되었다.

1811년 초에 전쟁이 끝나고 평화를 찾게 되었다. 나는 학문을 계속 연구하기 위해 무엇보다도 머리속에서 이미 완성을 본 철학 체계의 기초를 세우기 위해 드레스덴으로 갔다. 내가 이 도시에서 즐거운 시간을 보낼 수 있는 곳은 시설이 좋은 도서관이었다. 그리고 유명한 화랑(畵廊)이 있었다. 진품과 위조품이 뒤섞여 있는 고대 조각의 전시장, 그 밖에 과학 연구를 위해 설비된 기계류나 도구도 나의 연구에 크게 도움이 되었다.

나는 이 매혹적인 도시에서 4년 반 동안을 아무 걱정 없이 살면서 여러 가지 학문연구에 몰두했다. 내가 특별히 힘을 기울인 것은 과거의 모든 철학자, 남의 주장을 풀이하고 그것을 재탕하는 사람들이 아니라 자기 견해를 말하는 사람들의 책들을 읽는 일이었다.

나는 이런 연구를 하면서도 틈을 내어 1815년에 새로운 〈색채론〉을 완성했다. 괴테도 단지 물리적인 색채의 발생과정을 발견한데 그치고, 진정한 〈색채론〉을 피력하지 못하였다. 나는 이것을 잘 알고 있었다. 내가 보기에는 〈일반 색채론〉은 물리적인 것도 아니고 화학적인 것도 아니며 오직 생리적인 것이었다.

나는 나의 〈색채론〉의 초본(抄本)을 괴테에게 보내고 나서 1년 동안이나 이 문제에 대해 서신을 교환하였다. 내 학설은 뉴턴의 주장과는 정반대였을 뿐만 아니라 세밀한 부분에서는 괴테의 주장과 일치되지 않는 면이 있었다. 베이컨도 "사물에 대한 우리의 사고방식은 건조한 빛과 같은 것이 아니라 의지와 정열에 의해 영향을 받게 마련이다"고 말했다. 이 색채에 대한 나의 논문은 1816년, 내가 괴테의 주장에 최초로 동의한 것을 밝혔다. 그리고 나는 이 논문에서 내가 내세운 주장이 옳다는 확신을 더욱 굳혔다.

이러한 나의 견해가 가까운 장래에 사계(斯界)의 인정을 받지 못하더라도 나는 불만을 품지 않을 심산이었다. 나는 악의에 찬 침묵이나 완고한 부인도 결코 진리를 왜곡하고 억제할 수 없음을 알고 자위하기로 했다. 여기서 나의 주장에 대해 리비우스의 입을 빌려 말하면, 진리는 때때로 완강한 저항을 받기도 하지만 끝내 짓밟아 버릴 수는 없는 것이다.

1818년, 나도 5년 동안 탐구한 철학 체계를 완성했다.* 11년 동안이나 학문을 연구해 온 나는 휴식을 취하기 위해 여행을 떠났다. 나는 빈을 거쳐 이탈리아로 가서 베네치아, 보로니아, 피렌체를 돌아보고 조사에서 넉 달 가까이 머물면서 고대의 기념물과 예술작품들을 구경했다. 가을에 나폴리와 폼페이, 헤르크라눔, 프레오리, 마야, 크마 등지를 관광하면서 감탄을 금할 수 없었다. 나는 교황청에 가 보았다. 2560년 동안 전혀 손상되지 않은 고대의 장엄한 포세이돈의 사원들을 구경하고, 아마 플라톤도 와서 구경했으리라고 생각되는 장소에 나도 서 있다는 생각을 하니 자못 엄숙해졌다.

그 후에 나는 피렌체에 한 달쯤 머문 다음 다시 베네치아로 갔다가 파푸아, 비센차베로나, 밀라노 등지를 관광하고 나서 성(聖) 고트하르트 산을 넘어 스위스를 향하였다.

그리하여 나는 11개월 동안의 여행을 마치고 금년 8월, 드레스덴으로 돌아왔다. 한데 지금까지는 오직 학구욕에만 불타 있던 나도 앞으로는 남을 가르치고 싶어졌다. 나도 이 욕구를 충족시키기 위해 베를린 대학의 영광스러운 철학과에서 교직생활을 하고자 한다.

---

* 쇼펜하우어의 주저(主著)인 〈의지와 표상으로서의 세계〉를 가리킨다.

해 설

1. 쇼펜하우어의 생애

독일의 염세주의(厭世主義) 사상가이며 우수적인 철학자인 쇼펜하우어는 고지식하고 몰취미하며 평범하고 단순한 은행가인 하인리히 프로리스 쇼펜하우어를 아버지로 하고, 예술가적 재치와 다채롭고 호사한 성격의 여류문인 요한나(Johanna)를 어머니로 하여 단치히(Danzig)에서 태어났다.

아버지는 그를 상인으로 만들려고 했지만 부친이 세상을 떠나자 21세에 괴팅겐 대학에 입학하여 자연과학과 역사를 배우면서 슐쩨(Schulze, 1761~1833)로부터 철학지도를 받고 그의 권고에 따라 플라톤과 칸트를 공부하였다. 1811년에는 베를린 대학으로 가서 피히테(J. G. Fichte)의 강의를 청강했지만 마음에 들지 않아 주로 독학했다. 1813년에는 논문 〈충족근거율(充足根據律)의 네 근거에 대하여(Uber die Vierfache Wurzel desSatzes vomzur eichenden Grunde)〉에 의해 예나대학에서 학위를 받았다. 같은 해 11월부터 다음해 5월까지 바이마르에서 어머니와 같이 살았지만 나중에 생이별했다. 그와 교분이 두텁던 괴테를 알게 되고 그의 유명한 〈색채론(色彩論)〉에도 찬의(贊意)를 표하면서 그를 중심으로 한 문인들과도 사귀어 많은 영향을 받았다. 그리고 동양학자 마이어(F. Mayer)의 권고로 인도철학, 특히 우파니샤드를 연구했다. 그는 1814~18년 사이에 드레스덴에 머물면서 〈시각(視覺)과 색채에 대하여(Uber das Sehen undcie Farben, 1816)〉와 필생의 대작(大作)인 〈의지(意志)와 표상(表象)으로서의 세계(Die Welt als Wille und Vorstellung, 1818)〉를 완성했다. 그는 이탈리아 만유(漫遊)를 마치고 돌아와 1820년 베를린대학 강사로 취임했으나, 당시에 마치 제왕처럼 군림하여 동대학은 물론이고 전 학계를 주름잡던 헤겔에게 눌려 강의가 여의치 못하게 되자 못마땅하여 다음해에 그만두었다. 이 책에 실린 〈나의 반생〉은 이때 대학에 제출한 이력서이다. 1822년부터 25년까지 다시 이탈리아를 여행하고, 1825년에서 31년까지 베를린에 살면서 자기 철학이 득세하기를 은근히 기다렸지만 헤겔 철학의 유행으로 허사가 되어 더욱 염세적으로 흐르다가 1831년 콜레라의 창궐로 베를린을 피하여 프랑크푸르트 암마인으로 옮겨가서 이곳에서 30여 년간 민간의 독신철학자로서 가족도 친구도 없이 쓸쓸한 하숙방에서 한 마리의 개와 더불어 틈틈이 피리를 불면서 고독을 달랬다.

생전에 별로 주목을 끌지 못한 그의 사상 때문에 시종 우울한 생활을 보냈지만 1851년 만년에 가서 그의 주저를 통속적으로 해설한 작은 논문집 〈소품(小品) 및 보유집(補遺集, Parega und Paralipomena)〉이라는 기발한 처세철학서를 내놓음으로써 비로소 각광을 받게 되고, 이로 말미암아 그의 전 사상체계가 재검토되기 시작했다. 그의 불우가 그를 시종 독일 관념론의 한 방계(傍系)로 머물러 있게 했지만 서양에서는 무척 특이한 사상가였음에 틀림없다. 괴테의 영향으로 인한 생의 긍정 사상은 그를 거쳐 니체에 이르고 또 현대 생의 철학을 불러일으켰고 나아가서는 실존철학의 길을 터 놓았다고 할 수 있다. 그의 사상은 그의 인생 역정 및 생활과 끊을 수 없는 관계를 맺고 있다.

2

그의 철학은 칸트의 〈인식론(認識論)〉, 플라톤의 〈이데아론〉, 베다의 〈범신론(汎神論)〉 및 염세관과의 결합이다. 그에 의하면 인식되는 모든 것, 즉 세계는 단지 주관에 대한 객관이며, 따라서 〈세계는 나의 표상(Die Welt ist meine Vorstellung)〉이며 현상이다. 그리고 이 현상은 시간, 공간, 인과율(因果律) 등에 의해 기술(記述)되는 과학의 대상이다. 여기까지는 칸트의 주장과 별로 다를 바가 없지만 쇼펜하우어는 칸트가 인식(認識)의 대상일 수 없다고 한 물자체(Ding an sich)를 의지 속에서 발견했다. 다시 말해서 세계의 가장 내적인 본질, 모든 현상의 유일한 핵심은 의지라는 것이다. 여기서 말하는 의지는 심리학적인 것이 아니라 맹목적인 〈살려는 의지(Will zur Leben)〉요, 힘이요, 끊임없는 노력이다. 우리는 의지를 인식할 수 없으나 의지야말로 모든 생명체에 직접 확실한 사실이며, 우리 자신속에 직접 직관(直觀)할 수 있다. 이 의지의 객체화(客體化)는 무기적인 자연의 식물계, 동물계, 그리고 인류에 이르기까지 모두가 의지 객체화의 여러 단계의 어디에 속한다. 가령 이, 목청, 장(腸)은 객체화된 굶주림이며, 생식기는 객체화된 성욕이다.

이와 같이 세계는 하나의 의지 표현이지만 의지는 현상이 되기 전 시간, 공간, 인과율에서 독립된 일정 형태를 취하고 나타난다. 쇼펜하우어는 플라톤을 본받아 이것을 이념(이데아)이라고 불렀다. 이념은 의지가 객체화하여 현상, 즉 표상이 되기 위한 단계다. 즉 이념은 의지가 객체화되는 형식이다. 의지는 직접 현상이 될 수 없고, 우선 이념이 되고 나서 그 후에 개개의 현상이 되므로 쇼펜하우어는 이념을 직접적 객체, 개물(個物)을 간접적 객체화라고 불렀다. 무기계(無機界)에서는 힘, 유기계(有機界)에서는 동식물의 종류, 인류에게는 개성이다. 의지는 의지 자체와 마찬가지로 영원히 불멸하며, 개체만이 끊임없이 생멸(生滅)한다.

의지는 맹목적인 힘으로서 언제나 결핍되고 끊임없이 저지당하므로 모든 삶은 고뇌로 가득 차 있다. 고뇌에는 끝이 없다. 결핍·곤궁·삶을 유지하기 위한 걱정이 첫째 고뇌다. 그리고 설사 이것들이 극복되더라도 뒤를 이어서 성욕·질투·증오·탐욕·병 등등이 등장한다. 그리고 이 모든 재화(災禍)는 의지의 내적 항쟁에서 비롯된다. 뭇 사람의 삶 자체가 고통과 권태 사이를 시계추처럼 내왕하는 것이다. 그런데 고통은 적극적이고 쾌락은 고통이 없는 상태, 소극적인 것이며, 곧 권태로 옮겨간다. 그러므로 참된 만족을 누릴 수 없다. 욕망이 무한한 데 비하여 만족은 극히 보잘것없는 것이다. 하나의 만족에 도달하면 곧 새로운 욕망이 고개를 든다. 게다가 세계 자체가 불만과 고통에 시달리는 의지의 표현이므로 평화나 안정은 순간적인 환영에 불과하다.

그렇다면 우리는 어떻게 하면 이 고뇌와 투쟁의 세계에서 벗어날 수 있는가? 첫째는 예술에 의한 구제이다. 쇼펜하우어에 의하면, 참된 철학과 예술은 플라톤의 이념(이데아)을 천재적으로 직관하는 것이다. 이 이데아의 직관이야말로 건축·조형미술·문학 등의 본질이다. 그리고 이런 예술은 의지에 시달리지 않는 직관에로 높여 준다. 그러나 이것은 극히 일시적인 해탈이다. 왜냐하면 지성은 자기 자신을 낳은 의지에 제약되어 있으므로 의지에 의해 다시 그 안개 속에 이끌려 들어가기 때문이다. 그러나 음악은 그렇지 않다. 음악은 의지 자체의 말이다. 음악은 이념의 모사(模寫)가 아니다. 따라서 음악은 다른 예술과 같이 환영에 대해서가 아니라 본질에 대해 말한다.

구제의 둘째 단계는 의지의 부정이다. 그러나 여기에 이르면 도덕을 거쳐 종교의 경지에 이르러야 한다. 세계의 모든 재해와 허망함을 생각하여, 일체의 개체는 같은 의지의 표시임을 깨달을 때 동정이 생긴다. 이것이 도덕의 기초다. 그리고 세계의 모든 고뇌에 동정하는 사람은 벌써 살기를 원치 않게 되며, 살려는 의지 자체를 부정하기에 이른다. 금욕과 고행은 의지를 극복하는 수단이며, 그 목적은 의지의 완전한 소멸을 체득한 성자들이 말하는 '신의 품 속에서의 자기몰입(自己沒入)' 즉 무(無)에 도달하는 것이다.

천재들에게서 흔히 찾아볼 수 있는 바와 같이 쇼펜하우어도 죽은 후에야 세상에 명성을 떨치게 되었다. 그는 자기자신의 철학저서를 간행하면서 '인류에게 완성된 책을 물려준다'는 확신을 갖고 있었지만, 곧 이어서 "물론 훌륭한 모든 저술이 참으로 알려지는 것은 후세의 일이다"라고 단서를 붙이기를 잊지 않았다.

사상이나 문체가 매우 예술적인 그의 철학은 특히 예술가가 예술적인 감각이 예리한 사상가들 사이에 높이 평가되었다. 톨스토이는 그를 "전 인류 중에서 가장 독창적 인간"이라고 불렀으며, 바그너는 "나는 독일의 정신문화에 쇼펜하우어의 사상과 인식이 법적으로 간주될 날이 올 것을 기대한다"고 말했다. 그러나 진정한 쇼펜하우어의 제자는 니체일 것이다. 물론 니체는 후년에 그와 방향을 달리했으나 누구보다도 쇼펜하우어에 심취했다. 쇼펜하우어 철학의 적극적인 방면, 즉 의지의 긍정은 니체의 손에 의해 커다란 변모를 보기에 이르렀다. 니체는 이를테면 쇼펜하우어의 '삶에의 의지'를 자립의 신으로 삼고, 이를 탈각(脫殼)하는 수단으로서 자기포기를 주장하는 대신, 이것을 더욱 강력히 긍정하여 권력의지(Wille zur Macht)라고 불렀던 것이다. 이 권력의지는 쇼펜하우어가 불교나 기독교에 동조하여 역설한 도덕성을 배격함을 의미하며, 니체는 생존경쟁에서 승리를 획득하기 위한 무자비한 자기긍정을 주장하고 쇼펜하우어가 높이 평가한 그러한 덕성은 노예도덕에 불과하다고 생각했으며, 인간은 모름지기 강자의 전형인 초인(超人, Ubormensch)을 본받아야 한다고 역설했다.

그리고 토마스 만도 쇼펜하우어의 영향을 많이 받은 작가로, 그가 삶의 고뇌를 논한 것을 가리켜 "그의 천재적인 필재(筆才)에 가장 빛나게 또 가장 냉엄한 완성의 정점에 도달했다"고 격찬을 아끼지 않았다.

쇼펜하우어는 자기의 철학에 대해 이렇게 말하고 있다.

"철학자가 공적인 입장이나 또는 사적인 처지에서 완전히 도구로 사용되어 온 지가 꽤 오래 되었지만 나는 그러한 장해를 받지 않고 30년 이상이나 나의 사상의 길을 걸어왔다. 그것은 다만 본능적인 충동에서 그렇게밖에는 할 수 없었기 때문이다. 한 인간이 확신을 갖고 진실을 생각하고 숨어 있는 빛을 밝게 드러내는 것은 반드시 언젠가는 어떤 지각 있는 사람이 알게 되어 그를 움직이고 기쁨을 느끼게 하며, 마음의 평안을 줄 것을 믿어 왔다. 나의 저작은 정직과 공명을 이마에 써 붙이고 쓴 것이므로, 칸트 이후 유명해진 궤변가 세 사람의 저작과는 전혀 다르다. 나의 입장은 언제나 사려(思慮), 즉 이성에 따르고 정직한 말로 일관되어 있으며, 지적 직관이니 절대사유니 하는 허풍이나 사기와 같은 인스프레이션의 입장에 서 있지 않다. 나는 언제나 그러한 정신으로 탐구했으나, 한편으로는 거짓과 사악이 널리 퍼지고 허풍(피히테와 쉘링)이나 사기(헤겔)가 크게 존경받는 것을 보고 현대인의 갈채를 단념했다. 현대는 이 20년 동안 그 정신적 괴물인 헤겔을 최대 철학자로서 떠받들어 그 소리는 전 유럽에 울려 퍼지고 있다. 아마도 현대에는 사람에게 줄 월계관은 남아 있지 않을 것이다. 찬미를 음매(淫賣)한 시대의 비난은 조금도 두려울 것이 없다."

쇼펜하우어의 사상에 대해서는 다른 모든 철학이 그렇듯 찬반의 논란이 있어 마땅하지만, 그가 파헤친 세계의 적나라한 모습에 누구나 일종의 전율을 금치 못할 것이다.

연 보

1788년 2월 22일, 독일 단치히 시에서 출생. 3월 3일, 성 마리아 대사원에서 세례를 받음.
1793년 자유시 단치히가 프로이센에 합병되었으므로 부친은 가족을 데리고 함부르크로 이사함.
1979년 부친과 함께 프랑스 여행중 르아브르에 사는 부친의 친구 그레고아르 드 브레시마르의 집에 남아 불어를 배움.
1799년 르아브르에 2년 동안 머문 후 함부르크의 부모에게 돌아왔을 때는 프랑스 사람이 다 되어 독일어 해득에 곤란을 받음. 함부르크에서 철학박사 룬게의 사숙(私塾)에서 4년간 공부함.
1803년 학자가 되기 위해 김나지움에 진학하려 했으나 유럽 여행을 마친 후 상인이 되라는 부친의 권유에 따라 2년간의 장기 여행을 떠남. 네덜란드를 거쳐 영어를 철저히 공부하기 위해 런던 교외의 윔블던에 있던 신부(神父) 랑카스터의 집에 석달 동안 유숙하고 6개월간 런던 체류.
1804년 늦겨울을 파리에서 보내고 봄이 되자 프랑스 남부지방을 여행. 다시 스위스, 빈, 드레스덴을 거쳐 베를린으로 향함. 이어서 단치히로 가서 성 마리아 대사원에서 견신례(堅信禮)를 받음.

1805년 함부르크로 돌아와 긴 여행을 마치고 나서 부친과의 약속대로 상인이 되기 위해 호상(豪商) 이에보쉬의 가게에서 견습 생활을 함. 부친이 창고에서 강물로 추락하여 사망. 모친 바이마르 이주.

1806년 자기 직업이 성격에 맞지 않았지만 부친과의 약속을 저버릴 수 없어 고민함.

1807년 모친에게 편지로 자기 직업상의 고충을 호소함. 모친의 친구 카알 루드비히 페르노가 늦지 않았으니 지금부터 학자가 되도록 노력하라는 격려의 편지를 보내옴. 고타의 김나지움에 입학. 교장 데오링으로부터 매일 두 시간씩 라틴어 개인 지도를 받음.

1808년 바이마르 김나지움으로 전학. 파소우로부터 라틴어와 희랍어 개인지도를 받음.

1809년 바이마르 김나지움 졸업. 괴팅겐 대학 의과에 입학. 학비를 모친이 부친의 유산 중에서 송금, 쇼펜하우어가 유산의 1/3을, 모친과 여동생이 2/3를 분배받음.

1810년 의과에서 철학과로 옮김. G.E. 슐체로부터 철학을 배우고, 플라톤과 칸트를 철저히 공부함.

1811년 베를린 대학으로 전학.

1813년 베를린 대학에서 4학기를 끝내기 전 전쟁의 불안 때문에 드레스덴으로 갔다가 바이마르의 모친에게로 돌아갔으나 의부와의 불화로 떠남. 〈충족근거율(充足根據律)의 네 근거에 관하여〉를 완성, 예나 대학에 제출하여 철학박사 학위를 받음. 괴테가 이 논문을 읽고 자기의 〈색채론〉 연구에 종사하도록 권고함.

1814년 드레스덴으로 이주. 이곳에서 도서관과 미술관 등을 이용하면서 학문과 예술을 연구함.

1816년 〈시각과 색채에 관하여〉를 인쇄하여 괴테에게 보냄.

1818년 주저 《의지와 표상으로서의 세계》 완성. 이탈리아로 여행.

1819년 4월, 로마를 거쳐 베니스로 가서 부유하고 지체 있는 애인과 깊은 관계에 빠짐. 6월에 베니스를 떠나 밀라노에서 단치히의 가게(부친의 유산 가운데서 모친과 여동생이 받은 몫의 전부와 그의 몫 일부가 출자되어 있었다)가 파산되었다는 여동생 편지를 받고 자기 재산을 셋이 분배하자는 답장을 보냄. 바이마르로 돌아와 괴테 방문. 베를린 대학 철학과에 구직(求職) 이력서를 제출.

1820년 3월, 베오크 교수 입회하에 〈원인의 네 가지 다른 종류에 대하여〉라는 제목으로 교직에 취임할 시험강의를 함(이 강의 내용은 베를린 왕립 도서관에 지금도 보관되어 있음). 베를린 대학에 강사로 취임하여 〈철학 총론──세계의 본질과 인간 정신에 대하여〉를 매주 다섯 시간 강의함. 단치히 가게의 채권자 화해협의(和解協議)에 불응하여 그의 출자금은 건졌으나 이에 응한 모친과 여동생은 출자금의 70%를 성살함.

1821년 〈하나의 가지〉라는 자서전적인 산문 집필.

1822년 〈편지 보따리〉 집필.

1825년 여자 재봉사와의 소송사건에서——여자 재봉사가 쇼펜하우어의 하숙 방 응접실에 함부로 드나들고 잔소리가 심해 그녀를 문 밖으로 떠민 것이 이유——패소(敗訴), 그녀에게 평생 일정액의 부양료를 지불하게 됨.
《의지와 표상으로서의 세계》 750부 인쇄한 중에서 600부가 팔려 재판을 계획함.

1827년 친구의 권유로 멕시코의 공채(公債)를 사들였다가 손해 봄.

1828년 《비망록》을 집필. 그는 〈진리를 위해 생애를 바친다〉는 표제를 붙임.

1829년 논문 〈시각(視覺)과 색채에 관하여〉 발표. 칸트의 저서 영역(英譯)을 계획함.

1830년 〈사색〉 집필. 라틴어로 된 〈생리학적 색채론〉 발표. 〈센트 포르스의 예언자〉 번역.

1831년 베를린에 콜레라가 유행하여 프랑크푸르트로 이주 〈콜레라서〉(콜레라로부터 도주해서 쓴 책) 집필.

1832년 모친과 서신 왕래를 재개. 바르타사알 그라시안의 《처세술신탁교육(處世術神託教育)》 번역.

1836년 《자연에 있어서의 의지에 대하여》 출판.

1837년 〈십유(拾遺)〉 집필. 프랑크푸르트에 창설된 괴테 기념비 준비 위원회에 〈괴테 기념비에 관한 의견서〉를 제출.

1838년 노르웨이 왕립 학술원에서 모집한 현상논문 〈의지와 자유〉를 발송. 모친 별세함.
1839년 〈의지와 자유〉라는 현상논문 입선. 덴마크 왕립 아카데미에서 모집한 현상논문 〈도덕의 근거〉를 코펜하겐에 발송.
1840년 덴마크 아카데미는 쇼펜하우어의 논문을 낙선(落選)시킴. 영국 화가 더 찰스 이스트레이에게 논문 〈시각과 색채에 대하여〉를 발송.
1841년 《윤리학의 두 가지 문제》(〈의지의 자유〉와 〈도덕의 근원〉을 합친 것) 발간. 《의지와 표상으로서의 세계》 속편 집필.
1843년 《의지와 표상으로서의 세계》 제2권(속편) 고료 안 받기로 하고 750부 간행.
1844년 고료 없이 제1권 재판 500부 간행.
1845년 추밀원 법률 고문관 F. 도루그트(1854년 사망)가 《진리에 선 쇼펜하우어》 간행. 《소품(小品) 및 보유집(補遺集)》 집필.
1846년 철학박사 율리우스 프라웬쉬테트가 쇼펜하우어를 방문, 그 후 친교 맺음.
1847년 학위 논문 〈충족근거율의 네 근원에 대하여〉를 대폭 수정하여 재판 간행.
1849년 여동생 아데레 사망.
1850년 《소품 및 보유집》을 고료 없이 간행해 줄 것을 세 출판사에 교섭했으나 모조리 거절당한 끝에 프라웬쉬테트의 주선으로 A.W. 하인 서점에서 출판을 인수.
1852년 《노령(老齡)》 집필. 함부르크의 《계절》이라는 잡지 편집부에서 《소품 및 보유집》에 대한 열광적인 찬사를 게재한

소책자를 보내옴.
1853년 존 옥센포드가 쇼펜하우어의 철학을 논한 〈독일 철학에 있어서의 우상 파괴〉를 《웨스터민스터 리뷰》에 발표. 좋아하는 〈금요일의 군악〉을 듣기 위해 마인츠로 여행.
1854년 《자연에 있어서의 의지》와 《시각과 색채에 대하여》를 간행. 프라웬쉬테트가 《쇼펜하우어 철학에 관한 서간집》 공표. 이 책에 대한 비판이 《그렌츠보텐》 9월호에 게재됨. 바그너가 오페라 〈니벨룽겐의 반지〉를 《사모와 감사를 표시하는 마음에서》라는 찬사를 곁들여 보내옴.
1855년 프랑스 화가 쥬울 룬테쉬츠에게 초상화를 그리게 함. 다비드 에이샤가 〈독학(篤學)의 박사 쇼펜하우어에게 보내는 공개장〉을 발표.
1856년 룬데쉬츠가 그린 초상화가 화려한 석판으로 제작됨. 라이프치히 대학에서 〈쇼펜하우어 철학의 핵심 해설 및 비판〉이라는 현상논문을 모집함.
1857년 카알 G. 베엘(법률 고문관)이 그 현상논문에 2등으로 당선. 이 논문을 《쇼펜하우어 철학의 개요 및 비판적 해설》이라는 표제로 출판. 쇼펜하우어는 저자에게 '탁월한 책'이라 치하하고, 감사장을 보냄. 본 대학의 쿠노트 교수는 〈쇼펜하우어 학파의 철학에 대하여〉라는 제목으로 강의함. 브레스라우 대학에서도 G.W 케오벨이 〈쇼펜하우어 학파의 철학과 자연과학과의 관계에 대하여〉라는 제목으로 강의함.

1858년 2월 22일 70회 생일 축하회가 개최됨. 룬테쉬츠가 쇼펜하우어의 두 번째 유화 초상화를 완성.
1859년 화가 안기르베르트 게이베르에게 유화 초상화를 그리게 함. 여류 조각가 엘리자벳 네이에게 대리석 흉상을 조각하게 하여 모델이 되어 줌. 《의지와 표상으로서의 세계》 3판을 간행.
1860년 프랑스의 《독일 평론지》에 마이야르의 〈쇼펜하우어에 의해 고쳐 써진 사랑의 형이상학〉이 게재됨. 톨스토이는 친구 펫트에게 보낸 편지에 "나는 쇼펜하우어로 인해 불멸의 황홀감과 내가 지금까지 느끼지 못한 여러 가지 정상적인 즐거움을 맛보았다. 언젠가는 내가 의견을 달리할지 모르지만 지금 나는 쇼펜하우어가 최상급의 천재적인 인물이라고 생각한다"(그리고 톨스토이의 서재에는 1890년에 이르러서도 유일하게 쇼펜하우어의 초상화가 걸려 있었다). 괴테의 딸 오티리로부터 《의지와 표상으로서의 세계》 제3판이 간행된 데 대한 축사가 옴. 9월 21일 폐수종(肺水腫)으로 사망.

옮긴이 **최 현**

고려대학교 철학과 졸업.
역서 : 《마하트마 간디》, 《간디어록》, 《사랑의 샘가에서》, 《신곡》, 《채근담》, 《삼국지》, 《수호지》, 《팡세》, 《빙점》, 《두뇌혁명》, 《향연·뤼시스》, 《그리스·로마 희곡선》, 《엔트로피》, 《현대 살인백과》 등이 있다.

쇼펜하우어 인생론

2018년　1월 15일　개정판 1쇄 발행
2024년　10월 15일　개정판 6쇄 발행

지은이　쇼펜하우어
옮긴이　최　현
펴낸이　윤성혜
펴낸데　종합출판 범우(주)

등록번호　제406-2004-000012호
등록일자　2004년 1월 6일
주소　　　(10881) 경기도 파주시 광인사길 9-13 (문발동)
전화　　　031)955-6900~4, 팩스 031)955-6905

잘못된 책은 바꾸어 드립니다.　　　교정·편집 : 김영석

ISBN 978-89-6365-233-7-03160
홈페이지 www.bumwoosa.co.kr
이메일 bumwoosa1966@naver.com